零基础
学炒股

股票从入门到精通

曾　增◎编著

中国铁道出版社有限公司
CHINA RAILWAY PUBLISHING HOUSE CO., LTD.

图书在版编目（CIP）数据

零基础学炒股：股票从入门到精通/曾增编著. —北京：中国铁道
出版社有限公司，2023.7
ISBN 978-7-113-30164-4

Ⅰ.①零… Ⅱ.①曾… Ⅲ.①股票交易-基本知识 Ⅳ.①F830.91

中国国家版本馆CIP数据核字（2023）第061528号

书　　名：**零基础学炒股——股票从入门到精通**
　　　　　LING JICHU XUE CHAOGU: GUPIAO CONG RUMEN DAO JINGTONG
作　　者：曾　增

责任编辑：杨　旭　　　编辑部电话：（010）63583183　　　电子邮箱：823401342@qq.com
封面设计：宿　萌
责任校对：刘　畅
责任印制：赵星辰

出版发行：中国铁道出版社有限公司（100054，北京市西城区右安门西街 8 号）
印　　刷：三河市兴达印务有限公司
版　　次：2023 年 7 月第 1 版　2023 年 7 月第 1 次印刷
开　　本：710 mm×1 000 mm 1/16　印张：14.25　字数：197 千
书　　号：ISBN 978-7-113-30164-4
定　　价：69.00 元

前言

随着人们投资理财意识的增强，参与炒股已经成了许多人盘活资金、获取额外收益的重要渠道之一。但是资本市场非常复杂，仅仅只是股票这一个大类，就包含了大量的信息和规则，如果投资者在踏入这个领域之前没有对其进行充分了解，那么很有可能会遭受重大损失。

对于新手投资者来说，从零开始接触炒股，首先，需要了解的就是股票本身。股票是怎么形成的？它具有哪些特征和意义？在整个股票市场中又有哪些人在参与？股票市场由什么构成？具有怎样的交易规则等，这些基础知识都是投资者在进入市场之前必须要了解的。

其次，就是对炒股软件的熟悉和使用。作为投资者操盘的媒介，炒股软件的重要性可想而知，但由于股票市场的复杂性，炒股软件中的功能和使用方式也是极尽繁杂。如果在使用之前没有了解过，那么投资者将很难有效利用这一工具帮助自己实现买卖操作，甚至投资获利。

最后，在了解了这些基础知识之后，投资者就需要学习技术分析。在炒股过程中，技术分析是一项极其重要的工作，它能够帮助投资者从技术面对股价的未来趋势进行预判并结合历史走势分析未来变动，再利用各种技术指标或是 K 线形态，找到可靠的买卖点。

为了帮助投资者从零开始学炒股，笔者编写了此书，主要从股票的基本认知、炒股软件的使用及技术指标分析这三个方面，对炒股的知识进行阐述。

全书共七章，可分为三个部分：

◆ 第一部分为第 1～2 章，主要针对股票的基础知识进行介绍，包括股票的概念、意义、参与对象、主要类别及所包含的风险等。除此之外，还对整个股票市场的构成、常用指数及买卖方式、新股申购等内容进行讲解。

◆ 第二部分为第 3～4 章，从炒股软件方面入手，着重介绍了电脑端和手机端炒股软件的使用方法，包括证券开户流程、软件的下载和基本操作方法、行情资讯的查看、买卖委托的入口和业务办理的渠道等。

◆ 第三部分为第 5～7 章，主要对技术分析进行重点介绍，包括如何从 K 线的特殊形态中寻找买卖点、成交量反映了市场怎样的波动，以及均线指标的使用方法等。

全书在介绍理论的同时，采用了大量的配图及真实的案例，相互印证，有助于投资者更好地理解知识，学习如何进行软件操作，以及在实战中遇到特定的技术形态时能够快速反应，选择合理的操作策略。

最后，希望读者通过对本书中知识的学习，提升自己的炒股技能，收获更多的投资收益。不过仍要提醒大家：任何投资都存在风险，希望广大投资者在入市和操作过程中要谨慎从事，从而降低风险。

编　者

2023 年 3 月

目录

第1章 认清股票是新手炒股第一步

1.1 认识股票内涵很重要 ···2
1.1.1 股票的具体概念 ···2
1.1.2 股票有哪些特征和意义 ···3
1.1.3 怎么看股票的价格和价值 ·····································5
1.1.4 是谁发行了股票 ···6
1.1.5 是谁在参与股票投资 ···7
1.1.6 是谁在监管股票 ···10

1.2 股票类别要分清 ···12
1.2.1 根据股东权利划分 ···13
1.2.2 根据投资主体划分 ···16
1.2.3 根据公司业绩划分 ···19
1.2.4 根据票面形式划分 ···23

1.3 炒股经常遇到的术语 ···24
1.3.1 有关股票的发行术语 ···24
1.3.2 交易时常用的术语 ···27

1.4 炒股也需要防范风险 ···32

1.4.1 遇到系统性风险只能降低损失 33

1.4.2 非系统风险要尽量避免 37

第2章 了解股票市场的构成和规则

2.1 不同交易市场存在部分差别 44

2.1.1 一级市场和二级市场之分 44

2.1.2 场内市场和场外市场之分 47

2.1.3 主板市场是经济的晴雨表 50

2.1.4 创业板的存在补充主板市场 53

2.1.5 科创板适合创新型企业 56

2.1.6 未上市也可以在新三板交易 57

2.2 交易所综合指数分类繁多 59

2.2.1 上证系列指数聚焦蓝筹与大盘 59

2.2.2 深证系列指数注重价值与成长 64

2.3 炒股还需要熟知交易规则 66

2.3.1 股票在什么时候委托和交易 66

2.3.2 股票价格的确定方式是怎样的 68

2.4 申购新股可以抢占先机 70

2.4.1 申购新股的条件和规则 70

2.4.2 申购新股的流程是怎样的 71

第3章 熟悉证券开户与电脑炒股软件

3.1 新手快速掌握证券开户 74

3.1.1 开户所需的条件和开户途径 74

实例分析 如何在光大证券开立资金账户与股票账户 75

3.1.2 需要注意投资者适当性原则 78

　　　3.1.3　股票账户满额怎么办 ······················83

3.2　下载和认识炒股软件 ·····················**84**

　　　3.2.1　安装并登录已有的资金账号 ··············84

　　　3.2.2　熟悉软件的各种界面 ·····················85

　　　3.2.3　具体的买卖操作是怎样的 ················89

　　　3.2.4　学会使用快捷键来快速切换 ··············91

第4章　进一步学习手机炒股软件

4.1　获取和登录手机端软件 ·················**96**

　　　4.1.1　在网页中下载手机端炒股软件 ············96

　　　4.1.2　在手机端登录和转账更方便 ··············97

　　　4.1.3　手机端的股票行情怎么看 ···············101

　　　4.1.4　手机端查看各类资讯更快捷 ·············103

　　　4.1.5　委托和撤单界面在哪里 ·················105

4.2　线上业务办理省时省力 ·················**106**

　　　4.2.1　补开或加挂股票账户怎么做 ·············106

　　　4.2.2　三方存管银行卡的签约和变更如何申请 ···108

　　　4.2.3　各种权限的开通 ·······················110

第5章　实战提升技能之观察K线图

5.1　了解K线是炒股基本功 ·················**114**

　　　5.1.1　K线是怎么画出来的 ····················114

　　　5.1.2　K线都有哪些形状 ·····················115

5.2　K线的特殊组合形态传递出买卖信号 ·········**118**

　　　5.2.1　早晨之星可以买进 ·····················118

实例分析 赤峰黄金（600988）早晨之星的买进时机.........................119

5.2.2 曙光初现代表希望...121
实例分析 新农开发（600359）曙光初现的买进时机.........................122

5.2.3 旭日东升可能见底...123
实例分析 安彩高科（600207）旭日东升的买进时机.........................124

5.2.4 前进三兵预示拉升...125
实例分析 云内动力（000903）前进三兵的买进时机.........................126

5.2.5 黄昏之星需要卖出...128
实例分析 宝莱特（300246）黄昏之星的卖出位置.........................129

5.2.6 乌云盖顶颓势初显...130
实例分析 智光电气（002169）乌云盖顶的卖出位置.........................131

5.2.7 倾盆大雨可能见顶...133
实例分析 奥普特（688686）倾盆大雨的卖出位置.........................133

5.2.8 三只乌鸦预示连跌...135
实例分析 博迈科（603727）三只乌鸦的卖出位置.........................136

5.3 K 线的组合形态帮助判断位置 **138**

5.3.1 倒 V 形顶预示见顶...138
实例分析 爱施德（002416）倒 V 形顶何时出局.........................139

5.3.2 双重顶预示见顶...141
实例分析 安集科技（688019）双重顶何时出局.........................141

5.3.3 头肩顶预示见顶...143
实例分析 安泰集团（600408）头肩顶何时出局.........................144

5.3.4 V 形底说明见底...145
实例分析 澳柯玛（600336）V 形底何时买进.........................146

5.3.5 双重底说明见底...147
实例分析 白云机场（600004）双重底何时买进.........................148

5.3.6 头肩底说明见底...149
实例分析 奥维通信（002231）头肩底何时买进.........................150

5.3.7 三角形代表整理...151

　　　　　实例分析 王府井（600859）下跌趋势中等腰三角形的卖点............152

　　　　　实例分析 天华超净（300390）上涨趋势中上升三角形的买点..........155

　　　5.3.8　矩形代表整理 156

　　　　　实例分析 亚厦股份（002375）上涨趋势中矩形形态的买点...........157

第6章　通过成交量的变动进行决策

6.1　成交量是股价波动的深层动力 160

　　6.1.1　成交量体现市场供求关系 160

　　　　　实例分析 古井贡酒（000596）成交量反映的供求关系变化...........162

　　6.1.2　量能大幅波动反映主力意图 163

　　　　　实例分析 电魂网络（603258）成交量的异动反映主力意图...........165

6.2　成交量的缩放会影响股价走势 166

　　6.2.1　低位攀升温和放量 167

　　　　　实例分析 康泰生物（300601）低位攀升温和放量的形态................167

　　6.2.2　快速拉升急剧放量 169

　　　　　实例分析 金雷股份（300443）快速拉升急剧放量的形态................170

　　6.2.3　下跌行进中阶梯式缩量 171

　　　　　实例分析 振江股份（603507）下跌行进中阶梯式缩量的形态...........172

　　6.2.4　快速下坠极端量能 173

　　　　　实例分析 湖南发展（000722）一字跌停成交量缩量的形态............175

6.3　量价的配合与背离反映后市走向 176

　　6.3.1　量价配合产生的影响 177

　　　　　实例分析 海天味业（603288）量平价平的形态 178

　　6.3.2　量价背离产生的影响 179

　　　　　实例分析 杭叉集团（603298）量增价跌的形态 180

　　　　　实例分析 天通股份（600330）量减价涨的形态 182

　　　　　实例分析 华夏幸福（600340）量平价跌的形态 183

第7章　均线是提高成功率的利器

7.1　均线是研判行情的关键指标之一 ………………………… 186

7.1.1　什么是移动平均线 …………………………………… 186

7.1.2　移动平均线具有哪些功能 …………………………… 187

7.1.3　在炒股软件中怎么设置均线参数 …………………… 192

7.2　均线指标的基本应用 ……………………………………… 194

7.2.1　均线的金叉与死叉应用 ……………………………… 194

实例分析 运达股份（300772）分析金叉与死叉的买卖时机 …196

7.2.2　均线黏合和发散特性的市场意义 …………………… 198

实例分析 康盛股份（002418）均线的黏合与发散 …………200

7.2.3　均线的多头排列与空头排列 ………………………… 203

实例分析 安道麦A（000553）均线的多头排列与空头排列 …………205

7.3　均线进阶应用找买卖点 …………………………………… 207

7.3.1　葛兰威尔买卖法则的应用 …………………………… 207

实例分析 安集科技（688019）葛兰威尔买卖法则的应用 …………208

7.3.2　均线组合加速上涨形态应用 ………………………… 211

实例分析 鞍重股份（002667）均线的加速上涨形态 …………212

7.3.3　蛟龙出海孕育强势拉升 ……………………………… 213

实例分析 安科瑞（300286）均线的蛟龙出海形态 …………214

7.3.4　均线组合加速下跌形态应用 ………………………… 215

实例分析 诚迈科技（300598）均线的加速下跌形态 …………216

7.3.5　断头铡刀预示大跌 …………………………………… 217

实例分析 东富龙（300171）均线的断头铡刀形态 …………217

第1章

认清股票是新手炒股第一步

第一次参与炒股的投资者，也许对股票的概念和深层次含义的认知还比较模糊，如果对其没有充分理解，贸然将股票当作普通物品来买卖的话，可能会吃大亏。因此，对股票基础知识的学习是新手投资者入市的第一步，也是打牢基础的关键环节。

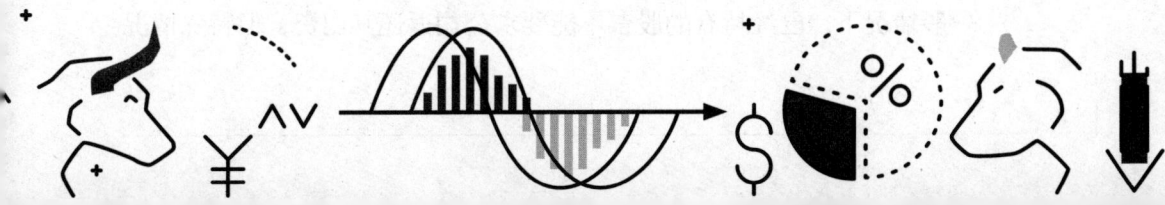

1.1   认识股票内涵很重要

在生活中，投资活动几乎无处不在，其本质就是货币转化为资本的过程。而在货币转化为资本的过程中，需要借助某种媒介或对象，这种媒介或对象通常分为真实资产和金融资产两种。

真实资产指的是具有物理形态的实物，如房产、收藏品、贵金属等；金融资产是指一种契约，能够保证持有人获得契约期限内的权益，股票就属于金融资产。

从这一点可以看出，股票与人们平常接触的普通货物不一样，它是一种看不见、摸不着的权利。那么这样的资产怎样为参与者带来利益呢？下面就从股票的基本概念开始介绍。

1.1.1   股票的具体概念

股票是股份有限公司在筹集资本时，向出资人或投资者发行的一种股份凭证，代表了持有者（即股东）对股份公司的所有权。这种所有权是一种综合权利，如参加股东大会、投票表决、参与公司的重大决策、收取股息或是分享红利等。

简单来说，股票是持有者对一个股份公司拥有实际资本的所有权证书，是参与公司决策和索取股息的凭证。它从侧面反映了实际资本运行的状况，是一种典型的虚拟资本。

同一类别的每一份股票所代表的股份公司所有权是相等的，每个股东所拥有的公司所有权份额的大小，取决于其持有的股票数量占公司总股本的比重。

作为股份公司的构成部分，股票和商品一样可以进行转让、买卖和作价抵押，是资本市场主要的长期信用工具。

一般情况下，已经持有的股票不能要求公司返还其出资，但特殊情况下上市公司可能会进行股票回购，即利用现金等方式，从股票市场上购回本公司发行在外的一定数额的股票。不过这样的情况也属于正常的股票交易，严格意义上并不算返还出资，投资者可不予考虑。

1.1.2　股票有哪些特征和意义

股票具有不可偿还性、参与性、收益性、流通性、波动性及风险性等特征，具体如图 1-1 所示。

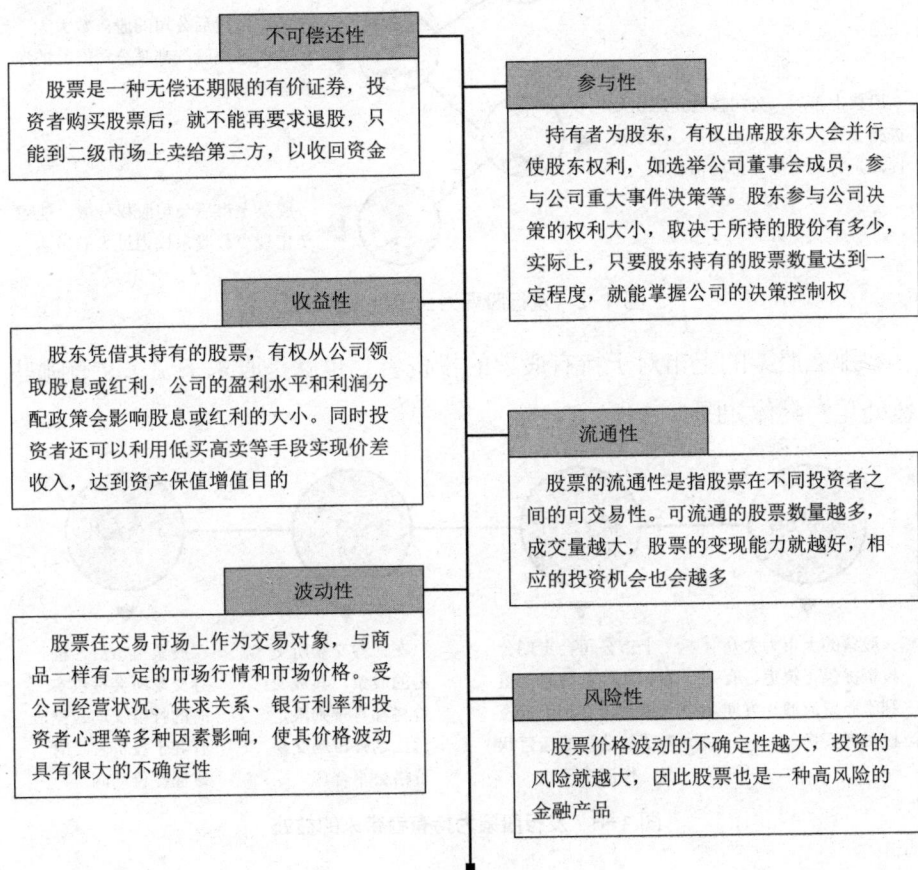

不可偿还性

股票是一种无偿还期限的有价证券，投资者购买股票后，就不能再要求退股，只能到二级市场上卖给第三方，以收回资金

参与性

持有者为股东，有权出席股东大会并行使股东权利，如选举公司董事会成员，参与公司重大事件决策等。股东参与公司决策的权利大小，取决于所持的股份有多少，实际上，只要股东持有的股票数量达到一定程度，就能掌握公司的决策控制权

收益性

股东凭借其持有的股票，有权从公司领取股息或红利，公司的盈利水平和利润分配政策会影响股息或红利的大小。同时投资者还可以利用低买高卖等手段实现价差收入，达到资产保值增值目的

流通性

股票的流通性是指股票在不同投资者之间的可交易性。可流通的股票数量越多，成交量越大，股票的变现能力就越好，相应的投资机会也会越多

波动性

股票在交易市场上作为交易对象，与商品一样有一定的市场行情和市场价格。受公司经营状况、供求关系、银行利率和投资者心理等多种因素影响，使其价格波动具有很大的不确定性

风险性

股票价格波动的不确定性越大，投资的风险就越大，因此股票也是一种高风险的金融产品

图 1-1　股票的特征

股票的发行和流通对于发行者和持有者具有不同的意义，图1-2为发行股票为公司带来的益处。

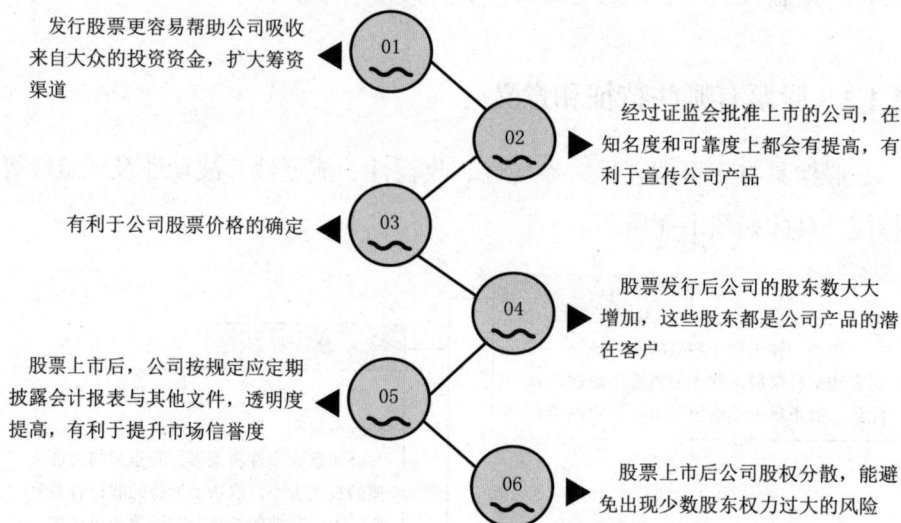

发行股票更容易帮助公司吸收来自大众的投资资金，扩大筹资渠道

01

02 经过证监会批准上市的公司，在知名度和可靠度上都会有提高，有利于宣传公司产品

有利于公司股票价格的确定 03

04 股票发行后公司的股东数大大增加，这些股东都是公司产品的潜在客户

股票上市后，公司按规定应定期披露会计报表与其他文件，透明度提高，有利于提升市场信誉度 05

06 股票上市后公司股权分散，能避免出现少数股东权力过大的风险

图1-2　发行股票为公司带来的益处

那么股票的上市对于持有股票的投资者，也就是股东来说，又有哪些益处呢？具体如图1-3所示。

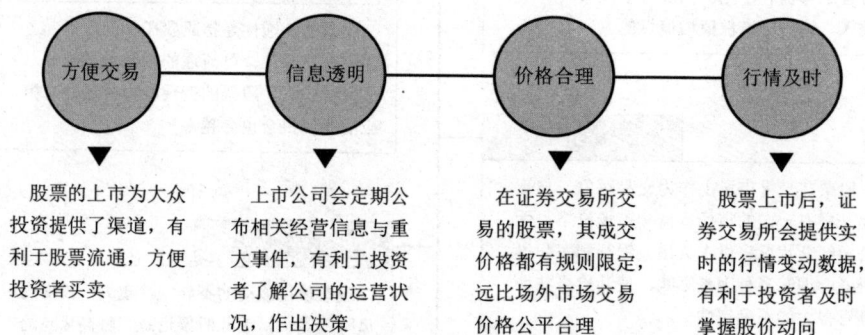

方便交易	信息透明	价格合理	行情及时
股票的上市为大众投资提供了渠道，有利于股票流通，方便投资者买卖	上市公司会定期公布相关经营信息与重大事件，有利于投资者了解公司的运营状况，作出决策	在证券交易所交易的股票，其成交价格都有规则限定，远比场外市场交易价格公平合理	股票上市后，证券交易所会提供实时的行情变动数据，有利于投资者及时掌握股价动向

图1-3　发行股票为持有者带来的益处

1.1.3　怎么看股票的价格和价值

股票是拥有某种所有权的凭证，是一种虚拟资产，实际上没有价值。然而股票又可以在证券市场中拥有价格，能够让投资者进行买卖并赚取收益，又说明其是有价值的。

股票的价值主要分为四种，即票面价值、账面价值、清算价值和内在价值，具体见表 1-1。

表 1-1　股票的四种价值

种　类	含　义
票面价值	股票票面价值是指在股票票面上标明的金额，该种股票被称为有面额股票，在初次发行时有一定的参考意义。若以面值作为发行价格，称为平价发行；若以高于面值的价格发行，称为溢价发行；若以低于面值的价格发行，称为折价发行
账面价值	账面价值也叫每股净资产，反映了发行在外的每股普通股所代表的股东权益的价值。一般来说，账面价值与股票价格不同，股票市价高于账面价值越多，说明市场越看好该公司的发展，愿意为其注资；反之，市场对其越不认可
清算价值	股票清算价值是指公司清算时，每一股所代表的实际价值，其理论上与账面价值相等。但实际中，公司在清算时，往往只能压低资产价格出售，再加上必要的清算费用，所以大多数公司的实际清算价值低于其账面价值
内在价值	股票的内在价值是指股票未来现金流入的现值，它是股票的真实价值，也叫理论价值

这里需要重点介绍一下股票的内在价值，以及内在价值与价格之间的关系。曾有人对股票的价格与内在价值之间的关系下过这样一个定义："股票的价格围绕其内在价值上下波动。"也就是说，股票的内在价值约束了其价格的波动。

股票价格的变化是由于市场供求关系的变化，以及股票市场上的多空力量长消决定的，但最终其波动都会朝着内在价值靠拢。

当股票价格水平相对于内在价值出现了非平稳的向上偏移，就可以将其视作价格泡沫，通俗来说就是市场过度高估。产生了价格泡沫的股票，未来有向内在价值回归的可能，也就是从高位滑落，会对投资者的利益造成较大的损害，需要对其特别关注。

1.1.4 是谁发行了股票

股票发行是指符合条件的发行人以筹资或实施股利分配为目的，按照法定的程序，向投资者或原股东发行股份或无偿提供股份的行为。

而发行股票的主体，也就是发行人，应当是依法设立且合法存续的股份有限公司。作为股票的发行者，它是股票发行市场的第一主体，对股票发行市场起着决定性作用。

依据《首次公开发行股票并上市管理办法》（2022年4月施行）规定，在首次公开发行股票时，股份有限公司应当具备以下一些条件。

◆ 发行人应当是依法设立且合法存续的股份有限公司。经国务院批准，有限责任公司在依法变更为股份有限公司时，可以采取募集设立方式公开发行股票。

◆ 发行人自股份有限公司成立后，持续经营时间应当在三年以上。有限责任公司按原账面净资产值折股整体变更为股份有限公司的，持续经营时间可以从有限责任公司成立之日起计算。

◆ 发行人的注册资本已足额缴纳，发起人或者股东用作出资的资产的财产权转移手续已办理完毕，发行人的主要资产不存在重大权属纠纷。

◆ 发行人的生产经营符合法律、行政法规和公司章程的规定，符合国家产业政策。

◆ 发行人最近三年内主营业务和董事、高级管理人员没有发生重大变化，实际控制人没有发生变更。

◆ 发行人的股权清晰，控股股东和受控股股东、实际控制人支配的股东持有的发行人股份不存在重大权属纠纷。

除了主体资格以外，股份有限公司在发行股票时也需要具备一定的财务资格。但在不同的交易市场，上市发行的标准也不同，具体要求会在第 2 章 2.1 节中详细介绍。

在首次公开发行股票并上市时，发行人应当按照中国证监会的有关规定编制和披露招股说明书。招股说明书内容与格式准则是信息披露的最低要求。不论准则是否有明确规定，凡是对投资者作出投资决策有重大影响的信息，均应当予以披露。

同时，股票发行者也有按照自己的目的发行股票来融资的权利，主要有以下几方面。

◆ 可以为设立新的公司而发行新的股票。

◆ 可以为发展已有公司的资本规模而发行增资股票。

◆ 可以为某种特定目的而发行股票，如直接为股东的利益而发行股票；为增强和扩大公司的经营而发行股票；在公司合并中发行新股票；为了其他各种需要而发行股票。

这里涉及了为发展已有公司的资本规模而增发股票的行为，已经上市的公司想要再次发行股票，也需要符合一定的标准。感兴趣的投资者可以参考证监会发布的《上市公司证券发行管理办法》，这里不再赘述。

1.1.5 是谁在参与股票投资

股票市场的参与者主要分为两类，一类是真正的买者和卖者，即股票投资者；另一类是为证券的发行、交易提供服务的各类金融市场媒体，又称金融中介。

（1）股票投资者

股票投资者是指以取得股息和资本收入为目的而买入股票的个人或机构，主要包括个人投资者和机构投资者。

在证券市场中，凡是以自然人身份出资购买股票、债券等有价证券的，即为个人投资者，也被称为散户（相对于机构投资者来说）。个人投资者是证券市场最广泛的投资者，也是主要的参与者。

机构投资者是指依法注册登记或经政府有关部门批准设立的，可以投资证券、基金的机构。简单来说，机构投资者就是用自有资金或者从分散的公众手中筹集资金，专门进行有价证券投资活动的法人机构，也被称为主力（相对于个人投资者来说）。

机构投资者主要包括政府机构、金融机构、企业和事业法人及各类基金等，具体如图1-4所示。

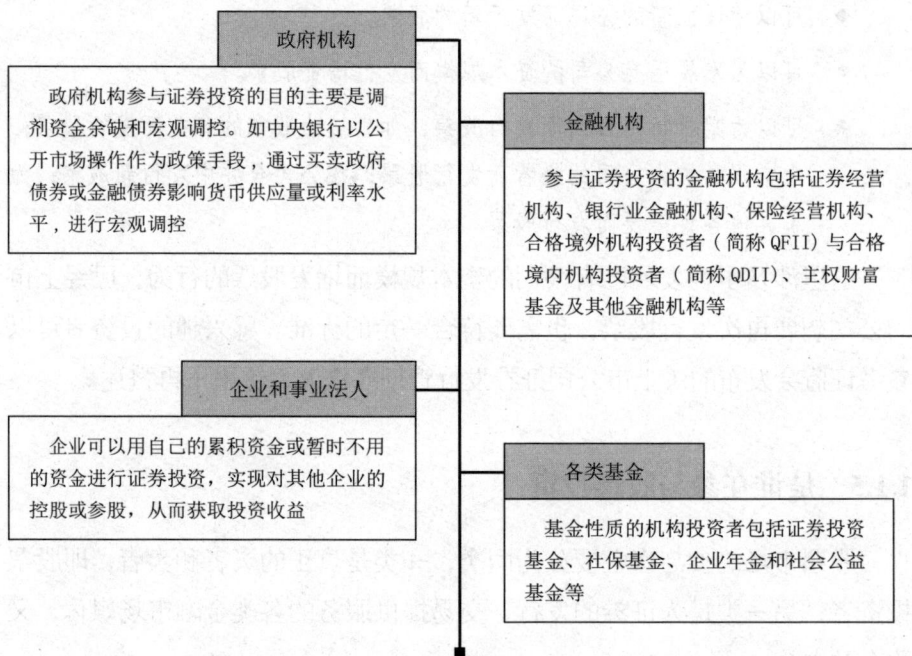

政府机构

政府机构参与证券投资的目的主要是调剂资金余缺和宏观调控。如中央银行以公开市场操作作为政策手段，通过买卖政府债券或金融债券影响货币供应量或利率水平，进行宏观调控

金融机构

参与证券投资的金融机构包括证券经营机构、银行业金融机构、保险经营机构、合格境外机构投资者（简称QFII）与合格境内机构投资者（简称QDII）、主权财富基金及其他金融机构等

企业和事业法人

企业可以用自己的累积资金或暂时不用的资金进行证券投资，实现对其他企业的控股或参股，从而获取投资收益

各类基金

基金性质的机构投资者包括证券投资基金、社保基金、企业年金和社会公益基金等

图1-4　机构投资者的种类

相较于个人投资者，机构投资者具有投资管理专业化、投资结构组合化、投资行为规范化等特点，在稳定市场和丰富市场金融品种方面起到了关键性的作用，与个人投资者一样，是股市不可或缺的参与者之一。

（2）金融中介

金融中介也称证券市场中介机构，是指为证券的发行与交易提供服务的各类机构，主要包括证券公司和其他证券服务机构。

◆　证券公司

证券公司是指依照《公司法》和《证券法》的规定设立，并经国务院证券监督管理机构审查批准而成立的专门经营证券业务、具有独立法人地位的有限责任公司或者股份有限公司。

证券公司也常被称为券商，它具有证券交易所的会员资格，可以承销发行、自营买卖或自营兼代理买卖证券。由于证券交易所实行会员制度，不具备会员资格的投资者，其股票交易都要通过券商来进行。

证券公司按照功能分类，可分为证券经纪商、证券自营商及证券承销商，具体内容如图 1-5 所示。

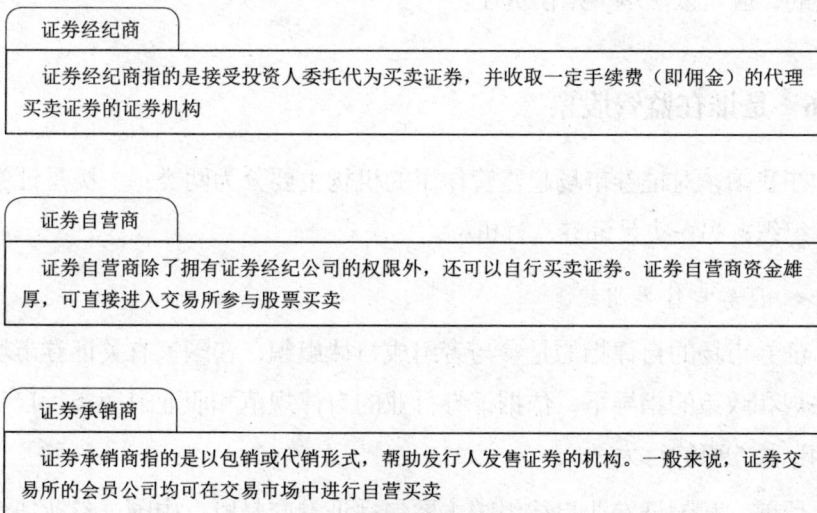

证券经纪商

证券经纪商指的是接受投资人委托代为买卖证券，并收取一定手续费（即佣金）的代理买卖证券的证券机构

证券自营商

证券自营商除了拥有证券经纪公司的权限外，还可以自行买卖证券。证券自营商资金雄厚，可直接进入交易所参与股票买卖

证券承销商

证券承销商指的是以包销或代销形式，帮助发行人发售证券的机构。一般来说，证券交易所的会员公司均可在交易市场中进行自营买卖

图 1-5　证券公司的分类

除此之外，券商还会经营证券投资咨询业务、与证券交易和证券投资活动有关的财务顾问业务、证券资产管理业务及其他证券业务。

但不是所有的券商都能够经营这些业务，证监会对券商注册资本最低额度有一定的限制，需要达到某一标准才有经营相应业务的资格。

◆ 证券服务机构

证券服务机构是指依法设立的，从事证券服务业务的法人机构。我国证券法规定的证券服务机构，包括会计师事务所、律师事务所及从事证券投资咨询、资产评估、资信评级、财务顾问、信息技术系统服务的其他机构。

证券服务机构是一种高度专业化的从事证券服务业务的机构。依据《证券法》规定，从事证券投资咨询服务业务，应当经国务院证券监督管理机构核准，未经核准，不得为证券的交易及相关活动提供服务。

证券服务机构提供的服务会按规定收取费用，自然也必须对其提供的服务承担法律责任。一旦出现法律、行政法规禁止的行为，给投资者造成损失的，应当依法承担赔偿责任。

1.1.6 是谁在监管股票

在我国，对证券市场起监管作用的机构主要分为两类：一类是证券自律性组织；另一类是证券监管机构。

◆ 证券自律性组织

证券市场的自律指的是参与者组成自律组织，在国家有关证券市场法律法规和政策的指导下，依据证券行业的自律规范和职业道德实行自我管理和自我约束的行为。

目前，我国证券业自律组织主要包括证券交易所、中国证券业协会及中国证券登记结算公司，具体介绍如图1-6所示。

证券交易所

　　证券交易所、国务院批准的其他全国性
证券交易场所为证券集中交易提供场所和
设施，组织和监督证券交易，实行自律管
理，依法登记，取得法人资格

中国证券业协会

　　证券业协会是证券业的自律性组织，属
于非营利性社会团体法人。主要制定自律
规则、执业标准和业务规范，对会员及其
从业人员进行自律管理

中国证券登记结算公司

　　证券登记结算机构为证券交易提供集中
登记、存管与结算服务，不以营利为目的，
依法登记，取得法人资格

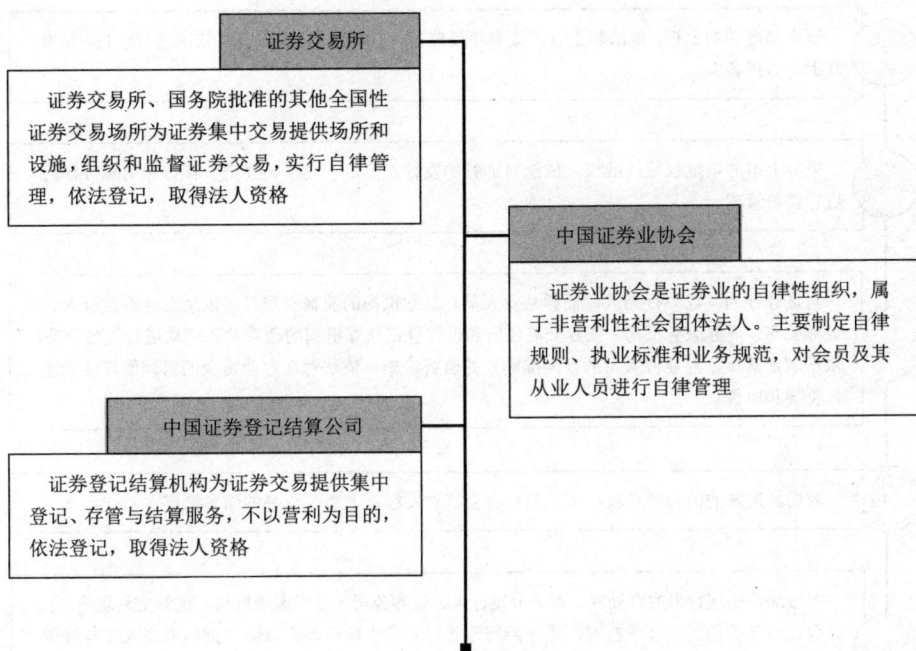

图 1-6　证券业自律组织的分类

◆　证券监管机构

　　证券监管机构是国家行政管理机构，是由国家或政府组建并对证券市场实施监督管理的主管机构。

　　目前，我国证券监管机构是中国证券监督管理委员会（即中国证监会）及其派出机构，按照国务院授权和依照相关法律法规对证券市场进行集中、统一监管。

　　按照《证券法》规定，国务院证券监督管理机构依法对证券市场实行监督管理，维护证券市场公开、公平、公正，防范系统性风险，维护投资者合法权益，促进证券市场健康发展。

　　证券监督管理机构的权力和职能众多，具体如图 1-7 所示。

1	规章制度的制定权。依法制定有关证券市场监督管理的规章、规则，并依法进行审批、核准、注册、办理备案
2	证券上市的审批权或核准权。依法对证券的发行、上市、交易、登记、存管和结算等行为进行监督管理
3	对证券行为、证券行为人、证券从业人员、自律机构的监督管理权。依法对证券发行人、证券公司、证券服务机构、证券交易场所和证券登记结算机构的证券业务活动进行监督管理；依法制定从事证券业务人员的行为准则，并监督实施；依法对证券业协会的自律管理活动进行指导和监督
4	对信息披露的监督管理权。依法监督检查证券发行、上市、交易的信息披露
5	对违法、违规行为的查处权。对证券发行人、证券公司、证券服务机构、证券交易场所、证券登记结算机构进行现场检查；进入涉嫌违法行为发生场所调查取证；询问当事人和与被调查事件有关的单位、个人，要求其对与被调查事件有关的事项作出说明，或者要求其按照指定的方式报送与被调查事件有关的文件和资料
6	法律、行政法规规定的其他职权

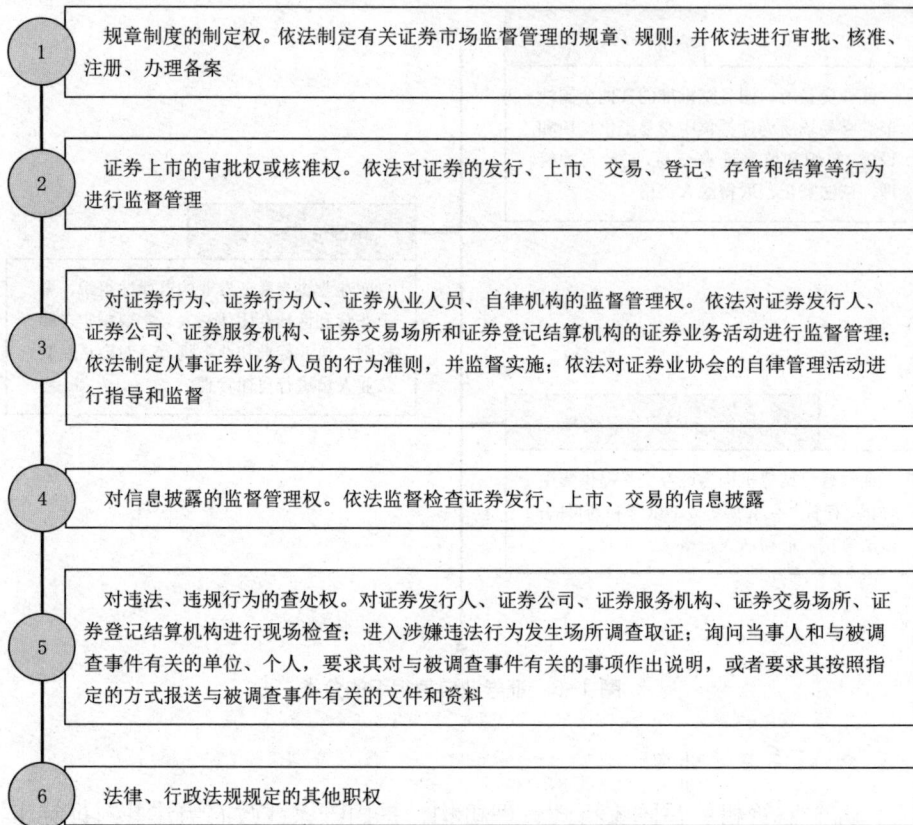

图 1-7　证券监督管理机构的权力和职能

1.2　股票类别要分清

目前市面上流通的股票类别非常多，投资者常说的 A 股、B 股是根据股票上市地区来划分的，除此之外，还可以根据股东权利、投资主体、公司业绩及票面形式等要素，将股票划分为不同种类。

1.2.1　根据股东权利划分

按照股东权利，可将股票划分为普通股、优先股和后配股。

◆　普通股

普通股是享有一般权利、承担一般义务的股份。它构成了公司资本的基础，是股票的一种基本形式，也是市面上发行量最大，流通量最大的股票。目前，在上海证券交易所和深圳证券交易所中交易的股票都是普通股。

普通股的股东对公司的管理、收益享有平等的权利，其投资收益（一般指股息和分红）会随着企业利润的变动而变动，因此是投资风险较大的一种股票。

普通股的持有人享有一定的权利，具体如图 1-8 所示。

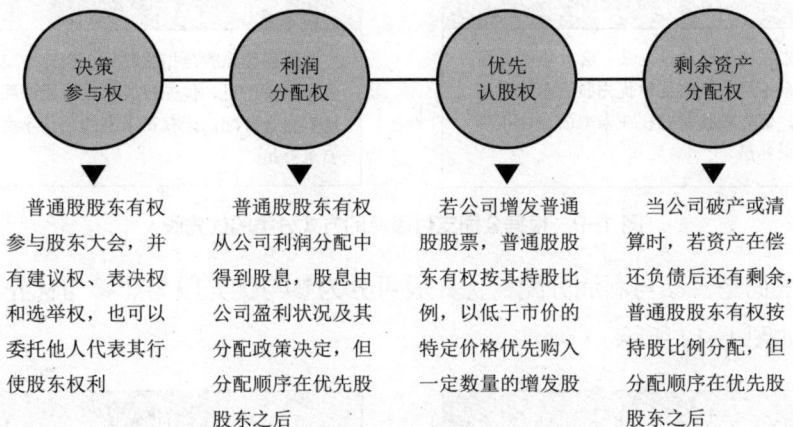

决策参与权	利润分配权	优先认股权	剩余资产分配权
普通股股东有权参与股东大会，并有建议权、表决权和选举权，也可以委托他人代表其行使股东权利	普通股股东有权从公司利润分配中得到股息，股息由公司盈利状况及其分配政策决定，但分配顺序在优先股股东之后	若公司增发普通股股票，普通股股东有权按其持股比例，以低于市价的特定价格优先购入一定数量的增发股	当公司破产或清算时，若资产在偿还负债后还有剩余，普通股股东有权按持股比例分配，但分配顺序在优先股股东之后

图 1-8　普通股股东享有的权利

◆　优先股

优先股是在公司资产、利润分配等方面享有优先权的一种特殊股票，面临的风险也更小，其拥有的权利如下。

优先分配权。在公司分配利润时，持有优先股的股东会比普通股股东先分配，并且股息固定，不受公司经营状况影响。若公司不对优先股股东分配股利，就不能对普通股股东分配股利。

剩余资产优先分配权。当公司破产或清算时，若资产在偿还负债后还有剩余，优先股股东有权先于普通股股东分配。

但在享受股息和剩余资产优先分配权的同时，优先股股东却不能参加公司的红利分配，无权参与公司经营管理。

在一般股东大会中，优先股股东无表决权或被限制表决权，也没有选举权和被选举权，对股份公司的重大经营事项无投票权。这样的举措也是为了平衡普通股股东和优先股股东两方的权利。

在优先股中，根据公司支付股息的方式，又可以将其细分为累积优先股和非累积优先股，具体如图 1-9 所示。

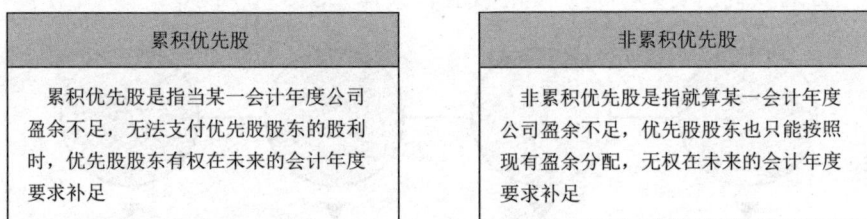

累积优先股	非累积优先股
累积优先股是指当某一会计年度公司盈余不足，无法支付优先股股东的股利时，优先股股东有权在未来的会计年度要求补足	非累积优先股是指就算某一会计年度公司盈余不足，优先股股东也只能按照现有盈余分配，无权在未来的会计年度要求补足

图 1-9　根据公司支付股息的方式分类的优先股

根据是否参与利润分配，优先股可分为参与优先股与非参与优先股，具体如图 1-10 所示。

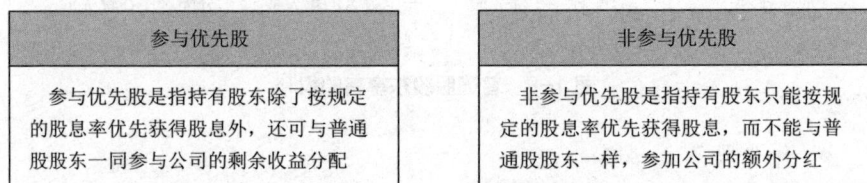

参与优先股	非参与优先股
参与优先股是指持有股东除了按规定的股息率优先获得股息外，还可与普通股股东一同参与公司的剩余收益分配	非参与优先股是指持有股东只能按规定的股息率优先获得股息，而不能与普通股股东一样，参加公司的额外分红

图 1-10　根据是否参与利润分配分类的优先股

根据是否可转换品种，优先股可分为可转换优先股和不可转换优先股，具体如图 1-11 所示。

可转换优先股	不可转换优先股
可转换优先股是指持有股东在一定期限内，有权将其转换为普通股或其他品种的优先股	不可转换优先股是指持有股东不能将优先股转换为其他任何品种，只能持有这一类优先股

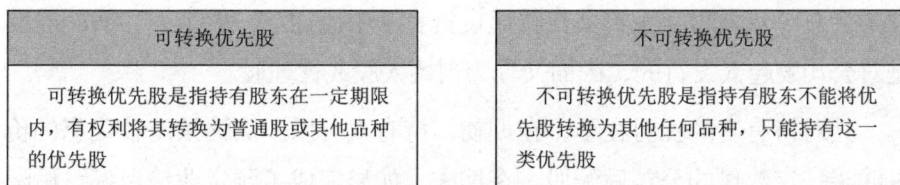

图 1-11 根据是否可转换品种分类的优先股

根据是否可赎回，优先股可分为可赎回优先股与不可赎回优先股，具体如图 1-12 所示。

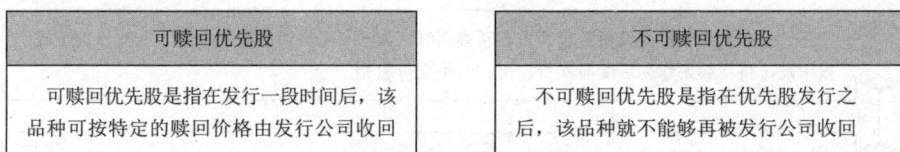

可赎回优先股	不可赎回优先股
可赎回优先股是指在发行一段时间后，该品种可按特定的赎回价格由发行公司收回	不可赎回优先股是指在优先股发行之后，该品种就不能够再被发行公司收回

图 1-12 根据是否可赎回分类的优先股

根据股息是否可变动，优先股可分为可调整优先股和股息率固定优先股，具体如图 1-13 所示。

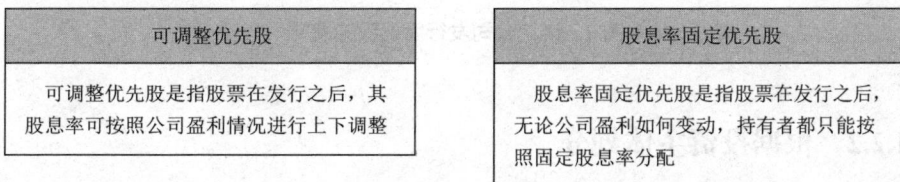

可调整优先股	股息率固定优先股
可调整优先股是指股票在发行之后，其股息率可按照公司盈利情况进行上下调整	股息率固定优先股是指股票在发行之后，无论公司盈利如何变动，持有者都只能按照固定股息率分配

图 1-13 根据股息是否可变动分类的优先股

◆ 后配股

后配股是在利益或利息分红及剩余财产分配时，比普通股分配顺序还要靠后的一种特殊股票。

后配股享有的权利与普通股相似，也有参加企业经营、分配红利的权利。相对于普通股而言，后配股的主要特点在于一股可以有几票表决权，持有者在参加股东大会进行表决时，能够有比较强的优势。

由于后配股利润分配的靠后及表决权利的优势，因此，这一类股票往往不会对公众发行，也不会在普通投资者手中流通。一般来说，后配股都是对公司发起人发行的，因而又称为创始人股或管理股。

其对持有者的优势在于，在期初，持有人可以一次性按比较优惠的价格购买一定数量的公司后配股。在期末，如果完成了预定业绩目标，后配股可以按 1:1 的比例转为普通股。但如果没有完成预定业绩目标，后配股将失去价值，导致持有人遭受损失，这也是一种激励政策。

那么在什么情况下，公司会发行后配股呢？具体如图 1-14 所示。

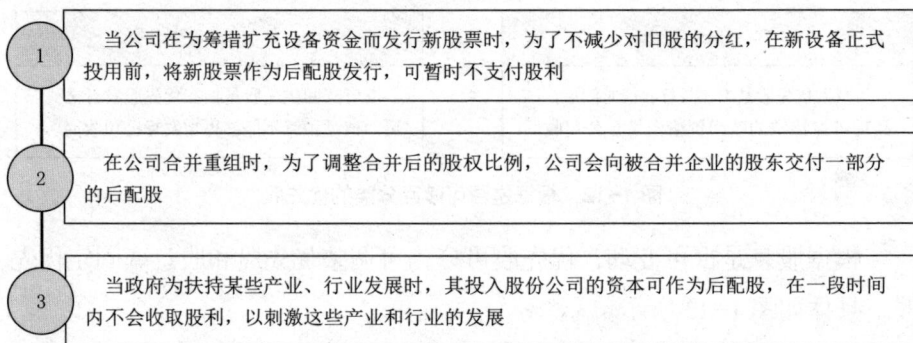

1	当公司在为筹措扩充设备资金而发行新股票时，为了不减少对旧股的分红，在新设备正式投用前，将新股票作为后配股发行，可暂时不支付股利
2	在公司合并重组时，为了调整合并后的股权比例，公司会向被合并企业的股东交付一部分的后配股
3	当政府为扶持某些产业、行业发展时，其投入股份公司的资本可作为后配股，在一段时间内不会收取股利，以刺激这些产业和行业的发展

图 1-14 公司发行后配股的情况

1.2.2 根据投资主体划分

股票根据其投资主体性质的不同，可将其大致划分为国家股、公众股和法人股。一般来说，在二级市场上流通的股票大部分都是公众股。

◆ 国家股

国家股是指有权代表国家投资的机构或部门，向股份公司出资形成或依法定程序取得的股份，也称为国有股或国有资产股。在股份公司股权登记上，记名为该机构或部门持有的股份。

这其中也包括原国有企业向股份有限公司形式转换时，将现有资产折合成的国有股份。

由于我国很多股份制企业都是由原国有大中型企业改制而来的，因此，国家股在公司股份中占有较大的比重。

通过企业形式的改制，多种经济成分可以并存于同一企业，国家则通过绝对控股（国有股权持股比例占50%以上）和相对控股（国有股权持股比例高于30%低于50%）的方式，用较少的资金控制更多的资源。

◆ 公众股

公众股指的是社会个人或股份公司内部职工，以个人合法财产投入公司形成的股份。由于公众股一般在二级市场上流通，由个人或机构持有，所以也被称为个人股。

根据持有主体的不同，公众股分为两种基本形式，即公司职工股和社会公众股，具体如图1-15所示。

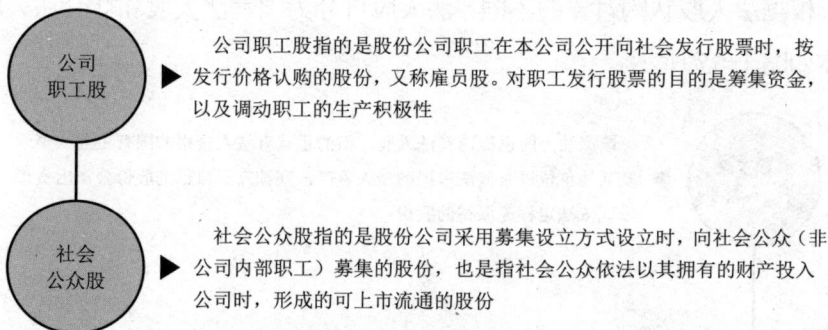

公司职工股 ▶ 公司职工股指的是股份公司职工在本公司公开向社会发行股票时，按发行价格认购的股份，又称雇员股。对职工发行股票的目的是筹集资金，以及调动职工的生产积极性

社会公众股 ▶ 社会公众股指的是股份公司采用募集设立方式设立时，向社会公众（非公司内部职工）募集的股份，也是指社会公众依法以其拥有的财产投入公司时，形成的可上市流通的股份

图1-15 公众股的分类

依据证监会发布的《关于上市公司实施员工持股计划试点的指导意见》规定，上市公司全部有效的员工持股计划所持有的股票总数累计不得超过公司股本总额的10%，单个员工所获股份权益对应的股票总数累计不得超过公司股本总额的1%。

◆ 法人股

法人股指的是企业法人以其依法可支配的资产，向公司投资形成的股份，或具有法人资格的事业单位和社会团体以国家允许用于经营的资产，向公司投资形成的股份。

法人股是我国股份制企业股权结构的重要组成部分，其持有股份主要包括以下四种，具体如图 1-16 所示。

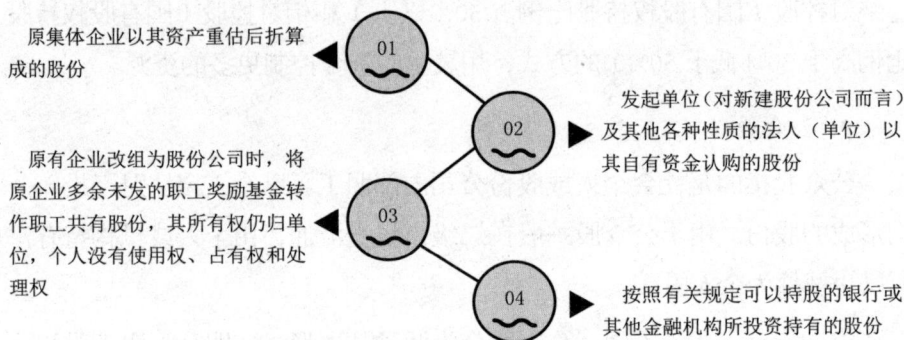

原集体企业以其资产重估后折算成的股份

01

02 发起单位（对新建股份公司而言）及其他各种性质的法人（单位）以其自有资金认购的股份

原有企业改组为股份公司时，将原企业多余未发的职工奖励基金转作职工共有股份，其所有权仍归单位，个人没有使用权、占有权和处理权

03

04 按照有关规定可以持股的银行或其他金融机构所投资持有的股份

图 1-16　法人股持有股份的种类

根据法人股认购对象的不同，法人股可分为国家法人股和社会法人股，具体如图 1-17 所示。

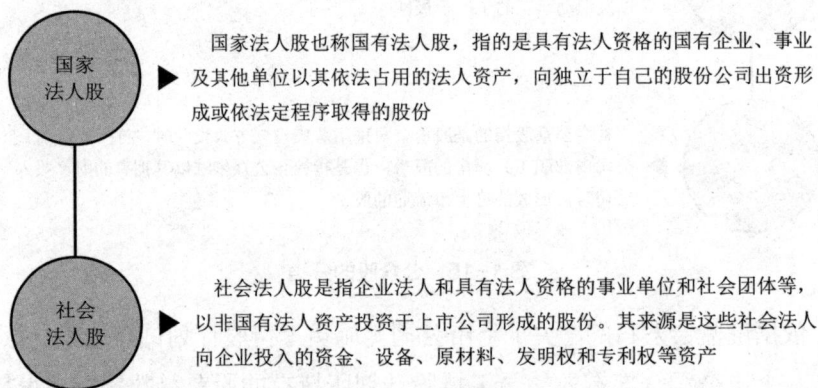

国家法人股
国家法人股也称国有法人股，指的是具有法人资格的国有企业、事业及其他单位以其依法占用的法人资产，向独立于自己的股份公司出资形成或依法定程序取得的股份

社会法人股
社会法人股是指企业法人和具有法人资格的事业单位和社会团体等，以非国有法人资产投资于上市公司形成的股份。其来源是这些社会法人向企业投入的资金、设备、原材料、发明权和专利权等资产

图 1-17　法人股认购对象的种类

目前法人股的流动方式主要有几种，即协议转让、拍卖、质押和回购。依据相关规定，股份公司发起人持有本公司股份自公司成立之日起一年内不得转让；法人股只能在法人之间转让，不能转让给自然人或其他非法人组织。

由此可以看出，法人股的限制性较高，导致其流动性较差，无法通过股票市场的交易来体现其价值。但法人股在股份公司的设立和运作过程中起到了非常重要的作用，具体如图 1-18 所示。

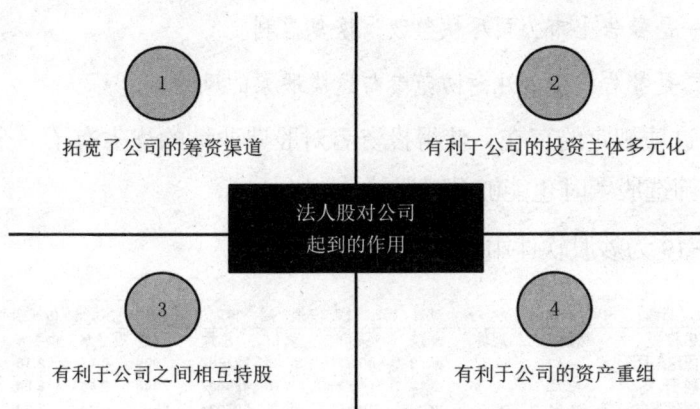

图 1-18　法人股对公司起到的作用

1.2.3　根据公司业绩划分

根据公司业绩来划分股票的方式，在概念上并没有明确的界定，因此划分的种类也比较多，包括绩优股、绩差股、蓝筹股、成长股、热门股和垃圾股等。

但这些分类对股票并没有业绩或数据上的硬性规定，所以具有一定的主观性，对于新手投资者来说也不好辨别。

但有一类股票极具辨识度，并且存在相关规定对其进行制约，那就是 ST 股和 *ST 股。

（1）ST 股

字母 ST 为 Special Treatment 的缩写，也就是特别处理。ST 股的意思就是证券交易所对财务状况或其他状况出现异常的上市公司的股票交易进行特别处理，并对其原有的股票简称进行缩减，新名称前冠以"ST"字样，以示区分。

证券交易所对出现问题的股票打上"ST"的标签，就是为了给上市公司和投资者一个警示。

◆ 一是警告上市公司尽快整改，恢复盈利。

◆ 二是警告投资者注意防范参与这类股票的风险。

由于这项规定的存在，使得投资者对股票业绩的优劣有了一个清晰的感知，在筛选股票时也能够及时避让。

图 1-19 为炒股软件中显示的 ST 股。

	代码	名称		涨幅%	现价	涨跌	买价	卖价	总量	现量	涨速%	换手%	今开
106	000513	丽珠集团	R	-2.13	36.22	-0.79	36.22	36.23	127002	909	0.17	2.10	37.21
107	000514	渝开发		-2.79	4.18	-0.12	4.17	4.18	425487	7306	0.48	5.04	4.28
108	000516	国际医学	R	1.51	10.75	0.16	10.75	10.76	627034	5565	-0.27	3.29	10.44
109	000517	荣安地产		0.00	3.13	0.00	3.13	3.14	559887	7333	0.00	2.24	3.13
110	000518	四环生物		-1.68	3.52	-0.06	3.51	3.52	224968	3127	0.28	2.19	3.58
111	000519	中兵红箭	R	4.76	23.99	1.09	23.99	24.00	957373	8740	0.13	6.88	22.81
112	000520	长航凤凰		0.00	3.44	0.00	3.43	3.44	189189	2796	0.29	1.87	3.44
113	000521	长虹美菱	R	-0.87	4.57	-0.04	4.57	4.58	253349	3849	-0.21	2.89	4.60
114	000523	广州浪奇		2.52	3.26	0.08	3.25	3.26	149734	1414	0.31	1.09	3.18
115	000524	岭南控股		-0.77	10.32	-0.08	10.32	10.33	202496	1111	0.29	3.02	10.88
116	000525	ST红太阳		0.49	12.32	0.06	12.31	12.32	128413	591	0.24	2.24	12.40
117	000526	学大教育		1.14	17.67	0.20	17.67	17.68	96135	1360	0.51	8.16	17.38
118	000528	柳工	R	-0.96	6.20	-0.06	6.20	6.21	46860	175	0.16	0.49	6.27
119	000529	广弘控股		0.28	7.11	0.02	7.10	7.11	64218	744	0.00	1.13	7.09
120	000530	冰山冷热	R	-1.16	5.13	-0.06	5.12	5.13	219246	1920	0.00	3.67	5.19
121	000531	穗恒运A		-0.46	6.56	-0.01	6.56	6.57	96099	327	0.00	1.17	6.69
122	000532	华金资本		-0.44	11.20	-0.05	11.20	11.21	26843	218	0.18	0.78	11.19
123	000533	顺钠股份	R	-0.73	4.09	-0.03	4.08	4.09	82578	570	0.00	1.21	4.12
124	000534	万泽股份		-1.59	16.12	-0.26	16.12	16.13	90578	379	-0.05	1.84	16.24
125	000536	华映科技	R	0.48	2.11	0.01	2.11	2.12	283938	2722	0.00	1.03	2.10
126	000537	广宇发展	R	-1.66	13.63	-0.23	13.63	13.64	198407	1824	0.00	1.07	13.86
127	000538	云南白药	R	-0.61	56.85	-0.35	56.85	56.87	89460	657	-0.06	1.03	57.18
128	000539	粤电力A	R	3.51	5.01	0.17	5.01	5.02	884740	4749	0.00	3.46	5.32

图 1-19 炒股软件中显示的 ST 股

从图 1-19 中可以看到，在股票界面中，ST 股具有明显的辨识度，方便投资者进行区分。那么在什么样的情况下，一只股票会被认定为 ST 股呢？《上海证券交易所股票上市规则》（2023 年 2 月修订）有图 1-20 所示的相关规定。

公司被控股股东（无控股股东的，则为第一大股东）及其关联人非经营性占用资金，余额达到最近一期经审计净资产绝对值 5% 以上，或金额超过 1 000 万元，未能在一个月内完成清偿或整改

公司违反规定决策程序对外提供担保（担保对象为上市公司合并报表范围内子公司的除外），余额达到最近一期经审计净资产绝对值 5% 以上，或金额超过 1 000 万元，未能在一个月内完成清偿或整改

董事会、股东大会无法正常召开会议并形成有效决议

公司生产经营活动受到严重影响且预计在三个月内不能恢复正常

最近一个会计年度内部控制被出具无法表示意见或否定意见审计报告，或未按照规定披露内部控制审计报告

最近连续三个会计年度扣除非经常性损益前后净利润孰低者均为负值，且最近一个会计年度财务会计报告的审计报告显示公司持续经营能力存在不确定性

主要银行账户被冻结

公司存在严重失信，或持续经营能力明显存在重大不确定性等投资者难以判断公司前景，导致投资者权益可能受到损害的其他情形

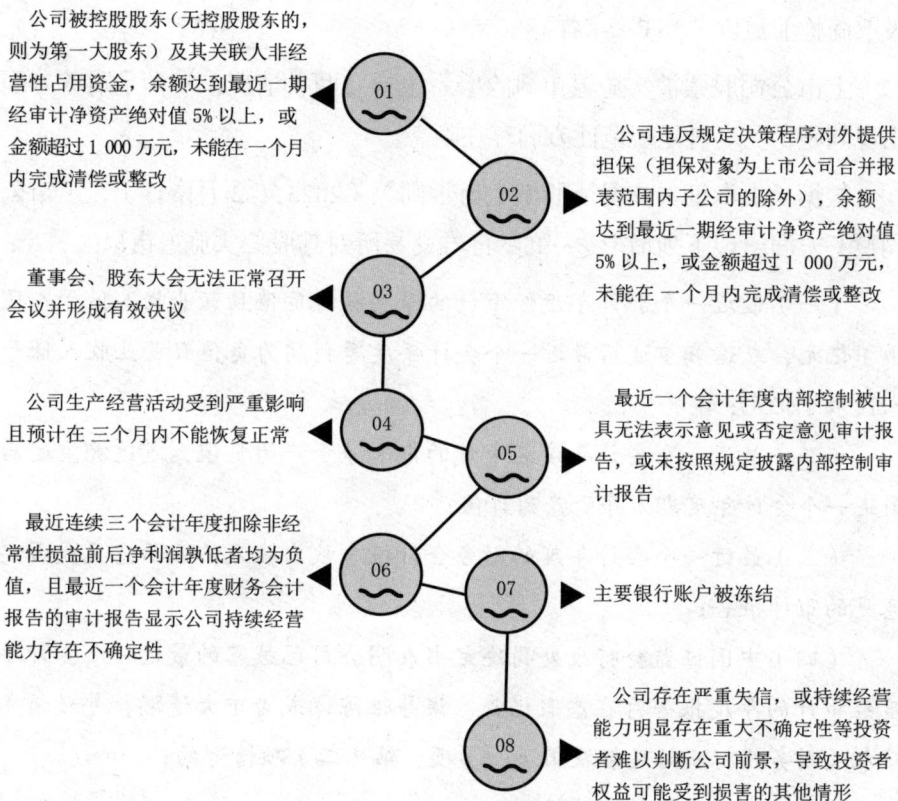

图 1-20　认定为 ST 股的异常状况

当一只股票被打上"ST"的标签，面临的不仅是交易所的警告和投资者的戒备，还有为了防止市场炒作、恶意打压等行为，ST 股也会受到一些特殊交易规则的限制，具体如下。

股票交易日涨幅限制为 5%，跌幅限制为 5%；股票名称改为原股票名缩写，前加"ST"；在认定为 ST 股后，上市公司在特殊处理期间形成的中期报告必须经过审计。

（2）*ST 股

"*ST"标签的警示意义比"ST"还要强烈。*ST 股是面临着退市风险的一类高危股票。上市公司股票被交易所实施退市风险警示的，在公司

股票简称前冠以"★ST"字样。

上市公司股票被实施退市风险警示主要有两种情况：一种是财务方面出现问题，另一种是规范性方面存在隐患。

根据《上海证券交易所股票上市规则》（2023年2月修订），上市公司财务方面出现下列情形之一的，证券交易所对其股票实施退市风险警示：

（一）最近一个会计年度经审计的净利润为负值且营业收入低于人民币1亿元，或追溯重述后最近一个会计年度净利润为负值且营业收入低于人民币1亿元；

（二）最近一个会计年度经审计的期末净资产为负值，或追溯重述后最近一个会计年度期末净资产为负值；

（三）最近一个会计年度的财务会计报告被出具无法表示意见或否定意见的审计报告；

（四）中国证监会行政处罚决定书表明公司已披露的最近一个会计年度经审计的年度报告存在虚假记载、误导性陈述或者重大遗漏，导致该年度相关财务指标实际已触及第（一）项、第（二）项情形的；

（五）本所认定的其他情形。

根据《上海证券交易所股票上市规则》（2023年2月修订），上市公司规范性方面出现下列情形之一的，交易所对其股票实施退市风险警示：

（一）因财务会计报告存在重大会计差错或者虚假记载，被中国证监会责令改正但公司未在规定期限内改正，公司股票及其衍生品种自前述期限届满的次一交易日起停牌，此后公司在股票及其衍生品种停牌2个月内仍未改正；

（二）未在法定期限内披露半年度报告或者经审计的年度报告，公司股票及其衍生品种自前述期限届满的次一交易日起停牌，此后公司在股票及其衍生品种停牌2个月内仍未披露；

（三）因半数以上董事无法保证公司所披露半年度报告或年度报告的真实性、准确性和完整性，且未在法定期限内改正，公司股票及其衍生品种自前述期限届满的次一交易日起停牌，此后公司在股票及其衍生品种停牌 2 个月内仍未改正；

（四）因信息披露或者规范运作等方面存在重大缺陷，被本所要求限期改正但公司未在规定期限内改正，公司股票及其衍生品种自前述期限届满的次一交易日起停牌，此后公司在股票及其衍生品种停牌 2 个月内仍未改正；

（五）因公司股本总额、股权分布发生变化，导致连续 20 个交易日不再具备上市条件，公司股票及其衍生品种自前述期限届满的次一交易日起停牌，此后公司在股票及其衍生品种停牌 1 个月内仍未解决；

（六）公司可能被依法强制解散；

（七）法院依法受理公司重整、和解和破产清算申请；

（八）本所认定的其他情形。

*ST 股的交易规则限制与 ST 股相同。当上市公司扭亏为盈，并经过中国证监会认定合格后，就可以摘除 "*ST" 的标签，恢复到正常的交易中。

1.2.4　根据票面形式划分

按照股票的票面形式，可以将其分为有面额股票、无面额股票、记名股票和无记名股票四种。其中，有面额股票和无面额股票是按照股票是否记明每股金额来划分的，具体介绍如图 1-21 所示。

有面额股票	无面额股票
有面额股票是指在股票票面上记载一定的金额，可以轻易确定每一股份在该股份公司中所占的比例	股票发行时无票面价值记载，仅表明每股占资本总额的比例，其价值随公司财产的增减而增减

图 1-21　根据是否记明每股金额分类的股票

记名股票和无记名股票是按照股票是否记载股东姓名来划分的，具体如图 1-22 所示。

记名股票
记名股票在发行时，票面上记载有股东的姓名，并记载于公司的股东名册上。其特点是除持有者和其正式的委托代理人或合法继承人、受赠人外，任何人都不能行使其股权

无记名股票
无记名股票在发行时，股票上不记载股东的姓名。其持有者可自行转让股票，任何人一旦持有便享有股东的权利，无须再通过其他方式、途径证明自己的股东资格

图 1-22　根据记载股东姓名分类的股票

1.3　炒股经常遇到的术语

　　在股票市场中，经常遇到各种各样的炒股术语，有些属于专有名词，有些则是口口相传的俗语。

　　但无论术语专业与否，新手投资者都需要熟悉其名称和含义并有所了解，避免在遇到这些术语时一头雾水。

1.3.1　有关股票的发行术语

　　股票的不断发行为市场注入了许多新鲜血液，而关于股票的发行术语也非常多，大致可以分为股票的类别术语和发行流程术语。

　　◆　股票的类别术语

　　这里的股票类别并非前面内容提到的需要依据某种要素划分的类别，而是比较偏向于主观化的、约定俗成的一种分类，比如垃圾股、黑马股等没有明确界定标准的分类，具体见表 1-2。

表 1-2　股票的类别术语

术　语	含　义
权重股	权重股就是总股本巨大的上市公司股票，其涨跌对指数来说影响较大。股票的权重指的是在计算指数时，成分股根据其股本大小而占的份额。占据的份额越大，权重越大，就说明股票的总股本越大，但权重仅在编制指数时才有意义

续上表

术　语	含　义
大盘股	大盘股没有统一的标准，一般指股本比较大的股票。一般来说，市值总额达20亿元以上的上市公司所发行的股票就可以被称为大盘股，通常为造船、钢铁、石化类公司
小盘股	小盘股是相对于大盘股而言的，指发行在外的流通股份数额较小的上市公司的股票。一般来说，流通股数不超过 3 000 万股的股票都可视为小盘股
热门股	热门股指的是一些交易量大、周转率高、流通性强、价格变动幅度大的股票。热门股中有些股票具有较强的时效性，属于被市场炒作起来的股票，而有些则属于老牌强股，在市场上占据较大优势
垃圾股	垃圾股指的是业绩较差的公司股票。这类上市公司由于行业前景不好或者经营不善等，股票的表现连绵阴跌，交投不活跃，导致评级较差
黑马股	黑马股是指短时间内价格可能脱离过去的价位区间，进而大幅上涨的股票，属于异军突起的个股
白马股	白马股是指长期业绩优良、股票回报率高，并具有较高投资价值的股票。其营收数据与经营状况等相关信息明朗，为市场所共知，具有持续稳定的增长性
板块股	板块股指的是因某一题材或者主营业务等要素，被划分入某一个板块的股票，如金龙鱼（300999）就属于食品饮料板块的板块股
概念股	概念股指的是因具有某种特别内涵，被划分入某一概念板块的股票。如 5G 概念、生物医药概念、元宇宙概念等，其成分股就被称为概念股。这类股票通常会被当作一种选股和炒作题材，成为某一段时间内股市的热点
龙头股	龙头股指的是在某一时期内，对同行业板块的其他股票具有影响力和号召力的股票。它的涨跌往往对其他同行业板块股票的涨跌起引导和示范作用，其背后的上市公司一般来说也是行业的龙头企业
蓝筹股	蓝筹股是指长期稳定增长的、大型的传统工业股及金融股。通常来说，一些经营业绩较好，具有稳定且较高现金股利支付能力的公司股票
白菜股	白菜股指的是市场价格偏低的股票，一般来说，价格低于 10 元的股票就可以被称为白菜股。但白菜股并不代表没有投资价值，有些白菜股甚至属于蓝筹股，或者未来的黑马股
妖股	妖股指的是走势明显异常、不合常理的股票。一般来说，妖股会出现违背常理的暴涨暴跌，有些与大盘相悖，有些则与其自身的财务状况相悖，让人难以捉摸

◆ 股票的发行流程术语

有关股票的发行流程术语也是投资者需要了解的，这些术语大多是专有名词，一般会出现在上市公司发布的声明和披露的报告中。如果不熟悉这些术语，投资者可能会错失非常多的信息。

具体发行流程术语见表1-3。

表1-3 股票的发行流程术语

术　语	含　义
路演	路演指的是证券发行商在发行证券前，针对机构投资者进行的一系列推介活动；是促进投融资双方充分交流，保证股票顺利发行的重要推介和宣传手段
招股说明书	招股说明书是股份公司依据信息披露的要求，由发起人或股份化筹备委员会起草，应送交政府证券管理机构审查批准的，就募股事宜发布的一种书面通告
上市公告书	上市公告书是发行人于股票上市前，向公众公告发行与上市有关事项的信息披露文件。其内容应当概括招股说明书的基本内容和公司近期的重要资料
认股权证	认股权证是由股份有限公司发行的，可认购其股票的一种买入期权。它赋予持有者在一定期限内，以事先约定的价格购买发行公司一定股份的权利
发行价格	股票发行价格是指发行人将股票出售给投资人时的价格。发行价格不一定就是票面值，它可以低于或高于票面值
网上发行	网上发行指的是利用各个证券交易所（如上海证券交易所）的交易网络，主承销商在证券交易所挂牌销售，投资者通过证券营业部交易系统申购的发行方式
网下发行	网下发行指的是不通过证券交易所进行的发行方式，一般针对机构投资者，个人投资者只能参与网上发行的申购
公开发行	公开发行又称公募，指的是向不特定对象发行证券，或者向累计超过200人的特定对象发行证券，或者法律、行政法规规定的其他发行行为。公开发行的股票不一定要求上市，但是上市的股票必须要求公开发行
私募发行	私募发行又称不公开发行或定向发行，是指面向少数特定的投资人发行证券的方式。私募发行的对象大致有两类：一类是符合标准并通过证监会认证的合格个人投资者；另一类是机构投资者
溢价发行	溢价发行指的是发行价格高于股票票面价格

续上表

术　语	含　义
折价发行	折价发行指的是发行价格低于股票票面价格
增发新股	增发新股指的是上市公司在股票已经上市的基础上，再次发行新股的行为
高送配	高送配指的是上市公司在年度报告出台后，对股东进行利润分配，并且送红股比例大于或等于 10 送 5（每 10 股送红股 5 股）的行为

1.3.2　交易时常用的术语

在介绍了股票的发行术语后，投资者还需要继续深入学习交易术语的含义和内在信息。

有关股票交易的术语浩如烟海，其细致分类更是数不胜数。但对新手投资者来说，只需要学习一些比较常用的术语，保证自己在阅读资料时能够条理清晰，在实际操作中能得心应手即可。

本节将股票的交易术语大致分为市场方向术语、市场参与者术语、盘口与价格术语及交易过程术语。

◆　市场方向术语

有关市场方向的术语是一个大致的分类，其中包含了趋势的走向、股价所处的位置及市场对未来走向的期望等内容，具体见表 1-4。

表 1-4　市场方向术语

术　语	含　义
牛市	指的是价格长期呈上涨趋势的股票市场。一般来说市场行情普遍看涨，涨势稳定且延续时间较长的市场才能被称为牛市
熊市	指的是股价长时间下跌的市场状态
猴市	指的是介于牛市与熊市之间的，股价反复震荡的市场走势

续上表

术 语	含 义
多头市场	指的是多方占优、股价预期上涨的市场,与牛市含义类似
空头市场	指的是空方占优、股价预期下跌的市场,与熊市含义类似
看多	"看"指的是投资者对后期走势的一种预估,看多即投资者对股价后期的走势持乐观态度,认为其即将上涨
看空	指的是投资者对股价后期的走势持悲观态度,认为其即将下跌
跳空	指的是股价当日的开盘价高于前一日的最高价,或是当日的开盘价低于前一日的最低价,两根 K 线之间形成了一个缺口
补空	指的是股价在跳空后,通过后续的走势很快补上的过程。如向下跳空后股价上涨,就能够补上跳空的缺口
高开	指的是股价当日的开盘价高于前一日收盘价
低开	指的是股价当日的开盘价低于前一日收盘价
反弹	指的是股价在下跌过程中出现的上涨现象,反弹结束后将继续沿着下跌轨道前进
回调	指的是股价在上涨过程中出现的下跌现象,回调结束后将很快回到上涨轨道
阴跌	指的是股价小阳线与小阴线交错,整体走势缓慢下滑的状态
跳水	指的是股价突然受利空消息打击或是其他因素影响,导致在短时间内突然暴跌的现象
探底	指的是股价下跌到某一位置后形成支撑回升,在此期间寻找到阶段底部的过程
见顶	指的是股价上涨到某一位置后受到阻碍下跌,在此之后再未能创出新高,认定该位置为顶部的过程

◆ 市场参与者术语

有关市场参与者的术语主要包括主力与散户、多方与空方两个方面,具体见表 1-5。

表 1–5　市场参与者术语

术　　　语	含　　　义
主力	指的是持有大量流通股、操纵股价走势以赚取收益的股东
大户	指的是拥有巨额资金，实力较为雄厚的投资者
散户	指的是投入资金较少、持有股数较少的个人投资者，一般来说，市场中大部分的参与者都是散户
多方	指的是对股价走势看好，买入股票持股待涨的投资者，通常也被称为买方
空方	指的是对股价走势预估不乐观，卖出股票兑现利润的投资者，通常也被称为卖方
实多	指的是资金量雄厚、持股时间较长，并且不轻易受短期股价涨跌影响，长期看好股票的长线投资者
浮多	浮多与实多相对，指的是资金量小、持股时间较短，容易受到股价短期涨跌影响而经常买卖的投资者
短多	指的是以快速盈利为目的，在股价出现一定涨幅后就迅速卖出兑现利润，在股价上涨时再度入场抢短期收益的短线投资者
新多	指的是新入场的多方投资者
实空	指的是资金量大、持股时间较长，在上涨行情中也坚持做空头交易的投资者
利多	指的是某种对股价涨势有利的消息或影响因素出现，使得市场中的多方占据优势
利空	指的是某种对股价涨势不利的消息或影响因素出现，使得市场中的空方占据优势
多头陷阱	指的是主力在行情高位或是阶段高位制造虚假的看多信号
空头陷阱	指的是主力在行情低位或是阶段低位制造虚假的看空信号
多翻空	指的是投资者在认为股价见顶后，不再看好后续走势而卖出股票，从多方转为空方的行为
空翻多	指的是投资者在认为股价见底后，转而看好后续走势而买入股票，从空方转为多方的行为

◆ 盘口与价格术语

盘口与价格术语主要包含的是各类描述盘面情况的术语及各种有关价格的术语，具体见表1-6。

表1-6　盘口与价格术语

术　语	含　义
盘档	指的是场内参与情绪不高，投资者大多持观望态度，导致股价当日波动幅度较小的情况
盘整	指的是股价在经过一段时间的上涨或下跌后，进入的一段相对稳定的整理阶段，阶段末期会决定股价接下来的走势方向
盘坚	指的是股价缓慢但坚定上涨的状态
盘软	指的是股价缓慢但持续下跌的状态
内盘	指的是在市场上挂出主动性卖单的投资者，资金由内向外流出，也被称为卖盘
外盘	指的是在市场上挂出主动性买单的投资者，资金由外向内流入，也被称为买盘
护盘	指的是主力或机构投资者为了防止股价进一步下跌而大量注入资金，买进股票抬高价格的行为
试盘	指的是主力在拉升之前对盘中情况进行的一次全面检测，包括对盘中看多力量的检测、对其他主力是否存在的检测，以及对上方压力的检测等
抛盘	指的是投资者将手中筹码出售的行为
获利盘	指的是在某一段时间内买进，并且已经赚取利润的投资者
套牢盘	指的是在股价从高位下跌时未能及时出局，导致资金被套在某只股票中的投资者
开盘价	指的是股票在每个交易日开市后的第一笔每股买卖成交价格
收盘价	指的是股票在每个交易日收市前的最后一笔每股买卖成交价格
最高价	指的是截至某一时刻，股价达到过的最高价格
最低价	指的是截至某一时刻，股价达到过的最低价格

续上表

术　　语	含　　义
均价	指的是某一段时间内，股票成交的平均价格
现价	指的是股价当前的价格

◆　交易过程术语

交易过程术语指的是在股票交易过程中会涉及的一些用语，这些用语比较常见，是投资者需要重点掌握的。

交易过程常见术语见表 1-7。

表 1-7　交易过程术语

术　　语	含　　义
报价	指的是截至某一时刻，场内的买卖双方报出的最低买入价或最高卖出价
封板	指的是股价在上涨（下跌）至股市规定的单日涨（跌）幅时停止上涨（下跌），随即被封在涨（跌）停板上，无法进行买入（卖出）交易的状态
开板	指的是股票在涨停或跌停后，被集中的大笔成交单砸开涨停板或跌停板，恢复交易的过程
坐轿	指的是投资者预测到股价的上涨，提前买入，当主力发力拉升带动市场追涨使得股价大涨，随后卖出股票，坐收盈利的行为
抬轿	抬轿与坐轿相对，指的是投资者在股价上涨过程中跟风买进，成为推涨股价的动力之一，盈利却并不大
对敲	指的是同一个主力的多个账户之间，或是多个主力的不同账户之间进行的筹码转移的行为
踏空	指的是投资者认为股价即将下跌而卖出股票，结果判断失误，股价反而上涨，导致错过收益的行为
抬升	指的是主力或机构投资者为了将股价快速带到高价区域，使用大笔资金或其他手段将股价拉高的行为
卖压	指的是市场中因卖方抛售而产生的来自上方的压力，这样的压力将对股价产生压制作用

续上表

术　语	含　义
买压	指的是市场中因买方求购而产生的来自下方的压力,这样的压力将对股价产生支撑作用
做T	指的是一种T+0操作,是由股市的T+1规则(当日买进的股票到次日才能卖出)衍生出来的,当日买进、当日卖出的超短线操作手法
建仓	指的是投资者看好某一只股票而买入,建立仓位的行为
清仓	指的是投资者认为股票不再值得持有或出于其他目的,全部卖出的行为
重仓	指的是投资者将大部分可用资金用于买入同一只股票,使得该股票占据仓位份额偏多的行为
全仓	指的是投资者将所有的可用资金都用于买入同一只股票,使得该股票占据全部仓位份额的行为
斩仓	指的是投资者因股价下跌而被套时,为了减少损失而及时卖出的行为
囤仓	指的是投资者买入某只股票后并不急于交易的行为

1.4　炒股也需要防范风险

大多数投资者都听过这样一句话,"股市有风险,入市需谨慎",这句话如同警示灯一般时刻闪烁,提醒着投资者保持谨慎与理智。但很多投资者都不太清楚,炒股的风险到底是什么?

股市的风险主要来自收益的不确定性,而收益的不确定性又来自各种从宏观到微观的因素对股价走势的影响。这些因素根据是否可以避免,分为系统性风险和非系统性风险。

1.4.1　遇到系统性风险只能降低损失

系统性风险是由经济、社会等环境因素造成的，在一定程度上无法通过分散化投资来降低的风险。它不仅会对个股价格产生影响，而且对整个股市和经济市场来说，都会形成一定程度的影响。也就是说，系统性风险对于个股和投资者来说是不可避免的，当投资者遇到系统性风险出现时，只能通过各种手段来尽量降低自己的损失，以保住当前收益。

那么系统性风险主要包括哪些呢？下面就来逐一介绍。

（1）政策风险

政策风险指的是因国家有关股票市场的宏观政策（如货币政策、财政政策、行业政策等）发生重大变化，或是有重要的举措、法规出台，引起股票市场的波动，从而给投资者带来的风险。

比如中央银行为实现金融宏观调控而掌握的三大主要货币政策工具，即存款准备金政策、再贴现率政策和公开市场政策。

中央银行启动其中任何一项政策，都可能会对经济市场和资本市场产生不同程度的影响，进而导致股价走势难以预测，炒股的风险随之加大。在政策风险中也有进一步的分类，主要包括反向性政策风险和突变性政策风险，具体内容如下。

- **反向性政策风险**：指的是在一定时期内，由于政策的导向与上市公司的内在发展方向不一致而产生的，可能导致股价大幅波动的风险。当上市公司的运行状况与调整政策不相容甚至冲突时，就会加大这种风险。

- **突变性政策风险**：指的是在一定时期内，由于政策引导方向发生变化，给上市公司的运行造成影响，进而导致股价波动的风险。

（2）经济周期性波动风险

经济周期性波动风险指的是资本市场由于宏观经济的周期性变动，而引起的股价波动风险。这种波动不是指股票价格的常规波动或是中级波动，而是指股市行情长期趋势的改变。

从宏观上来看，社会经济的发展具有不同的周期，经济活动会沿着经济发展的总体趋势进行周期轮换。

经济周期主要分为繁荣、萧条、衰退和复苏四个阶段，具体含义如图 1-23 所示。

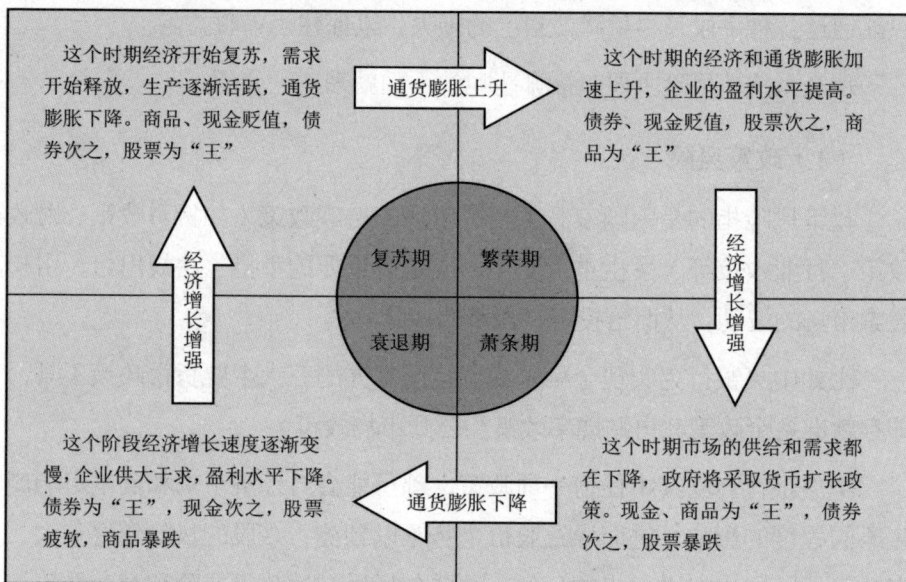

这个时期经济开始复苏，需求开始释放，生产逐渐活跃，通货膨胀下降。商品、现金贬值，债券次之，股票为"王"

通货膨胀上升 →

这个时期的经济和通货膨胀加速上升，企业的盈利水平提高。债券、现金贬值，股票次之，商品为"王"

↑ 经济增长增强

复苏期　繁荣期

衰退期　萧条期

经济增长增强 ↓

这个阶段经济增长速度逐渐变慢，企业供大于求，盈利水平下降。债券为"王"，现金次之，股票疲软，商品暴跌

← 通货膨胀下降

这个时期市场的供给和需求都在下降，政府将采取货币扩张政策。现金、商品为"王"，债券次之，股票暴跌

图 1-23　经济周期的四个阶段

从每个阶段的状态来看，现金、商品、股票及债券在不同经济周期中会有不同的表现。

其中投资者最为关注的股票，仅在经济繁荣期和经济复苏期表现良好。而一旦经济进入萧条期和衰退期，股价的表现将会急转直下，由此给投资者带来的风险也会增大，这就是经济周期性波动风险的原理。

（3）利率风险

利率风险指的是因利率提高或降低，导致投资者产生预期之外的损失风险。而利率具体是指借款、存入或借入金额（称为本金总额）中，每个

期间到期的利息金额与票面价值的比率。

从宏观经济分析的角度看，利率的波动能够反映出市场资金供求的变动情况。同时，中央银行也能通过对利率的调控来影响资本市场的繁荣程度，进而引起股票价格变化。

那么利率的变动如何影响股票价格呢？

举一个例子，当银行利率调高，那么存款的收益就会提高，社会流动资金大量转为储蓄，自然会降低资本市场上的现金流。失去资金的参与，股价就会出现下跌。当银行利率调低，存款的收益也会降低，人们会将储蓄资金取出另谋出路，比如进入资本市场中。由此，资本市场中的现金流增大，自然会推动股价上涨。

也就是说，利率的变动与资本市场的繁荣程度是呈反向关系的。利率在变动时，对经济及股市的影响过程极为复杂，因此为投资带来的风险其实是不可预知的。

（4）购买力风险

购买力风险又称通货膨胀风险，是由价格总水平变化引起的资产总购买力的变动。简单来说，就是通货膨胀导致的货币贬值，使得投资者的实际收益率变得不确定的风险。

通货膨胀的时期不同，其对股票价格产生的影响也会不同，具体如图1-24所示。

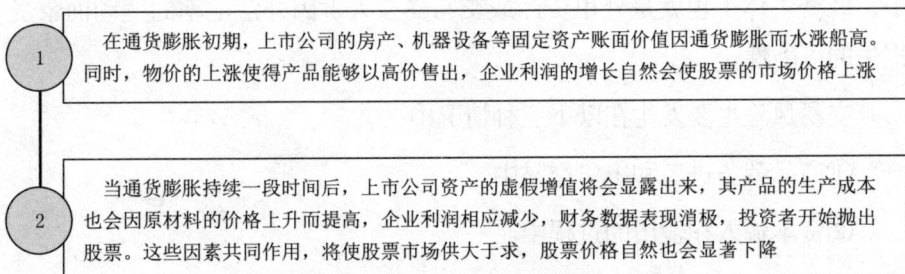

1	在通货膨胀初期，上市公司的房产、机器设备等固定资产账面价值因通货膨胀而水涨船高。同时，物价的上涨使得产品能够以高价售出，企业利润的增长自然会使股票的市场价格上涨
2	当通货膨胀持续一段时间后，上市公司资产的虚假增值将会显露出来，其产品的生产成本也会因原材料的价格上升而提高，企业利润相应减少，财务数据表现消极，投资者开始抛出股票。这些因素共同作用，将使股票市场供大于求，股票价格自然也会显著下降

图1-24 通货膨胀对股价产生的影响

（5）汇率风险

汇率风险又被称为外汇风险或外汇暴露，指的是在一定时期内的国际经济交易中，以外币计价的资产（或债权）与负债（或债务），由于汇率的波动而引起其价值涨跌的一种风险。

在很长一段时间内，国际金融市场都处于反复震荡难以平稳的状态，这也导致了汇率风险的波及范围非常大，几乎影响到了包括企业、银行和个人在内的大部分的经济部门和个体。

对外币资产或负债所有者来说，其面临的风险主要有以下两类。

①人民币贬值的风险。如当借款人在某一时期承担美元债务，并约定在未来某一时期以人民币偿还。但当借款到期时，人民币相对于美元出现了贬值，也就意味着借款人需要使用更大额度的人民币价款来偿还债务，因此会蒙受损失。

②外币之间汇率变动的风险。外币之间的汇率变动风险，与人民币贬值风险是比较类似的，如果将借款人的偿还货币换为其他外币，如英镑、卢布、欧元等，依旧会承担一定的汇率变动风险。

根据外汇风险的作用对象和表现形式，一般把外汇风险分为三种，即交易风险、折算风险和经济风险。

◆ 交易风险

交易风险也称交易汇率风险，指的是在使用外币进行计价收付的过程中，经济主体（也就是外币资产或交易受益人）因外汇汇率的变动而蒙受损失的可能性。

交易风险主要发生在以下三种情况中。

①商品劳务进口和出口交易中。

②资本输入和输出的过程中。

③外汇银行所持有的外汇头寸兑付时。

◆ 折算风险

折算风险又称会计风险，指的是经济主体在对资产负债表进行会计处理时，将功能货币（指经济主体与经营活动中流转使用的各种货币）转换成记账货币（指在编制综合财务报表时使用的报告货币，通常是本国货币）时，因汇率变动而导致账面损失的可能性。

一般来说，跨国公司的海外分公司或子公司与一般的企业相比，所面临的折算风险将更为复杂，风险度也偏高。因此，这些上市公司的股价也会受到一定影响，进而产生波动。

◆ 经济风险

经济风险又称经营风险，指的是在某一时期汇率产生变动，影响了企业的生产销售数量、价格及成本，从而使企业未来一定期间收益或现金流量减少的一种潜在损失。

不同于一次性影响的折算风险和交易风险，经济风险对上市公司的影响是长期的。这种风险不仅会影响公司在国内的经济行为与效益，还会更直接地影响其股价的涨跌及投资者的收益。因此，经济风险一般被认为是三种外汇风险中最需要引起投资者重视的风险。

1.4.2　非系统风险要尽量避免

非系统风险又称非市场风险或可分散风险，是一种与金融市场波动无关的风险。简单来说，非系统风险是由个别人、个别企业或者个别行业等可控因素带来的，只针对某个行业或个别上市公司，而不会对整个市场产生大的影响。

引起非系统风险的部分因素，可以通过预测来进行规避，如公司的营收数据变差、开发项目不成功、市场占有率降低和行业周期轮动等。只要上市公司按规定进行信息披露，投资者就有机会从中获取相关资料，进行基本面分析。

而一些突发事件的发生导致的股价波动，则可以通过分散投资来防范，如产品生产过程中发生的意外事件、高管出现违法违纪行为及企业卷入司法纷争等。当这些突发事件无法被预测时，投资者还是能够在股价产生波动时及时撤出资金，投资其他股票来挽回损失。

非系统风险被分为信用风险、财务风险、经营风险、流动性风险和操作性风险五大类，下面就来逐一介绍。

（1）信用风险

信用风险又称违约风险，指的是股票发行人在规定期限内无法支付利息、优先股股息或偿还本金，而使投资者遭受损失的风险。

由于股票发行人（也就是上市公司）是导致信用风险的责任主体，因此信用风险的大小主要受股票发行人的经营能力、盈利水平、稳定程度及规模大小等因素影响，风险的发生也在某种意义上揭示了发行人存在再次违约或破产退市的可能。

企业发行的债券、优先股票、普通股票等证券都可能存在信用风险，只是受其影响程度有所不同。其中，优先股的信用风险体现在上市公司无法支付、无法按时支付或是无法完整支付固定股息上，而普通股的信用风险则主要体现在股价的波动上。

总之，无论是何种证券，只要上市公司产生了信用风险，就意味着它有经营不善、管理层运营失调等问题存在，不再值得市场信赖。投资者可以通过撤出部分资金或全部资金的方式，以分散或规避这种风险。

（2）财务风险

财务风险又称金融风险，与公司筹集资金的方式及筹建完成后的资本结构有关。

一般来说，投资者可以通过观察一个公司的资产和负债的情况及其比率来估量该公司股票的财务风险，而资产负债表就成了重要的分析工具。

资产负债表亦称财务状况表，它主要表示企业在一定日期（通常为各会计期末）的财务状况（即资产、负债和所有者权益的状况）的主要会计报表。它表明企业在某一特定日期所拥有或控制的经济资源、所承担的现有义务和所有者对净资产的要求权，对于体现企业的运营情况有极其重要的作用，也是投资者用于观察企业财务状况的重要工具。

图 1-25 为某企业资产负债表样式。

资产负债表

会企 01 表

编制单位：			年　月　日		单位：元	
资产	期末余额	年初余额	负债和所有者权益（或股东权益）	期末余额	年初余额
流动资产：			流动负债：		
货币资金			短期借款		
金融资产			金融负债		
应收账款			应付账款		
预付款项			预收款项		
其他流动资产			其他流动负债		
流动资产合计			流动负债合计		
非流动资产：			非流动负债：		
债权投资			长期借款		
长期股权投资			长期应付款		
长期应收款			预计负债		
固定资产			其他非流动负债		
无形资产			非流动负债合计		
长期待摊费用			负债合计		
其他非流动资产			所有者权益（或股东权益）：		
非流动资产合计			实收资本（或股本）		
			资本公积		
			盈余公积		
			未分配利润		
			所有者权益（或股东权益）合计		
资产总计			负债和所有者权益（或股东权益）总计		
单位负责人：		财务主管：		制表人：	

图 1-25　某企业资产负债表样式

在资产负债表中存在一个会计恒等式，即资产 = 负债 + 所有者权益，也就是说，一个企业的总资产中是包含负债的。而负债与资产的比例数据（也就是资产负债率）的变动，能够从一定程度上反映企业的运行状况健康与否。

资产负债率又称举债经营比率，它是用于衡量企业利用债权人提供的资金进行经营活动的能力，以及反映债权人发放贷款的安全程度的指标。通过将企业的负债总额与资产总额相比较，反映在企业全部资产中负债的比重，具体计算公式如下：

$$资产负债率 = 负债总额 \div 资产总额 \times 100\%$$

资产负债率是评价公司负债水平的综合指标，简单来说，就是表示公司总资产中有多少是通过负债筹集的。一般认为，普通企业的资产负债率适宜水平是 40% ～ 60%。

当企业的资产负债率过高，可能出现现金流不足、资金链断裂、不能及时偿债等负面影响，从而导致企业破产，那么该企业的财务风险就会相对较高，投资者选择时要慎重。

而当企业的资产负债率过低时，说明该公司的现金流比较好，但对财务杠杆的利用不足，运用外部资金的能力相对较弱，也就是说，企业的发展潜力还可以得到进一步挖掘。这样的企业财务风险比较低，但盈利也会受到相应影响，投资者需要把握好这种平衡。

（3）经营风险

经营风险指的是由公司的外部经营环境和条件，以及内部经营管理方面的问题造成公司收入的变动，引起股票投资者收益的不确定。

经营风险的大小主要取决于企业自身的抗风险能力、运营能力，以及所处行业的盈利变动情况。

当一个企业具有管理得当、应对风险措施强硬及产品市场占有率高等优点时，其经营风险会降低许多。

但很显然，并不是所有的企业都具有这样的能力。当企业的盈利突然大幅度下降时，由于普通股股东在进行利润分配时排在最后，因此会遭受重大损失，并且公司的股票价格也会受到一定程度的影响而下跌，导致二级市场上的损失加大。

常见的导致企业产生经营风险的因素有以下几种。

- **草率决策**：上市公司内部的管理人员未对投资项目进行可行性分析或分析不完整，草率决策进而导致决策失误，为企业带来损失。

- **满足现状**：上市公司不关注行业或市场调研，不注重开发适应行业发展或消费者需求的新产品，满足于现有市场占有率和现有盈利水平，导致企业跟不上时代步伐，逐渐被淘汰。

- **技术陈旧**：上市公司不注重生产技术的更新换代，生产成本得不到降低，生产效率无法提高，导致企业的竞争力下降。

- **目标定位**：在产品销售过程中，过分依赖已有渠道或已有客户群体，不注重开发新市场，导致销售额难以得到有效提升，企业盈利下降。

- **外部因素**：新政策或调控措施的出台，使得企业在市场中处于相对弱势，或是竞争企业的崛起，使得自身的竞争力和市场占有率下降。

（4）流动性风险

流动性风险指的是投资者在将资产（也就是持有的股票）变成现金的过程中遭遇阻碍，从而造成收益的不确定性。

简单来说，就是投资者手中持有的股票太过冷门，或是刚刚遭受了连续跌停或重大利空消息的打击，导致买盘委托单数量大大减少，投资者不得不压低价格，才能将手中的筹码抛售出去。

这样的风险带来的损失就显而易见了。当投资者无法以合理的价格售出时，也就落入了流动性陷阱，筹码的贬值自然会导致资产变现能力的降低，造成现金缩减。

不同企业的流动性风险大不相同，投资者如果一定要选择某只流动性风险高的股票，那么还可以选择一些换手率较高、股票流通市值较大、单日成交额与成交量较大的股票，作为分散风险的标的。

（5）操作性风险

操作性风险主要取决于投资者自身，不同的心理素质与心理状态、不同的判断标准、不同的操作技巧，都会造成投资者的投资收益有差异。

在一只股票运行的过程中，有的投资者通过一定的操作手法能够赚取收益，而有的投资者反而会亏损。在客观条件基本相同的情况下，影响收益的就是主观因素，其中，投资者的心理因素是影响操作性风险的重要原因之一。

投资者的心理因素主要分为两类：一类是市场主导心理倾向变化，也就是一段时期内，市场上大部分人对股票的消极或积极态度，导致场内出现大量追涨或大幅杀跌的情况；另一类是投资者个人心理倾向变化，比如有些投资者喜欢跟风操盘，一旦市场上有什么风吹草动，就立刻随大流买卖，又比如，有些投资者喜欢博高，将止盈视作无物，一心期待股票有更高的涨幅，这些都是投资者个人心理倾向变化。

第2章

了解股票市场的构成和规则

股票市场的运行规则和基本构成是投资者开始炒股之前必须要了解的关键部分。只有熟悉了各种市场的规则差异、上市公司的特点及交易中的各项规定等，投资者才能在实际操作中顺利买卖股票。

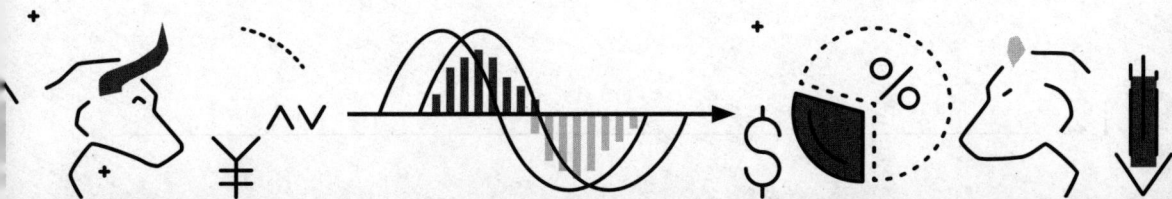

2.1　不同交易市场存在部分差别

在 A 股市场中，不仅存在为成熟企业提供上市平台的主板市场，还有为高新技术企业及创新型企业创建的创业板、科创板等。这些平台的上市要求不同，其中包含的公司特点也不同。根据这一特点，投资者就可以在其中选择适合自己的投资标的。

而上市公司进行股票发售时，又存在一级发行市场和二级流通市场的区别。投资者在申购时，交易市场还会分为场内市场和场外市场。

听起来是不是很复杂？其实只要深入了解，投资者就能够很轻易地辨别其中的原理并进行区分。

2.1.1　一级市场和二级市场之分

股票市场属于证券市场的分支，证券市场则与储蓄市场、长期信贷市场、保险市场及融资租赁市场一同构成了资本市场。

其中，证券市场主要分为发行市场和交易市场，也就是投资者时常听到的一级市场和二级市场。

（1）一级市场

一级市场也称发行市场或初级市场，是筹集资金的公司或政府机构将其新发行的股票和债券等证券销售给最初购买者的金融市场。它是实现资本职能转化的重要场所，通过发行证券的方式将社会闲散资金转化为生产资本。

该市场的主要参与者是投资银行和证券公司，这两种机构在接收证券后，将会采用各种方式向公众出售证券，包括承销和分销两种方式。其中，承销又分为代销、助销、包销及承销团承销，具体如图 2-1 所示。

代销

代销指的是金融机构代发行人发售证券，在承销期结束时，将未售出的证券全部退还给发行人的一种承销方式

助销

助销又称余额包销，指的是金融机构按既定的发行条件和发行总额向公众销售证券，但到了规定的销售截止日期，尚未销完的发行证券，由金融机构按既定的发行价格全部买进

包销

包销指的是金融机构对某公司发行的证券，按证券的总售价把该公司发行的证券全部买下，再对公众进行销售的过程

承销团承销

承销团承销指的是由两个或者两个以上的承销商组成承销团，代理发行人向投资者出售证券的承销方式，包括承销团共同承销和承销团分销两种方式

分销

分销指的是承销团各成员根据承销协议相关条款，在承销团内部各证券公司间分配待发行股票或公司债券。在承销团成员中，与发行人签署承销协议并承担承销风险的证券公司称为主承销商

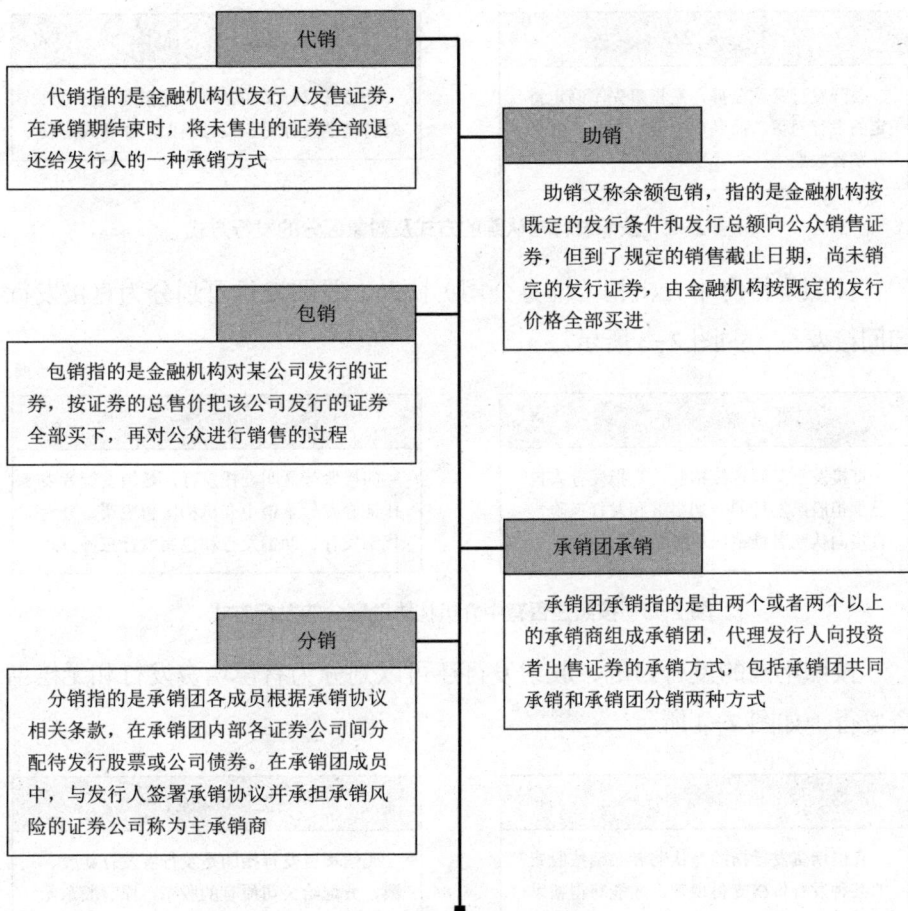

图 2-1　金融机构销售证券的方式

一级市场具有两个重要特点：一是发行市场是一个抽象市场，其买卖活动并非局限在一个固定的场所；二是发行是一次性的行为，证券价格由发行公司决定，并经过有关部门核准，投资人将以同一价格购买股票。

那么上市公司的发行方式又有哪些呢？

按照发行与认购的方式及对象，股票发行可划分为公开发行与非公开发行，如图 2-2 所示。

公开发行	非公开发行
公开发行又称公募，是指事先不确定特定的发行对象，而是向社会广大投资者公开发行股票	非公开发行又叫私募，是指发行公司只对特定的发行对象发行股票，如私人配股

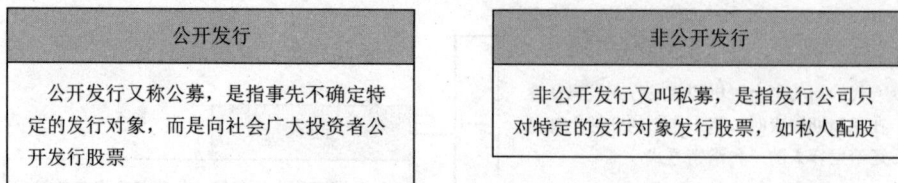

图2-2 按照发行与认购的方式及对象区分的发行方式

按照是否有中介机构（证券公司）协助，股票发行可划分为直接发行与间接发行，如图2-3所示。

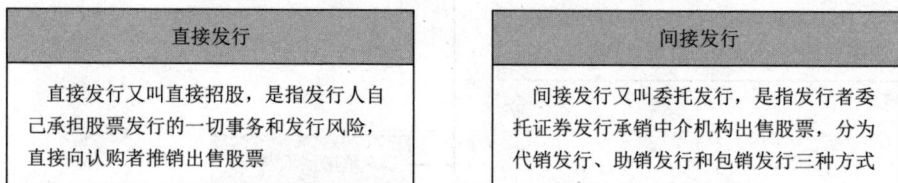

直接发行	间接发行
直接发行又叫直接招股，是指发行人自己承担股票发行的一切事务和发行风险，直接向认购者推销出售股票	间接发行又叫委托发行，是指发行者委托证券发行承销中介机构出售股票，分为代销发行、助销发行和包销发行三种方式

图2-3 按照是否有中介机构协助区分的发行方式

按照不同的发行目的，股票发行还可以划分为有偿增资发行和无偿增资发行，如图2-4所示。

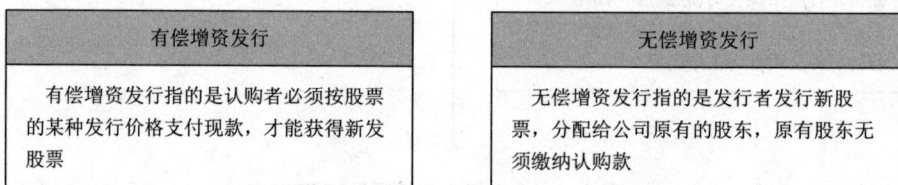

有偿增资发行	无偿增资发行
有偿增资发行指的是认购者必须按股票的某种发行价格支付现款，才能获得新发股票	无偿增资发行指的是发行者发行新股票，分配给公司原有的股东，原有股东无须缴纳认购款

图2-4 按照不同的发行目的区分的发行方式

从一级市场的参与者可以看出，将证券销售给最初购买者的过程并不是公开进行的，普通投资者无法参与一级市场中证券的认购。那普通投资者要如何买到股票呢？这就会涉及二级市场。

（2）二级市场

二级市场是有价证券的交易场所或流通市场，是已发行的有价证券在公众投资者手中进行买卖交易的场所。

二级市场最重要的功能就是为有价证券提供了交易和流通的平台，使得有价证券能够保持一定的流动性。正是因为为有价证券提供了交易途径，所以二级市场还具有为有价证券定价的功能，即向持有者展示证券当前的市场价格。

二级市场还具有其他的基本功能，如图 2-5 所示。

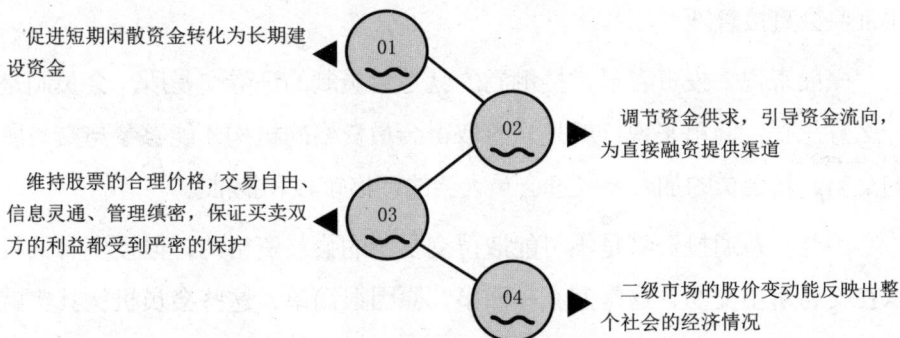

图 2-5 二级市场的其他功能

投资者所熟悉的主板市场、科创板市场、创业板市场等都属于二级市场。在这些市场中，流通的股票才是普通投资者能够接触到的。如果想要进入其中交易，就必须在证券公司开立证券账户和资金账户，详细方法将会在第 3 章内容中介绍到，这里不再赘述。

2.1.2 场内市场和场外市场之分

按照交易程序的不同，证券市场被分为场内市场和场外市场。

（1）场内市场

场内市场又称证券交易所市场或集中交易市场，是指由证券交易所组织的集中交易市场，有固定的交易场所和交易时间。

证券交易所是为证券集中交易提供场所和设施，并组织和监督证券交易，实行自律管理的法人，主要分为公司制的营利性法人和会员制的非营利性法人。

◆ 证券交易所的设立制度

投资者比较熟知的交易所有上海交易所、深圳交易所、北京交易所等。其中，上海交易所、深圳交易所及北京交易所都是会员制的非营利性法人，由证监会直接管理。

一般来说，投资者最常接触到的就是会员制的证券交易所。会员制是什么意思呢？简单来说，就是只有取得会员资格的机构才能够参与交易所的交易，新会员的加入要经过会员大会的严格审核和批准。

因此，普通投资者是不可能取得交易所的会员资格的，但投资者又可以在交易所中交易，这是怎么一回事？原因很简单，这些会员机构其实就是证券公司，它们充当了交易媒介，投资者在证券公司开立账户后，就能够通过这一媒介在交易所中买卖股票。

◆ 证券交易所的职能

证券交易所有组织和监督证券交易的责任，并实施自律管理，须遵循社会公共利益优先原则，以维护市场的公平、有序和透明。其主要职能包括：

①提供证券交易的场所、设施和服务。

②制定和修改证券交易所的业务规则。

③依法审核公开发行证券的申请。

④审核、安排证券上市交易，决定证券终止上市和重新上市。

⑤提供非公开发行证券转让服务。

⑥组织和监督证券交易、管理和公布市场信息。

⑦对会员、证券上市交易公司及相关信息披露义务人进行监管。

⑧对证券服务机构为证券上市、交易等提供服务的行为进行监管。

⑨开展投资者教育和保护。

⑩法律、行政法规规定的及中国证监会许可、授权或委托的其他职能。

（2）场外市场

场外市场简称 OTC 市场，指的是通过大量分散的证券经营机构的证券柜台，以及主要以电信设施来买卖证券而形成的市场。

◆ 场外市场的交易过程

这些交易市场因为没有集中的统一交易制度和场所，因此也常被称作柜台交易市场或店头交易市场，其交易的证券以未能在证券交易所批准上市的股票和债券为主。

场外市场是一个分散的无形市场，它没有固定的、集中的交易场所，而是由许多各自独立经营的证券经营机构分别进行交易，主要依靠电话及计算机网络联系成交。

在场外市场上，证券买卖采取一对一的交易方式，对同一种证券的买卖不会同时出现众多的买方和卖方，仅买卖双方协商议价。

在实际操作中，就是证券公司对外挂出相应证券的买入价和卖出价，并且可根据市场情况随时调整。买方可在牌价基础上与证券公司进行协商，最终决定的成交价为不含佣金的净价。

◆ 场外市场存在的意义

在了解了场外市场的交易过程后，有些投资者可能会发出疑问，既然它的市场分散，缺乏统一的组织和章程，不易管理监督，其交易效率也低，那它存在的意义在哪里呢？

其实，只要投资者从多方面来看待场外市场，就能发现它特殊的功能和意义，具体内容如图 2-6 所示。

场外市场为公开发行后不能或暂时不能到证券交易所上市交易的股票提供了流通转让的场所

01

02 ▶ 场外市场是证券交易所的必要补充

场外市场能够拓宽融资渠道，有效改善中小企业融资环境

03

04 ▶ 场外市场能够提供风险分层的金融资产管理渠道

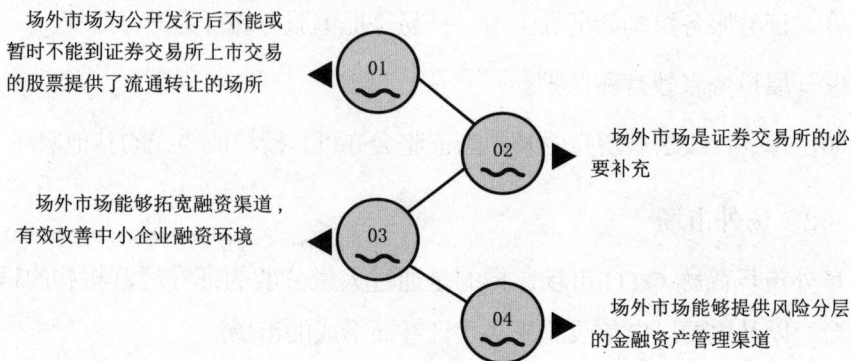

图 2-6　场外市场的功能和意义

不过，除了有特殊需求的投资者以外，一般的投资者很少会参与场外市场的交易，大多数时间还是聚集在场内市场，也就是证券交易所中。

在场内市场中，上市公司可能来自不同的二级市场，共同在交易所挂牌交易，从其股票代码就可以看出区别。因此，投资者需要进一步了解每一个市场的具体规则和差异。

2.1.3　主板市场是经济的晴雨表

主板市场也称为一板市场，是一个国家或地区证券发行、上市及交易的主要场所。

作为最重要的交易场所，主板市场对发行人的财务水平、经营状况、管理人员变动情况等方面的要求较高。能够在主板市场上市的企业多为具有较大的资本规模及稳定的盈利能力的大型成熟企业。

因此，主板市场在很大程度上能够反映一个国家或地区的经济发展状况，有"经济晴雨表"之称。

在上海证券交易所主板市场上市的股票，股票代码以"600"开头；在深圳证券交易所主板市场上市的股票，股票代码则以"000"开头。从这一点上投资者就能够很快区分股票上市的市场。

除了在前面介绍的部分《首次公开发行股票并上市管理办法》的规定以外，股份有限公司首次在主板市场公开发行股票，还需要具备以下一些条件，具体内容如图 2-7 所示。

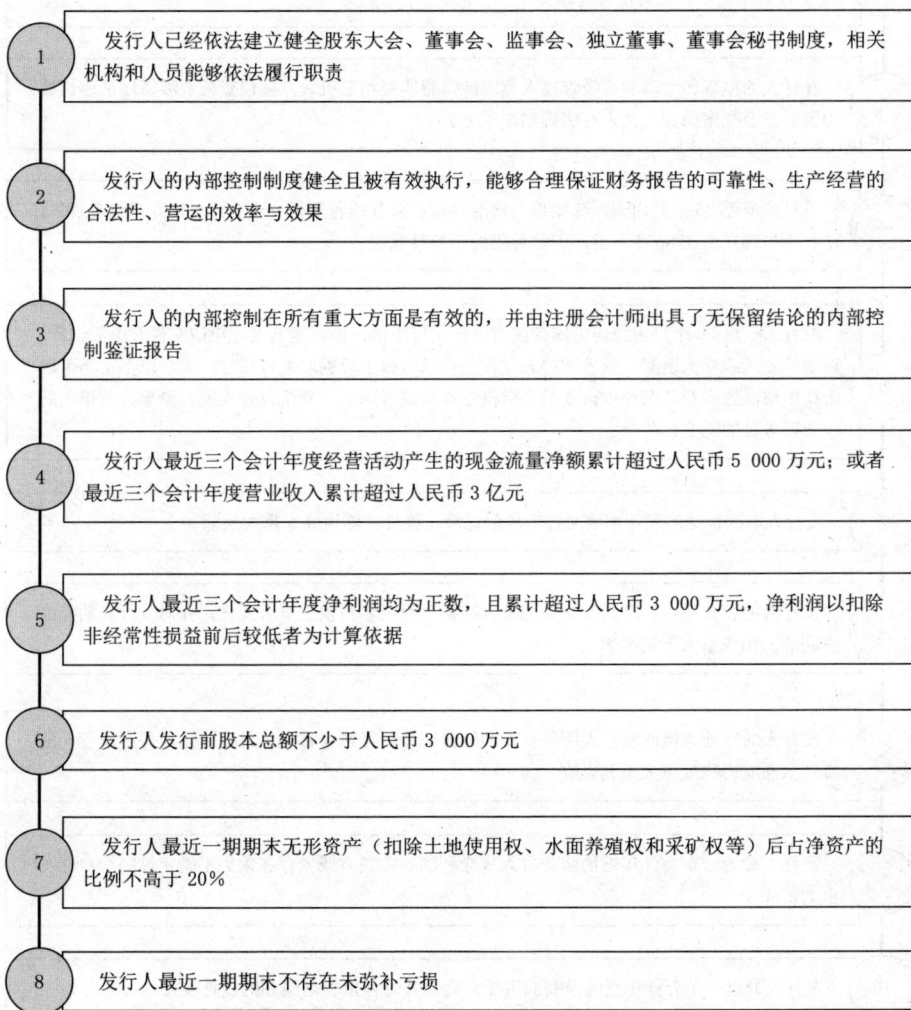

1. 发行人已经依法建立健全股东大会、董事会、监事会、独立董事、董事会秘书制度，相关机构和人员能够依法履行职责

2. 发行人的内部控制制度健全且被有效执行，能够合理保证财务报告的可靠性、生产经营的合法性、营运的效率与效果

3. 发行人的内部控制在所有重大方面是有效的，并由注册会计师出具了无保留结论的内部控制鉴证报告

4. 发行人最近三个会计年度经营活动产生的现金流量净额累计超过人民币 5 000 万元；或者最近三个会计年度营业收入累计超过人民币 3 亿元

5. 发行人最近三个会计年度净利润均为正数，且累计超过人民币 3 000 万元，净利润以扣除非经常性损益前后较低者为计算依据

6. 发行人发行前股本总额不少于人民币 3 000 万元

7. 发行人最近一期期末无形资产（扣除土地使用权、水面养殖权和采矿权等）后占净资产的比例不高于 20%

8. 发行人最近一期期末不存在未弥补亏损

图 2-7　首次在主板市场公开发行股票需要具备的条件

股份有限公司符合以上这些条件后，还不能发生以下这些情形，否则不予批准上市，具体内容如图 2-8 所示。

1 　发行人的董事、监事和高级管理人员被中国证监会采取证券市场禁入措施尚在禁入期的

2 　发行人的董事、监事和高级管理人员最近 36 个月内受到中国证监会行政处罚；或者最近 12 个月内受到证券交易所公开谴责

3 　发行人的董事、监事和高级管理人员因涉嫌犯罪被司法机关立案侦查或者涉嫌违法违规被中国证监会立案调查，尚未有明确结论意见的

4 　发行人最近 36 个月内未经法定机关核准，擅自公开或者变相公开发行过证券；或者有关违法行为虽然发生在 36 个月前，但目前仍处于持续状态

5 　发行人最近 36 个月内曾向中国证监会提出发行申请，但报送的发行申请文件有虚假记载、误导性陈述或重大遗漏；或者不符合发行条件以欺骗手段骗取发行核准；或者以不正当手段干扰中国证监会及其发行审核委员会审核工作；或者伪造、变造发行人或其董事、监事、高级管理人员的签字、盖章

6 　发行人本次报送的发行申请文件有虚假记载、误导性陈述或者重大遗漏

7 　发行人的经营模式、产品或服务的品种结构已经或者将发生重大变化，并对发行人的持续盈利能力构成重大不利影响

8 　发行人的行业地位或发行人所处行业的经营环境已经或者将发生重大变化，并对发行人的持续盈利能力构成重大不利影响

9 　发行人最近一个会计年度的营业收入或净利润对关联方或者存在重大不确定性的客户存在重大依赖

10 　发行人最近一个会计年度的净利润主要来自合并财务报表范围外的投资收益

11 　发行人在用的商标、专利、专有技术及特许经营权等重要资产或技术的取得或使用存在重大不利变化的风险

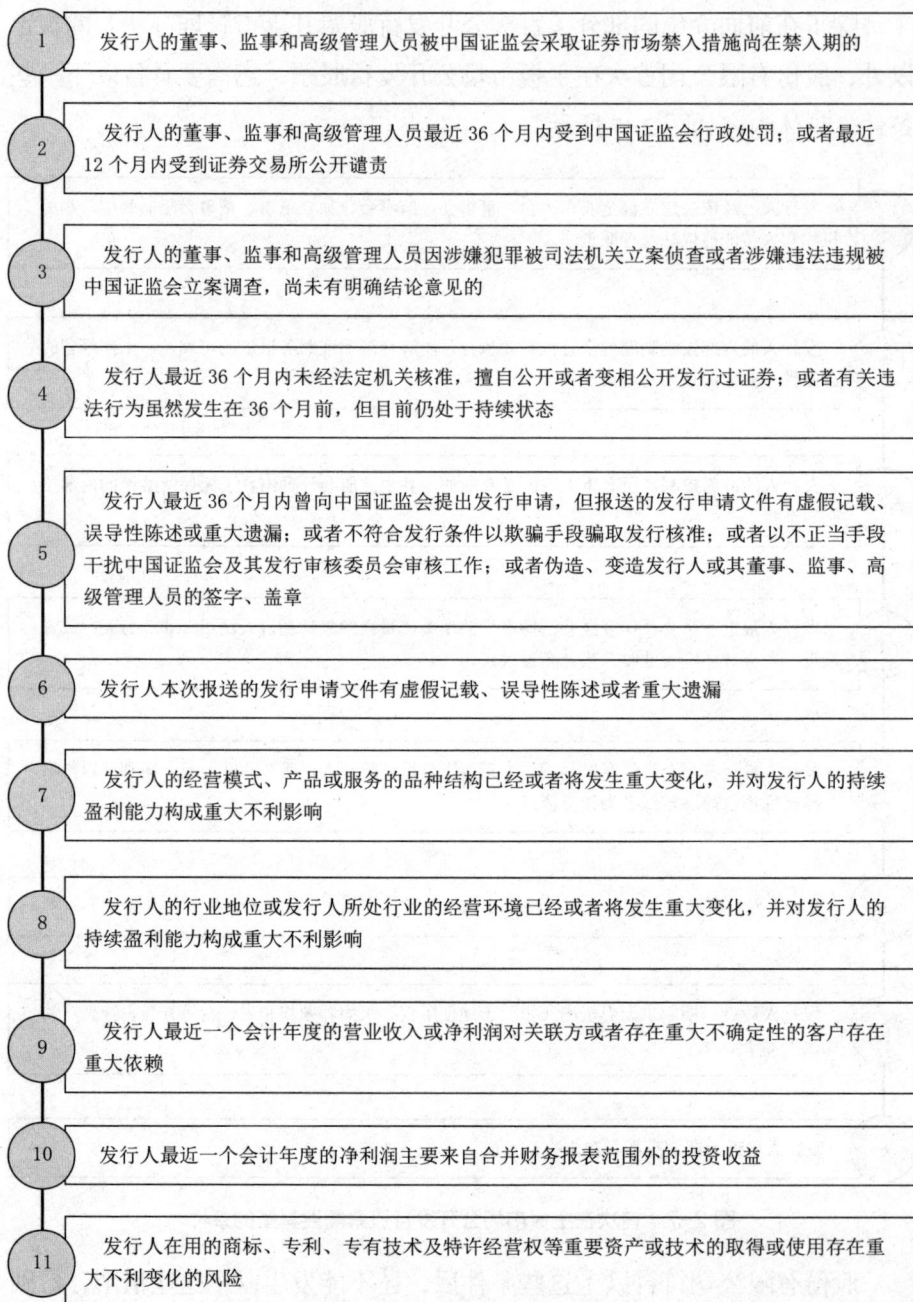

图 2-8　首次在主板公开发行股票前不能出现的情形

　　在报送文件中，股份有限公司还需要按照证监会的有关规定，编制和披露招股说明书。

　　综上可以看出，主板市场对于上市公司的要求是比较严格的。由此可见，不是所有想要上市融资的公司都符合这样的标准，那不符合标准的公司想要通过发行股票来融资的渠道就被堵住了吗？当然不是，因为在主板市场以下，还存在着二板市场。

2.1.4　创业板的存在补充主板市场

　　创业板又称二板市场，是专为暂时无法在主板市场上市的创业型企业提供融资途径和成长空间的证券交易市场。

　　创业板是对主板市场的重要补充，在股票市场中占有非常重要的位置。其设立目的主要有以下五项，具体内容如图 2-9 所示。

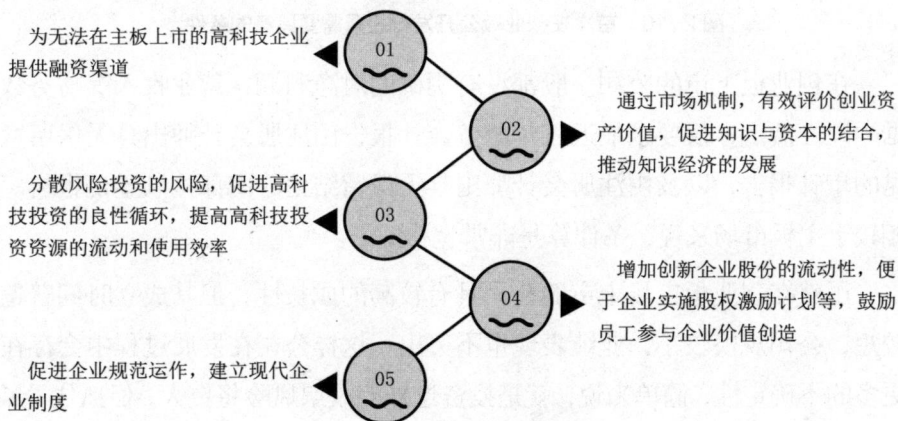

图 2-9　创业板设立的目的

　　在创业板上市的公司股票，代码以"300"开头。与主板市场相比，创业板的上市要求更加宽松，对股份有限公司的成立时间、资本规模、财务表现等方面放宽不少，有助于有潜力的中小企业获得融资机会。

　　图 2-10 为首次在创业板公开发行股票需要具备的一些条件。

1	发行人是依法设立且持续经营三年以上的股份有限公司，具备健全且运行良好的组织机构，相关机构和人员能够依法履行职责
2	发行人会计基础工作规范，财务报表的编制和披露，均符合企业会计准则和相关信息披露规则的规定，在所有重大方面公允地反映了发行人的财务状况、经营成果和现金流量，最近三年财务会计报告由注册会计师出具无保留意见的审计报告
3	发行人内部控制制度健全且被有效执行，能够合理保证公司运行效率和财务报告的可靠性，并由注册会计师出具无保留结论的内部控制鉴证报告
4	发行人业务完整，具有直接面向市场独立持续经营的能力
5	发行人生产经营符合法律、行政法规的规定，符合国家产业政策

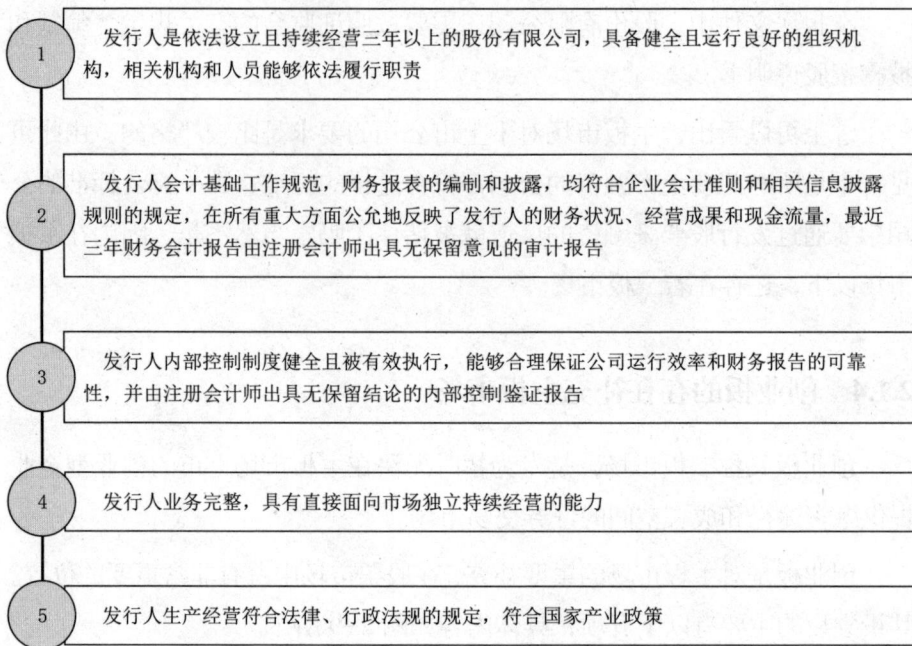

图 2-10　首次在创业板公开发行股票需要具备的条件

在创业板上市的公司一般都没有明确的对净利润、营业收入等财务数据的硬性规定，仅要求最近三年财务会计报告由注册会计师出具无保留意见的审计报告，以及由注册会计师出具无保留结论的内部控制鉴证报告。相较于主板市场来说，条件算是非常宽松的了。

虽然在创业板市场上市的公司具有较高的成长性，但其成立时间普遍较短，公司规模较小，业绩表现也不突出。这样公司在发展过程中会存在更多的不确定性，简单来说，就是投资这样的股票风险将更大，但抓住"黑马"的可能性也比主板市场高。

不过，投资者也不必过于担心创业板的股票基本面存在问题，因为在创业板上市的公司要面临非常复杂的注册程序，相关部门也会严格审核，任何环节存在问题都不予批准上市，具体程序如图 2-11 所示。

①　发行人董事会应当依法就本次发行股票的具体方案、本次募集资金使用的可行性及其他必须明确的事项做出决议，并提请股东大会批准

②　发行人股东大会应当就本次发行股票做出决议，决议至少应当包括下列事项：本次公开发行股票的种类和数量；发行对象；定价方式；募集资金用途；发行前滚存利润的分配方案；决议的有效期；对董事会办理本次发行具体事宜的授权；其他必须明确的事项

③　发行人申请首次公开发行股票并在创业板上市，应当按照中国证监会有关规定制作注册申请文件，依法由保荐人保荐并向交易所申报

④　注册申请文件受理后，未经中国证监会或者交易所同意，不得改动。发生重大事项的，发行人、保荐人、证券服务机构应当及时向交易所报告，并按要求更新注册申请文件和信息披露资料

⑤　交易所主要通过向发行人提出审核问询、发行人回答问题的方式开展审核工作，判断发行人是否符合发行条件、上市条件和信息披露要求

⑥　交易所按照规定的条件和程序，形成发行人是否符合发行条件和信息披露要求的审核意见。认为发行人符合发行条件和信息披露要求的，将审核意见、发行人注册申请文件及相关审核资料报中国证监会注册；认为发行人不符合发行条件或者信息披露要求的，做出终止发行上市审核决定

⑦　交易所应当自受理注册申请文件之日起在规定的时限内形成审核意见。发行人根据要求补充、修改注册申请文件，或者交易所按照规定对发行人实施现场检查

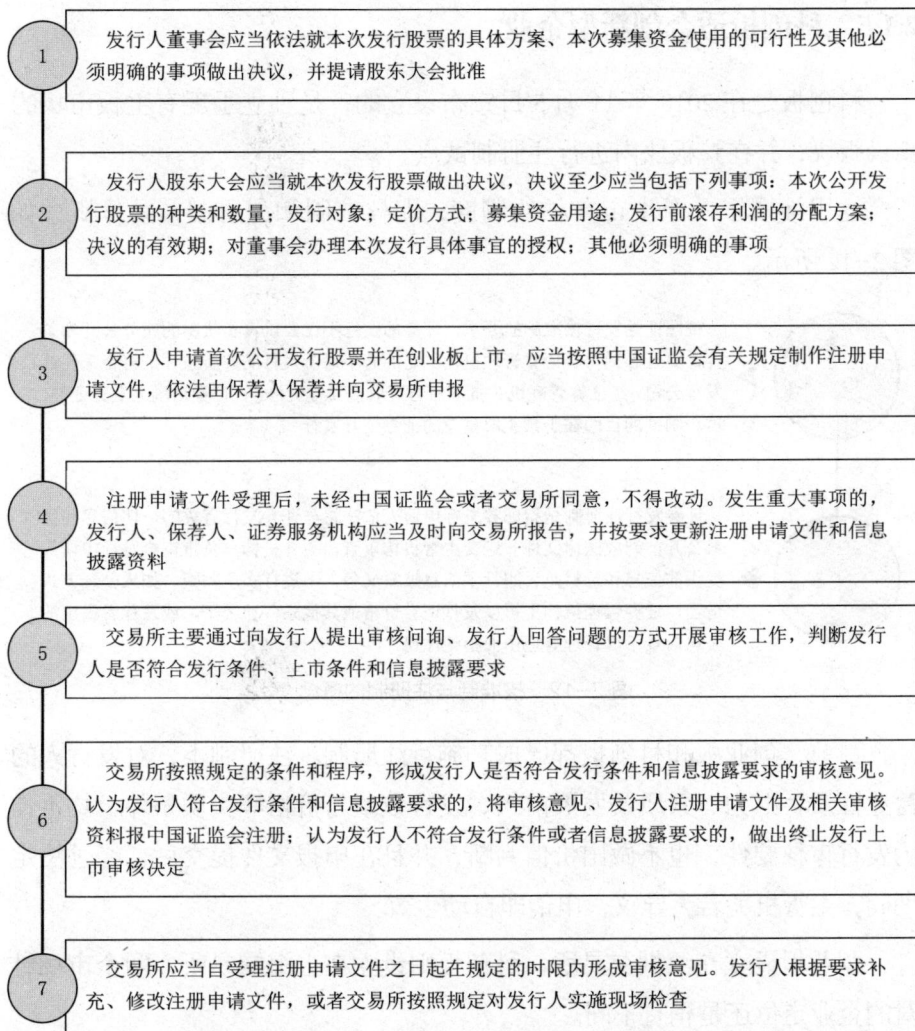

图 2-11　首次在创业板公开发行股票的注册和审核程序

可以看到，在创业板发行股票也是有门槛和审核要求的。不过投资者在筛选创业板股票时，还是需要谨慎一些，毕竟创业板的股票波动性更大，而且其单日涨跌幅限制被扩大到了 20%，投资者如果选股不慎，就有可能在短时间内遭受损失。

2.1.5　科创板适合创新型企业

科创板是在 2018 年 11 月 5 日宣布设立的,是独立于现有主板市场的新设板块,并在该板块内进行注册制试点。

这里涉及了一个上市审核的制度,即核准制和注册制,具体概念如图 2-12 所示。

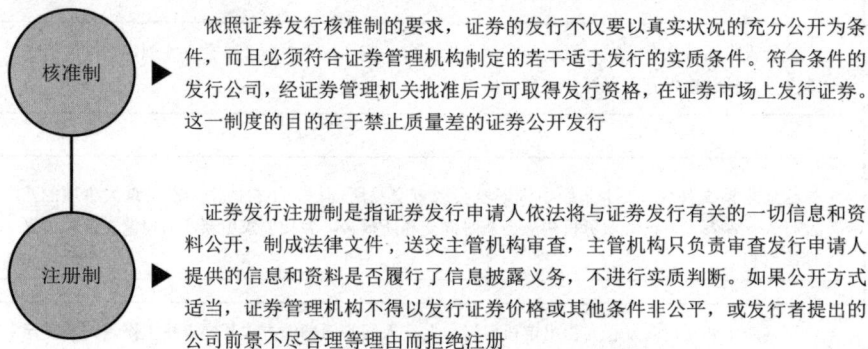

核准制 ▶ 依照证券发行核准制的要求,证券的发行不仅要以真实状况的充分公开为条件,而且必须符合证券管理机构制定的若干适于发行的实质条件。符合条件的发行公司,经证券管理机关批准后方可取得发行资格,在证券市场上发行证券。这一制度的目的在于禁止质量差的证券公开发行

注册制 ▶ 证券发行注册制是指证券发行申请人依法将与证券发行有关的一切信息和资料公开,制成法律文件,送交主管机构审查,主管机构只负责审查发行申请人提供的信息和资料是否履行了信息披露义务,不进行实质判断。如果公开方式适当,证券管理机构不得以发行证券价格或其他条件非公平,或发行者提出的公司前景不尽合理等理由而拒绝注册

图 2-12　核准制与注册制的概念

目前,创业板和科创板都已成功施行注册制。注册制下,对发行人的营业性质、财力、素质及发展前景、发行数量与价格等实质条件,均不作为发行审核要件,也不做出价值判断,并且在申报文件提交后,经过法定期间,主管机关若无异议,申请即自动生效。

创业板设立在深圳交易所,科创板则设立在上海交易所,两个市场针对的企业定位还是稍有不同。

证监会在发布《关于在上海证券交易所设立科创板并试点注册制的实施意见》(以下简称《实施意见》)时强调,在上交所新设科创板,坚持面向世界科技前沿、面向经济主战场、面向国家重大需求,主要服务于符合国家战略、突破关键核心技术、市场认可度高的科技创新企业。重点支持新一代信息技术、高端装备、新材料、新能源、节能环保及生物医药等高新技术产业和战略性新兴产业,推动互联网、大数据、云计算、人工智能和制造业深度融合,引领中高端消费,推动质量变革、效率变革、动力

变革。

《实施意见》还指出，科创板根据板块定位和科创企业特点，设置多元包容的上市条件，允许符合科创板定位、尚未盈利或存在累计未弥补亏损的企业在科创板上市，允许符合相关要求的特殊股权结构企业和红筹企业在科创板上市。科创板相应设置投资者适当性要求，防控好各种风险。

《实施意见》明确，为做好科创板试点注册制工作，将在五个方面完善资本市场基础制度，具体内容如图 2-13 所示。

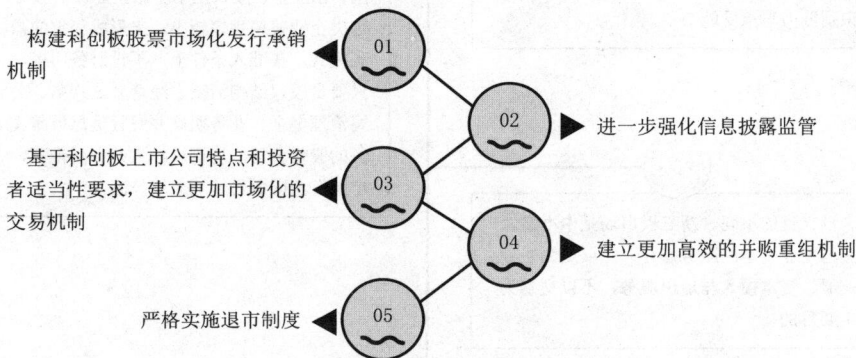

构建科创板股票市场化发行承销机制　01

02　进一步强化信息披露监管

基于科创板上市公司特点和投资者适当性要求，建立更加市场化的交易机制　03

04　建立更加高效的并购重组机制

严格实施退市制度　05

图 2-13　五个方面完善资本市场基础制度

由此可以看出，政策对于高新技术企业及发展中的创新企业的扶持力度。不过从投资风险和机会上来看，科创板与创业板类似，都是属于风险较高，但机会众多的市场板块。

2.1.6　未上市也可以在新三板交易

新三板指的是全国中小企业股份转让系统，属于三板市场（二板市场是创业板），是经国务院批准设立的全国性证券交易场所，它是与上海交易所和深圳交易所并立的全国性股权交易市场。

全国中小企业股份转让系统有限责任公司为新三板的运营管理机构，其主要的经营范围包括：组织安排非上市股份公司股份的公开转让；为非上市股份公司融资、并购等相关业务提供服务；为市场参与人提供信息、技术和培训服务。

新三板市场相较于主板市场有三个主要区别，具体如图 2-14 所示。

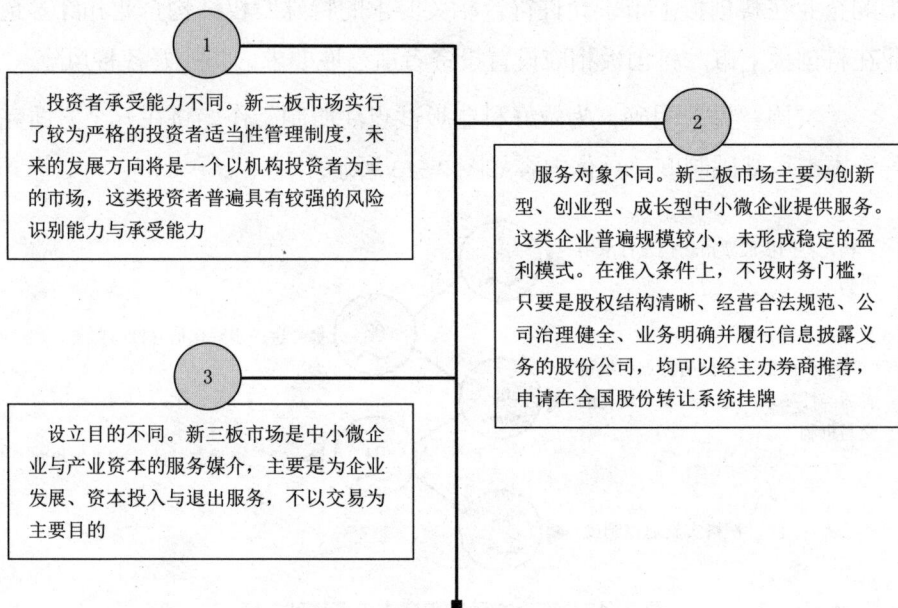

1 投资者承受能力不同。新三板市场实行了较为严格的投资者适当性管理制度，未来的发展方向将是一个以机构投资者为主的市场，这类投资者普遍具有较强的风险识别能力与承受能力

2 服务对象不同。新三板市场主要为创新型、创业型、成长型中小微企业提供服务。这类企业普遍规模较小，未形成稳定的盈利模式。在准入条件上，不设财务门槛，只要是股权结构清晰、经营合法规范、公司治理健全、业务明确并履行信息披露义务的股份公司，均可以经主办券商推荐，申请在全国股份转让系统挂牌

3 设立目的不同。新三板市场是中小微企业与产业资本的服务媒介，主要是为企业发展、资本投入与退出服务，不以交易为主要目的

图 2-14　新三板与主板的区别

其实，在新三板市场出现之前，还有一个老三板市场，被称为"股权代办转让系统"，主要承接退市企业及原 STAQ 系统（全国证券交易自动报价系统）、NET 系统（中国证券交易计算机网络系统）挂牌公司。

2006 年，中关村科技园区非上市股份公司进入代办转让系统进行股份报价转让，将老三板市场进行改革，进而衍生出新三板市场。随着新三板市场的逐步完善，股票市场逐步形成包括主板、二板、三板、场外柜台交易网络和产权市场在内的多层次体系。

为了继续支持中小企业创新发展，深化新三板改革，2021 年 9 月 3 日，经国务院批准，以服务创新型中小企业为目标的北京证券交易所正式设立，并试点注册制。

北京证券交易所为新三板市场提供了集中交易的场所和设施，统一组织和监督证券交易及提高证券市场管理服务等业务，大大拓宽了中小微企业的融资渠道。

但由于这一系列针对中小微企业的宽松条件，以及拓展到 30% 的日涨跌幅限制，投资者在北京证券交易所中买卖证券面临的风险将比主板市场大得多。因此，北京证券交易所也对入市的投资者做出了限制。

首先是个人投资者，个人投资者准入门槛为开通交易权限前 20 个交易日，日均证券资产 50 万元（不包括该投资者通过融资融券融入的资金和证券），同时具备 24 个月以上的证券投资经验。其次是机构投资者的准入，它不设置资金门槛。有符合条件的投资者，可以开通权限后在新三板市场中进行买卖。

2.2　交易所综合指数分类繁多

在各大市场中，有着成百上千的股票，针对一些具有相同特征的股票，比如在同一市场上市的股票，或是业绩排名靠前的股票等，交易所会根据其特征编制各种不同的指数。

通过观察这些指数的走向，投资者可以快速对其成分股当前的大致趋势、领涨领跌股进行了解，并判断当前行情是否值得操作。

当然，除了判断技术面的发展方向，指数还具有反映市场经济变动情况、不同板块经营发展状况的作用。这对投资者的选股有一定帮助，因此需要深入了解。

2.2.1　上证系列指数聚焦蓝筹与大盘

上证系列指数的编制是基于所有在上海证券交易所上市的股票。它主要分两大部分：一是包含所有上海证券交易所股票的上海证券综合指数（简称上证指数或上证综指，代码为 999999）；二是以各种不同的方式筛选出部分股票，编制形成的系列指数。

（1）上证指数

上证指数的成分股是在上海证券交易所上市的全部股票，从整体上反映了上海证券交易所上市股票价格的变动情况，如图 2-15 所示。

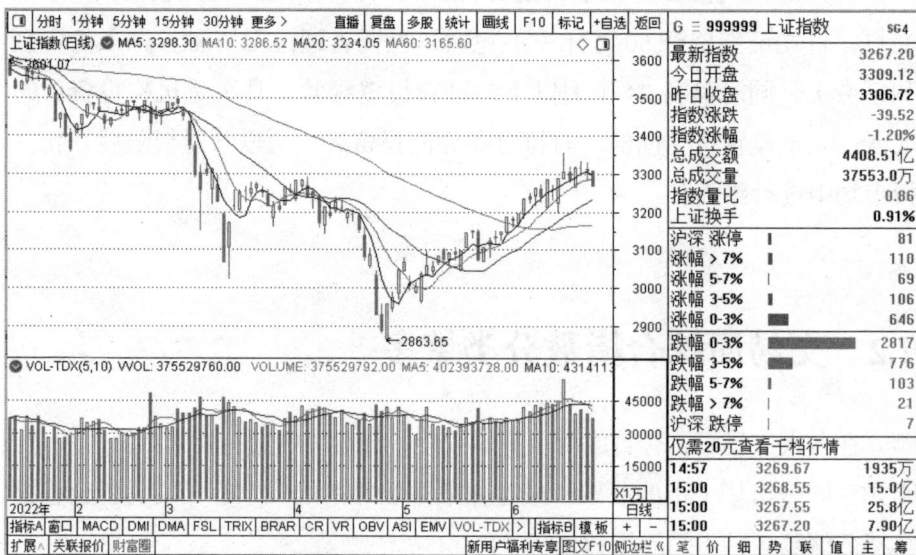

图 2-15　上证指数的 K 线图界面

在 K 线图的数据窗口中会将上证指数的最新指数、今日开盘、指数涨跌、总成交量及总成交额等显示出来。这些指数是以每一只股票的总股本为标准进行加权计算的。

在上证指数的分时图中还存在另外一条线，即没有经过加权，利用算术平均计算法直接计算得出的不加权指数线，如图 2-16 所示。

由于两条指数线的计算方式不同，因此在分时图中同一时刻出现的位置也不同。这是因为指数线在叠加了权重后，总股本较大的大盘股将对指数的走势产生重要影响，因此，加权指数现在很多时候都是偏向于展示大盘股的整体走向。

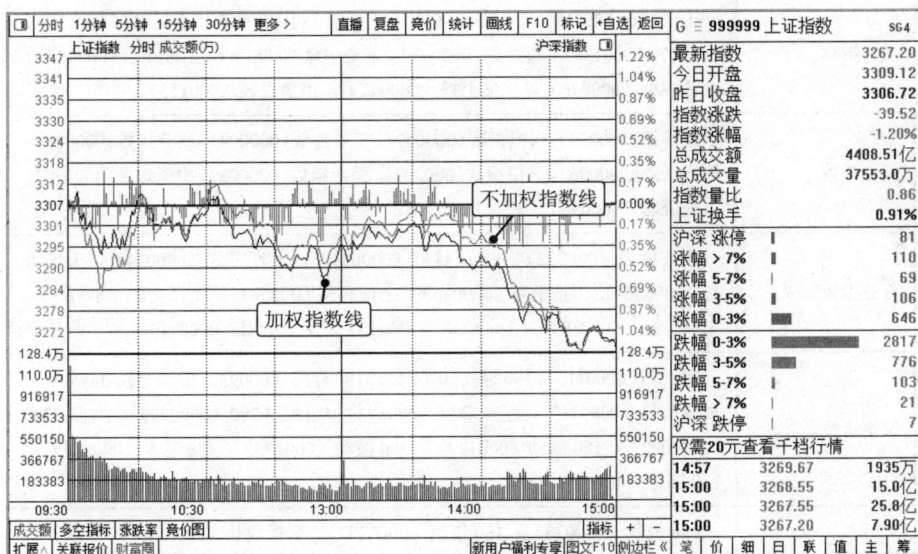

图 2-16　上证指数的分时图界面

　　而没有叠加权重的不加权指数线会更侧重于表现小盘股的变动情况。这是因为在上证指数的成分股中，截至 2022 年 6 月，总股本在 100 亿元以上的大盘股仅有不到一百只，而总股本在 5 亿元以下的小盘股却有上千只，占了近一半，由此可见，不加权指数线对小盘股的影响程度。

　　因此，投资者可以观察这两条指数线的变动情况和位置关系，大致分析出当前市场中大盘股与小盘股的强弱状况，进而执行选股策略，决定是否在某一时期买卖股票。

（2）其余上证系列指数

　　除了上证指数以外，基于上海证券交易所上市的证券编制的指数还有很多类别，如成分指数、综合指数、行业指数和策略指数等，具体内容见表 2-1。

表 2-1　指数的类别与其包含的部分指数

指数类别	部分指数
成分指数	上证 180（000010），上证 50（000016），上证 380（000009），上证 100（000132），上证 150（000133），超大盘（000043），上证中盘（000044），上证小盘（000045），上证中小（000046），上证全指（000047），市值百强（000155）
综合指数	新综指（000017），A 股指数（000002），工业指数（000004），商业指数（000005），地产指数（000006），公用指数（000007），综合指数（000008），中型综指（000020），上证流通（000090）
行业指数	上证能源（000032），上证材料（000033），上证工业（000034），上证可选（000035），上证消费（000036），上证医药（000037），上证金融（000038），上证信息（000039），上证电信（000040），上证公用（000041）
策略指数	380 等权（000115），180 等权（000051），180 分层（000093），能源等权（000070），材料等权（000071），工业等权（000072），上证 F200（000098），上证 F300（000099），180 波动（000129），380 波动（000130），180 基本（000053），180 高贝（000135）
风格指数	180 成长（000028），180 价值（000029），全指成长（000057），全指价值（000058），380 成长（000117），380 价值（000118）
主题指数	红利指数（000015），180 金融（000018），治理指数（000019），180 运输（000027），上证央企（000042），责任指数（000048），上证民企（000049），上证海外（000054），上证周期（000063），上证龙头（000065），上证新兴（000067），上证高新（000131）

指数编制的依据不同包含的成分股数量也不同，但在某些地方也会存在相似之处，这就导致了一只股票可能是数十只指数的成分股。也就是说，在成分股数量固定的情况下，数百只指数会有大量重叠，一只指数还有可能是几只指数叠加而成。

因此，投资者在使用上证指数时，只需要特别关注几个重点指数就可以满足大部分的需求，图 2-17 为上证系列指数中的重点指数。

其中，B 股指数（999997）、国债指数（000012）及基金指数（000011）是在 A 股市场中投资者不需要关心的。在使用这些指数时，投资者还有必要了解它们的编制方法和依据，具体内容见表 2-2。

	代码	名称	涨幅%	现价	涨跌	总金额	样本数	样本均价	平均股本(亿)	总市值(万亿)
1	000016	上证50	1.32	3013.95	39.20	1141亿	50	12.58	270.43	17.01
2	000132	上证100	1.08	7204.18	77.32	267.0亿	100	15.89	12.90	2.05
3	000133	上证150	0.92	5392.72	49.26	259.1亿	150	17.94	3.37	0.91
4	000010	上证180	1.03	9302.62	95.05	2154亿	180	11.09	138.26	27.60
5	000009	上证380	0.97	6084.69	58.74	1094亿	380	11.36	19.59	8.45
6	000688	科创50	0.17	1103.40	1.92	583.7亿	50	35.79	12.78	2.29
7	999999	上证指数	0.88	3379.19	29.44	5416亿	2133	10.40	21.95	48.69
8	999997	B股指数	1.53	307.76	4.64	2.53亿	45	0.83	3.85	0.10
9	000012	国债指数	0.02	195.50	0.03	4.22亿	144	—	—	—
10	000011	基金指数❶	0.71	7037.84	49.77	1014亿	437	—	—	—

图 2-17 上证系列指数中的重点指数

表 2-2 上证系列重点指数的编制依据

重点指数	编制依据
上证 50 （000016）	上证 50 指数的样本空间为上证 180 指数样本。根据总市值、成交金额等对样本空间中的证券进行综合排名，取排名前 50 位的证券组成样本，以便综合反映上海证券市场最具市场影响力的一批龙头企业的整体状况
上证 100 （000132）	上证 100 指数的样本空间为上证 380 指数样本。将样本空间中的证券按照营业收入增长率、净资产收益率分别由高到低排名，将两个指标的排名结果相加，所得和的排名作为证券的综合排名，选取综合排名前 100 名的证券作为指数样本
上证 150 （000133）	上证 150 指数的样本空间由剔除上证 380 指数样本、上证 180 指数样本、所有沪市 A 股组成。将样本空间中的证券按照营业收入增长率、日均换手率分别由高到低排名，将两个指标的排名结果相加，所得和的排名作为证券的综合排名，选取综合排名前 150 名的证券作为指数样本
上证 180 （000010）	上证 180 指数为同时满足以下条件的非 ST、*ST 沪市 A 股和红筹企业发行的存托凭证组成：科创板证券上市时间超过一年；其他证券上市时间超过一个季度，除非该证券自上市以来日均总市值排在前 18 位。选取综合排名靠前的 180 只证券作为指数样本
上证 380 （000009）	上证 380 指数的样本空间为剔除上证 180 指数样本、最新一期财务报告中未分配利润为负的公司、成立 5 年以上且 5 年未派发现金红利或送股的公司后的所有沪市证券。按照营业收入增长率、净资产收益率、成交金额和总市值的综合排名，根据行业配比原则确定各二级行业内上市公司家数，选择排名前 380 只证券作为指数样本
科创 50 （000688）	科创 50 的样本空间由满足以下条件的科创板上市证券组成，具体要求有：上市时间超过 12 个月；上市以来日均总市值排名在科创板市场前 5 位，定期调整数据考察截止日后第 10 个交易日时，上市时间超过 3 个月；上市以来日均总市值排名在科创板市场前 3 位，不满足前一条件，但上市时间超过 1 个月并获专家委员会讨论通过。但有以下情形的公司除外：被实施退市风险警示；存在重大违法违规事件、重大经营问题、市场表现严重异常等不宜作为样本的情形。选择科创板中市值大、流动性好的 50 只证券组成指数样本

从这六只重点指数的编制方式和样本空间来看，它们的重合度还是比较高的，但每一只指数都有其特色和侧重点，投资者在使用时可根据自身需要进行筛选。

2.2.2　深证系列指数注重价值与成长

深圳证券交易所也有大量的指数，包括具有代表性的深证成指（399001）及其他深证系列指数。

（1）深证成指

深证成指为深圳证券交易所的代表性指数，是从深圳证券交易所中选取市场市值大、流动性好的 500 家上市公司为样本，以自由流通股本为权数，以加权平均法计算得出的一项综合指数，如图 2-18 所示。

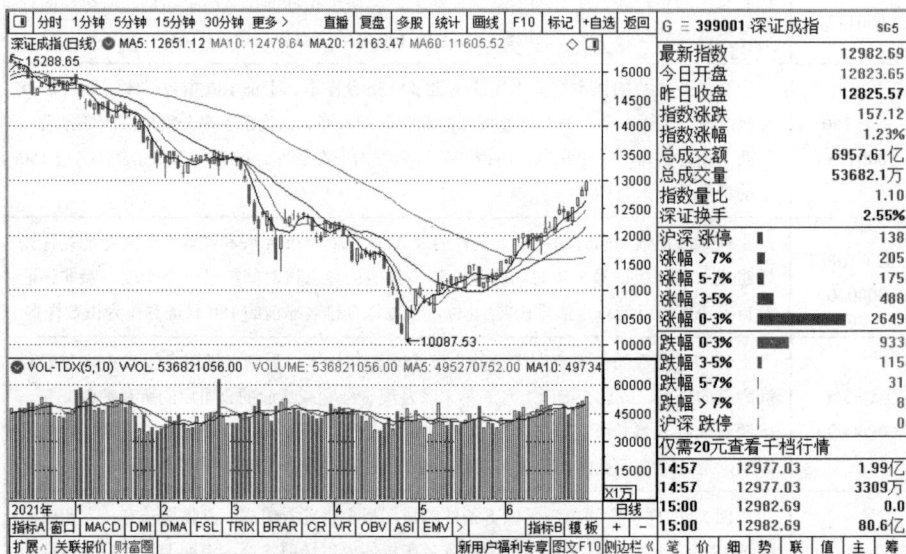

图 2-18　深证成指的 K 线图界面

从样本空间这一点就可以看出上证指数与深证成指的不同，但这并不影响深证成指与上证指数的地位和重要性。

深证成指在分时图中也存在以权重区分的两条线，如图 2-19 所示。

图 2-19　深证成指的分时图界面

通常情况下，深证成指是以加权指数线的波动作为主要参考。这两条线在权重上的区别，也从一定程度上反映了大盘股与小盘股的走势差异，这一点与上证指数是类似的。

（2）深证系列指数

深证系列指数是基于所有在深圳证券交易所上市的证券而编制的，种类非常丰富，有规模指数、行业指数、风格指数、主题指数、策略指数、定制指数及综合指数等。

下面选取几个重点指数，了解其编制方法和依据，具体内容见表 2-3。

表 2-3　深证系列重点指数的编制依据

重点指数	编制依据
深证 100 （399330）	样本空间为在深圳证券交易所上市交易且满足下列条件的所有 A 股：非 ST、*ST 股票；上市时间超过 6 个月，A 股总市值排名位于深圳市场前 1% 的股票除外；公司最近一年无重大违规、财务报告无重大问题；公司最近一年经营无异常、无重大亏损；考察期内股价无异常波动。计算入围选样空间股票在最近半年的日均总市值和日均成交金额，日均成交金额按从高到低排序，剔除排名后 10% 的股票，按股日均总市值从高到低排序，选取前 100 名股票构成指数样本股

续上表

重点指数	编制依据
深证 300 （399007）	样本空间与深证 100 指数一致，只是在数量上有所区别，选取前 300 名股票构成指数样本股
深证治理 （399328）	样本空间为在深圳证券交易所上市交易且满足下列条件的所有 A 股：非 ST、*ST 股票；有一定上市交易日期，一般为 6 个月；公司最近一年无重大违规、财务报告无重大问题；公司最近一年经营无异常、无重大亏损；考察期内股票价格无异常波动；在国证公司治理综合评级中，绩效评分超过 6 分。将备选股票按照最近一年主营业务收入占市场比重、净利润占市场比重和国证公司治理评分（1∶1∶20）综合排名，选取排名在前 40 的构成指数初始样本股
深证红利 （399324）	样本空间为在深圳证券交易所上市交易且满足下列条件的所有 A 股：非 ST、*ST 的 A 股；考察期内股票价格无异常波动情况；具有稳定的分红历史：最近三年里至少有两年实施了分红，其中分红包含现金股利和股票股利；分红具备一定的价值，即在最近三年里，股息率至少有两年的市场排名进入前 20%；流动性保证，即近半年内日均成交金额大于 500 万元。将备选股票按前三年累计分红金额占深市上市公司分红金额的比重和最近半年日均成交金额占深市比重按照 1∶1 的比例进行加权排名，并考虑经营状况、现金流、公司治理结构、防止大股东恶意高送股变现等综合因素后，选取排名在前 40 的股票

2.3 炒股还需要熟知交易规则

股票市场的平稳运行是基于严谨有序的规则，无规矩不成方圆，这一点在资金流动快速、日处理数据庞大的股市中体现得尤为明显。

作为股市的重要参与者，投资者自然也需要遵守规则，最起码要对自己在实操中会涉及的交易规则有深入了解，比如交易时间、价格确定方式、报价单位等，下面就来逐一介绍。

2.3.1 股票在什么时候委托和交易

以上海证券交易所和深圳证券交易所为例，两个交易所的交易日都为每周一至周五，国家法定假日和交易所公告的休市日，交易所市场休市。

采用竞价交易方式的，除交易所规则另有规定外，每个交易日的 9:15 ～ 9:25 为开盘集合竞价时间，9:30 ～ 11:30、13:00 ～ 14:57 为连续竞价时间，14:57 ～ 15:00 为收盘集合竞价时间。

需要注意的是，在开市期间停牌并复牌的证券不跟随当前竞价规则交易，具体交易方式感兴趣的投资者可自行查询。根据市场发展需要，经证监会批准，交易所还可以调整交易时间，若交易时间内因故停市，则交易时间不做顺延。

以上是股票的交易时间，投资者委托下单的时间会在此基础上进行一定调整。

交易所接受交易参与人竞价交易申报（即下达委托单）的时间，为每个交易日的 9:15 ～ 9:25、9:30 ～ 11:30、13:00 ～ 15:00。

◆ 9:15 ～ 9:20，投资者可以委托也可以撤单；9:20 ～ 9:25，投资者只能委托不能撤单。

◆ 9:25 ～ 9:30，投资者不能挂单也不能撤单，前面下的未成交委托单暂存主机。

◆ 14:57 ～ 15:00 为收盘集合竞价阶段，交易所的交易主机也不接受撤单申报。

在交易时间内下单但未成交的，交易结束后委托单自动作废。而当每笔参与竞价交易的申报不能一次全部成交时，未成交的部分继续参加当日竞价。

另外，交易所对投资者申报买卖的数量和价格也进行了规定。

投资者在申报时，通过竞价交易买入股票的，申报数量应当为 100 股（份）或其整数倍，单笔申报最大数量应当不超过 100 万股（份）。卖出股票时，余额不足 100 股（份）的部分，应当一次性申报卖出。

A 股市场中，股票的申报价格最小变动单位为 0.01 元人民币，并且交易所对股票实行价格涨跌幅限制，涨跌幅比例为 10%（以主板市场为例），投资者申报价格不得高于最高限制价格或低于最低限制价格。

针对买卖无价格涨跌幅限制的股票，则有另外的规定。

◆ 开盘集合竞价阶段的交易申报价格，不高于前日收盘价格的900%，除此之外，上海证券交易所要求该阶段的交易申报价格不低于前日收盘价格的50%。

◆ 连续竞价阶段、开市期间停牌阶段，交易申报价格不高于最新成交价格的110%，且不低于最新成交价格的90%。

◆ 收盘集合竞价阶段的交易申报价格，不高于最新成交价格的110%，且不低于最新成交价格的90%。

2.3.2　股票价格的确定方式是怎样的

在股票交易的过程中，有五个价格是非常关键的，分别是开盘价、收盘价、最高价、最低价和现价。

其中，最高价、最低价和现价很好理解，分别是截至某一时刻股价达到过的最高价格和最低价格，以及股票当前的价格。

如果将现价细化来看，就是每一分钟的最后一笔成交价格，当然，这是以分时图为例来看的现价。如果投资者将 K 线图调整为 15 秒 K 线图，甚至是 5 秒 K 线图，那么股票当前的价格就是每 15 秒（5 秒）最后一笔的成交价格，以此类推。

在清楚现价的形成原理后，投资者还需要知道开盘价和收盘价是如何形成的。

由于上海证券交易所和深圳证券交易所在开盘和收盘时都有集合竞价的规则，因此开盘价与收盘价的形成原理与现价有所不同。

◆ 股票的开盘价通过开盘集合竞价方式产生，不能产生开盘价的，以连续竞价方式产生。

◆ 股票的收盘价通过收盘集合竞价方式产生。收盘集合竞价不能产生收盘价或未进行收盘集合竞价的，以当日该证券最后一笔交易前一分钟所有交易的成交量加权平均价（含最后一笔交易）为收盘价。

除了这五个关键价格以外，投资者还需要知道成交价格的确定方式。股票的竞价交易按价格优先、时间优先的原则撮合成交。

集合竞价时，所有交易以同一价格成交，成交价格的确定原则如下。

◆ 可实现最大成交量的价格。

◆ 高于该价格的买入申报与低于该价格的卖出申报全部成交的价格。

◆ 与该价格相同的买方或卖方至少有一方全部成交的价格。

两个以上申报价格符合上述条件的，上海证券交易所和深圳证券交易所对其成交价格的确定有不同的规定。

上海证券交易所规定，使未成交量最小的申报价格为成交价格；仍有两个以上使未成交量最小的申报价格符合上述条件的，其中间价为成交价格。

深圳证券交易所规定，取在该价格以上的买入申报累计数量与在该价格以下的卖出申报累计数量之差最小的价格为成交价；买卖申报累计数量之差仍存在相等情况的，开盘集合竞价时取最接近即时行情显示的前收盘价的价格为成交价，盘中、收盘集合竞价时取最接近最近成交价的价格为成交价。

连续竞价时，成交价格的确定原则如下。

◆ 最高买入申报价格与最低卖出申报价格相同，以该价格为成交价格。

◆ 买入申报价格高于即时揭示的最低卖出申报价格的，以即时揭示的最低卖出申报价格为成交价格。

◆ 卖出申报价格低于即时揭示的最高买入申报价格的，以即时揭示的最高买入申报价格为成交价格。

同时，上海证券交易所规定，如果按成交原则达成的价格不在最小价格变动单位范围内的（即 0.01 元），按照四舍五入原则取至相应的最小价格变动单位。

2.4 申购新股可以抢占先机

申购新股是大多数参与股市的投资者乐意参与的，虽然普通投资者无法参与到一级市场中，也无法获得股票从一级市场流通到二级市场的差价收益，但申购新股依旧存在着极大的好处。

首先，首次公开发行的新股上市后，在首日是不设涨跌幅限制的，也就是说，股价在当日完全可以上涨超过 10%（科创板和创业板为 20%）。事实上在很多时候，新股上市的幅度会远超这一限制，仅仅这一天的差价收益，都能使投资者趋之若鹜。

新股还有一个特性，那就是具有很强的上涨动能。一般来说，新股发行的价格较低，其上涨空间非常大，有些新股在上市后可能会连续数十天涨停，如此大的上涨空间自然吸引了众多投资者。

但不是所有投资者都能参与新股申购，因为存在投资者适当性管理要求的规定，风险承受能力偏低的投资者是无法参与新股申购的。

需要知道的是，虽然新股申购的获利空间巨大，但正因为首日不设涨跌幅限制的规定，有些新股可能会在首日就出现暴跌，甚至是在后续连续一字跌停。因此持有这种新股为投资者带来的损失也是不可估量的。

申购新股需要一定条件，下面就来详细了解。

2.4.1 申购新股的条件和规则

首先，投资者自身所需要具备的条件。假设 T 日为申购日，系统会自动计算账户中 T-2 日至前 20 个交易日的日均股票市值。投资者账户日均必须至少持有 1 万元非限售 A 股市值，才会有额度派发到账，上海和深圳账户分开计算。

其次，新股的配售按照市值申购的方法，投资者只要持有市值在 1 万元以上，有市值就能申购，中签之后才缴款。

其中，上海证券账户每持有 1 万元市值可申购 1 000 股；深圳证券账户每持有 5 000 元市值可申购 500 股。自己的账户能申购多少数量，在下单时交易软件会有提示。

新股申购的时间与交易时间有所不同，申购新股在工作日的 9:00 ～ 15:00 提交委托都可以。午间收盘 11:30 ～ 13:00 的间歇期不影响新股的申购，需要注意，申购新股的委托是不可以撤单的。

另外还要注意，每个账户只能进行一次新股申购，并且每只新股都有申购上限，包括数量上限和资金上限。举个例子，投资者 A 有 40 万元用于申购新股，当天只有一只新股可供申购，申购上限为 30 万元，那么只用一个账户的话投资者 A 就只能申购一次，多出的 10 万元是无法再进行申购的。

投资者在 T 日进行新股申购，在 T+2 日晚上就可以查看申购结果，如果中签，投资者的持仓中就会看到中签的股票及数量。如果没有中签，持仓中冻结的申购份额就会消失，冻结资金的回款时间是 T+3 日，T+3 日的上午开市后，投资者就可以在余额中看到冻结的资金，当时就可以转账到银行卡中。

如若投资者中签但未及时缴款，那么此次申购作废；如果投资者连续 12 个月累计三次中签后不缴款，则 6 个月内不能参与新股申购。

2.4.2　申购新股的流程是怎样的

新股申购的流程相较于单纯的买卖股票来说稍显复杂，往往需要数个交易日的时间才能完成申购，主要包括提交申购、资金冻结、验资配号、摇号抽签和资金解冻五个环节，具体如图 2-20 所示。

T 日
投资者在有效的申购时间内，根据发行人规定的价格区间上限和申购数量预留足够的申购款，并提交申购委托

T+1 日
证券公司负责将投资者的申购资金转入证券交易所的指定账户，由中国结算公司冻结申购资金。如果资金未到账，必须提供相关的划账凭证，并确保资金能在 T+2 日上午到账

T+2 日
发行公司和主承销商对申购人进行验资，并按每 1 000 股（上海证券交易所）或 500 股（深圳证券交易所）为单位，按委托时间顺序由交易主机自动对有效申购进行统一连续配号，同时确定中签率

T+3 日
发行人和主承销商公布发行价格和中签率，并进行摇号抽签，按发行价格和中签数量扣款。在公布中签结果后，中国结算公司对未中签部分的申购款解冻

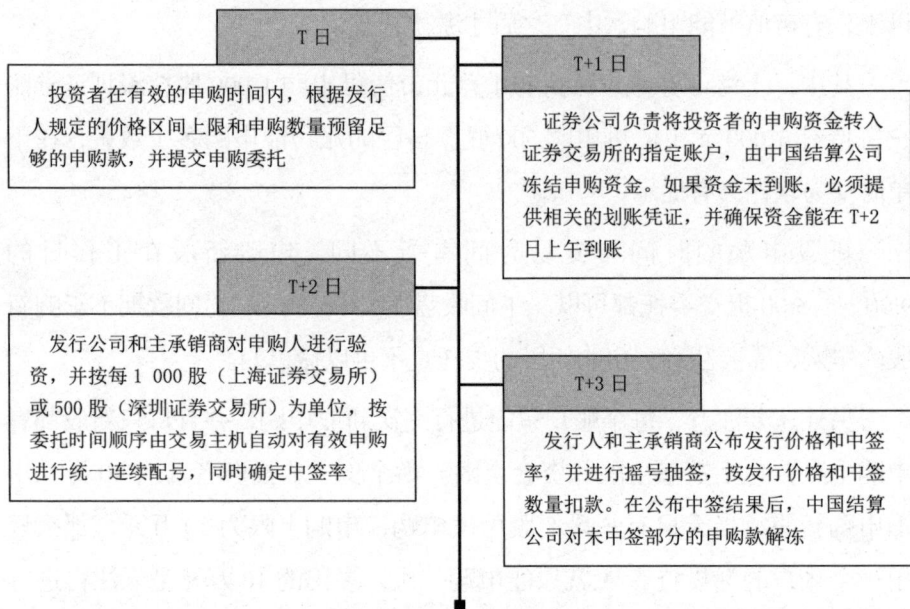

图 2-20　新股申购的流程

一般来说，在两个交易日后，投资者就可以查看中签结果了。中签的投资者一定要记得缴款，否则可能会面临无法再次申购的处罚。

第3章

熟悉证券开户与电脑炒股软件

投资者在二级市场上的买卖操作，基本上都是以证券公司为媒介，这就要求投资者需要在证券公司开立资金账户和股票账户，也就是常说的开户。在拥有账户后，就可以下载相应的炒股软件进行实操。本章将对这两部分内容进行详细介绍，帮助新手投资者了解开户与股票投资软件的使用。

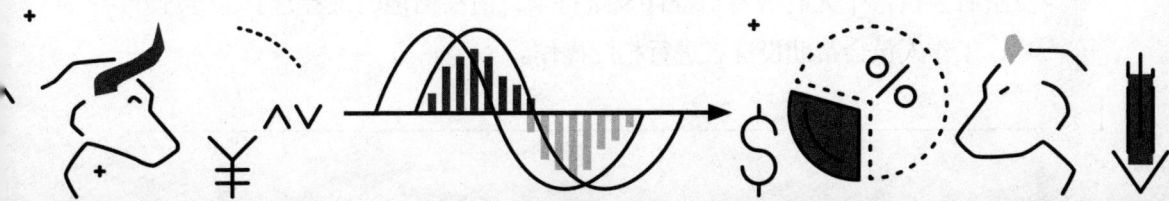

3.1 新手快速掌握证券开户

在 A 股市场中，普通投资者想要参与二级市场的交易，需要通过在证券公司开立账户来实现。那么新手投资者如何开户，开户的种类和途径有哪些呢？下面就来逐一解答。

3.1.1 开户所需的条件和开户途径

开户需要的条件主要有以下三点。

◆ 投资者年龄要大于 18 周岁，小于 70 周岁，以身份证信息为准，具有民事行为能力。另外，16 周岁到 18 周岁的投资者，能够提供符合要求的收入证明也可以。

◆ 需持有个人有效身份证件，以及用身份证实名办理的，能正常使用的银行卡。

◆ 一个投资者名下的沪深 A 股只能开通三个股票账户，休眠账户需进行注销后才能开通。如果账户满额想再开，只能通过转户或销户的方式。

满足以上这三点的投资者都可以开立 A 股股票账户和资金账户。

拓展贴士 *股票账户和资金账户的区别*

投资者在开户时，必须同时开通股票账户和资金账户才能进行股票买卖。其中，股票账户是指投资者在券商处开设的进行股票交易的账户，是指股东卡上的账号，赋予了投资者在股市中交易的资格。

资金账户全称为证券交易结算资金账户，是指投资者用于证券交易资金清算的专用账户。简单来说，就是投资者资金转出的媒介，没有资金账户投资者就无法实现买卖操作。

投资者可以通过线上和线下两种途径进行开户。如果需要在线下开户，投资者需携带个人有效身份证件及银行卡，前往当地的证券营业部办理开户，工作人员会帮助投资者进行相应操作。

　　线上开户则更加快速便捷，投资者只需要下载券商的手机 App，进入并找到开户入口，就可以在几分钟内完成账户的开立。每个券商的开户界面和顺序有所不同，但基本内容都大同小异，下面就以光大证券为例，介绍线上开户的具体流程。

实例分析

如何在光大证券开立资金账户与股票账户

　　首先，进入手机自带的软件商店，在搜索框中输入"光大证券金阳光"，在搜索结果中找到光大证券金阳光 App，点击安装按钮开始安装，如图 3-1 所示。

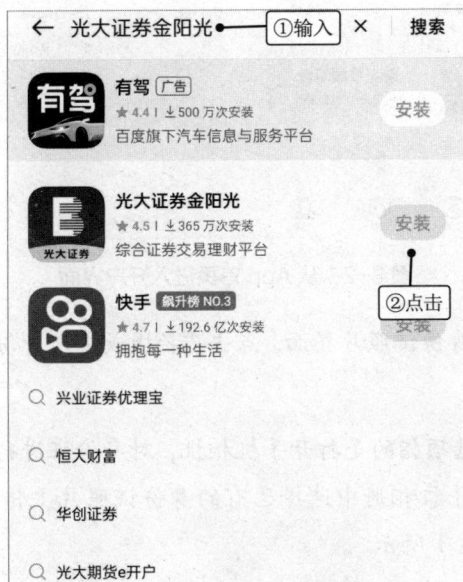

图 3-1　在软件商店中下载 App

　　安装完成后点击软件图标进入首页。在界面的左上方就有"极速开户"的图标，点击该图标进入开户界面。

　　接下来，在开户界面的输入框中分别输入完整的手机号及验证码，点击下方的"开始开户"按钮，如图 3-2 所示。

图 3-2　从 App 首页进入开户界面

　　下面进入上传身份证照片界面，点击"拍摄或上传身份证人像面"按钮，下方会弹出菜单栏。

　　其中"扫描"选项指的是打开手机相机，对身份证进行拍照；"从相册选取"的选项则是从手机相册中选择已有的身份证照片上传，选择合适的上传方式，如图 3-3（左）所示。

　　上传时点击相关按钮，须注意人像面与国徽面的对应，如图 3-3（右）所示。

　　在上传身份证照片的同时，需要特别注意照片的清晰度。因为开户的审核是比较严格的，一旦身份证表面有反光或是污渍遮挡部分信息，或有切边、手持导致身份证边缘不清晰，都会影响后期的审核，可能会导致审核通不过，所以投资者在上传身份证的时候需要谨慎一些。

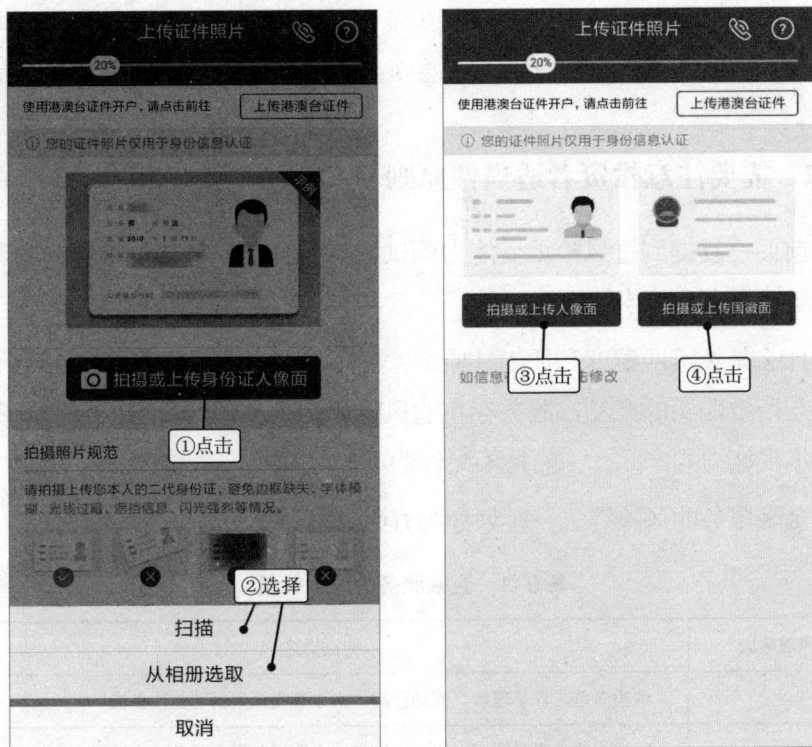

图 3-3　上传身份证照片的界面

　　后续，投资者只需要跟随系统的提示继续操作就可以了，主要的步骤包括身份信息的填写、银行卡的绑定、风险承受能力测试、强调本人自愿开户的视频录制、风险告知书的阅读和同意，以及勾选开立沪深股票账户等，最后提交就可以了。审核结果会在工作时间的一个小时内告知。

　　在开户时，投资者还需要注意以下几点。

◆　手机号与银行卡的绑定关系，开户的手机号需要与银行卡预留的手机号一致。

◆　投资者在填写自己的住址时，最好精确到门牌号。

◆　录制视频时使用普通话，口齿清晰，脸部清晰，确保审核人员能够确认是本人在操作。

◆　在做风险承受能力测试题时，根据自身实际情况选择，系统会根据测

试结果自动判定投资者的风险承受能力，进而限制投资者能够购买的
产品。一般来说，超过投资者风险承受能力的产品是不推荐购买的。

3.1.2 需要注意投资者适当性原则

前面反复提到过风险承受能力测试，其中涉及一项非常重要的内容，
即风险匹配度和适当性原则。

什么是风险匹配度和适当性原则？简单来说，就是投资者自身的承受
能力与所要购买的产品或服务存在的风险之间的关系要适当，超过投资者
风险承受能力的产品，一般是不允许购买的。

金融服务的风险等级一般划分为五级，具体见表3-1。

表 3-1　金融服务的风险等级

风险等级	特征描述
R1	结构简单，容易理解，流动性高，本金遭受损失的可能性极低
R2	结构简单，容易理解，流动性较高，本金遭受损失的可能性较低
R3	结构较复杂，流动性较高，本金的安全具有一定的不确定性，在特殊情况下可能损失全部本金
R4	结构复杂，流动性较低，本金的安全面临较大的不确定性，可能损失全部本金
R5	结构复杂，不易理解，不易估值，流动性低，透明度较低，本金的安全面临极大的不确定性，甚至损失可能超过本金

投资者的风险承受能力对应的是C1到C5，风险承受能力越高的投资
者，能够购买的投资品种也就越多。比如投资者A的风险承受能力为C4，
那么从R1到R4的产品投资者A都可以购买，但R5的产品就不能购买了。

那么投资者的风险承受能力是如何测评的呢？这就涉及风险承受能力
评估问卷，也就是投资者在开户时所填写的风险承受能力测试题。以下是
中国证券业协会发布的《投资者风险承受能力评估问卷（适用于自然人投
资者）》中的部分题目。

一、财务状况

1. 您的主要收入来源是：（　　　）

A. 工资、劳务报酬

B. 生产经营所得

C. 利息、股息、转让证券等金融性资产收入

D. 出租、出售房地产等非金融性资产收入

E. 无固定收入

2. 最近您家庭预计进行证券投资的资金占家庭现有总资产（不含自住、自用房产及汽车等固定资产）的比例是：（　　　）

A. 70% 以上　　　　B. 50% ～ 70%　　　　C. 30% ～ 50%

D. 10% ～ 30%　　　　E. 10% 以下

3. 您是否有尚未清偿的数额较大的债务，如有，其性质是：（　　　）

A. 没有

B. 有，住房抵押贷款等长期定额债务

C. 有，信用卡欠款、消费信贷等短期信用债务

D. 有，亲朋之间借款

4. 您可用于投资的资产数额（包括金融资产和不动产）为：（　　　）

A. 不超过 50 万元人民币

B. 50 万元～ 300 万元（不含）人民币

C. 300 万元～ 1 000 万元（不含）人民币

D. 1 000 万元人民币以上

二、投资知识

5. 以下描述中何种符合您的实际情况：（　　　）

A. 现在或此前曾从事金融、经济或财会等与金融产品投资相关的工作超过两年

B. 已取得金融、经济或财会等与金融产品投资相关专业学士以上学位

C. 取得证券从业资格、基金从业资格、期货从业资格、注册会计师证书（CPA）或注册金融分析师证书（CFA）中的一项及以上

D. 我不符合以上任何一项描述

三、投资经验

6. 您的投资经验可以被概括为：（　　　　）

A. 有限，除银行活期账户和定期存款外，我基本没有其他投资经验

B. 一般，除银行活期账户和定期存款外，我购买过基金、保险等理财产品，但还需要进一步的指导

C. 丰富，我是一位有经验的投资者，参与过股票、基金等产品的交易，并倾向于自己做出投资决策

D. 非常丰富，我是一位非常有经验的投资者，参与过权证、期货或创业板等产品的交易

7. 有一位投资者一个月内做了 15 笔交易（同一品种买卖各一次算一笔），您认为这样的交易频率：（　　　　）

A. 太高了　　　　B. 偏高　　　　C. 正常　　　　D. 偏低

8. 过去一年时间内，您购买的不同产品或接受的不同服务（含同一类型的不同产品或服务）的数量是：（　　　　）

A. 5 个以下　　　B. 6～10 个　　　C. 11～15 个　　　D. 16 个以上

9. 以下金融产品或服务，您投资经验在两年以上的有：（　　　　）

A. 银行存款等

B. 债券、货币市场基金、债券型基金或其他固定收益类产品等

C. 股票、混合型基金、偏股型基金、股票型基金等权益类投资品种等

D. 期货、期权、融资融券等

E. 复杂金融产品、其他产品或服务

注：本题可多选，但评分以其中最高分值选项为准。

10. 如果您曾经从事过金融市场投资，在交易较为活跃的月份，平均月交易额大概是多少：（　　　）

A. 10 万元以内　　　B. 10 万～ 30 万元　　　C. 30 万～ 100 万元

D. 100 万元以上　　　E. 从未从事过金融市场投资

四、投资目标

11. 您用于证券投资的大部分资金不会用作其他用途的时间段为：（　　　）

A. 0 ～ 1 年　　　　B. 1 ～ 5 年　　　　　C. 无特别要求

12. 您打算重点投资于哪些种类的投资品种？（　　　）

A. 债券、货币市场基金、债券基金等固定收益类投资品种

B. 股票、混合型基金、偏股型基金、股票型基金等权益类投资品种

C. 期货、期权、融资融券等

D. 高风险金融产品或服务

E. 其他产品或服务

注：本题可多选，但评分以其中最高分值选项为准。

13. 假设有两种不同的投资：投资 A 期望获得 5% 的收益，有可能承担非常小的损失；投资 B 期望获得 20% 的收益，但有可能面临 25% 甚至更高的亏损。您将您的投资资产分配为：（　　　）

A. 全部投资于 A　　　B. 大部分投资于 A　　　C. 两种投资各一半

D. 大部分投资于 B　　　E. 全部投资于 B

14. 当您进行投资时，您的期望收益是：（　　　）

A. 尽可能保证本金安全，不在乎收益率比较低

B. 产生一定的收益，可以承担一定的投资风险

C. 产生较多的收益，可以承担较大的投资风险

D. 实现资产大幅增长，愿意承担很大的投资风险

五、风险偏好

15. 您认为自己能承受的最大投资损失是多少？（　　　）

A. 不能承受任何损失　　　　　B. 一定的投资损失

C. 较大的投资损失　　　　　　D. 损失可能超过本金

16. 您打算将自己的投资回报主要用于：（　　　）

A. 改善生活

B. 个体生产经营或证券投资以外的投资行为

C. 履行扶养、抚养或赡养义务

D. 本人养老或医疗

E. 偿付债务

六、其他信息

17. 您的年龄是：（　　　）

A. 18～30 岁　　　　　　B. 31～40 岁　　　　　　C. 41～50 岁

D. 51～60 岁　　　　　　E. 超过 60 岁

18. 今后 5 年时间内，您的父母、配偶以及未成年子女等需负法定抚养、扶养和赡养义务的人数为：（　　　）

A. 1～2 人　　　　　　B. 3～4 人　　　　　　C. 5 人以上

19. 您的最高学历是：（　　　）

A. 高中或以下　　　B. 大学专科　　　C. 大学本科　　　D. 硕士及以上

20. 您家庭的就业状况是：（　　　）

A. 您与配偶均有稳定收入的工作

B. 您与配偶其中一人有稳定收入的工作

C. 您与配偶均没有稳定收入的工作或者已退休

D. 未婚，但有稳定收入的工作

E. 未婚，目前暂无稳定收入的工作

一般来说，投资者在开户时遇到的都是这一套测试题，按照自身情况如实填写后，系统会根据每道题分值的不同进行计算，最终得出投资者的风险承受能力等级，方便投资者选择适合自己的产品或服务。

3.1.3　股票账户满额怎么办

有的投资者可能会问，股票账户还有额度吗？答案是肯定的。从 2016 年 10 月 15 日开始，一个投资者在同一市场最多可以申请开立三个 A 股账户及一个资金账户，以防止开立账户过多导致系统负担加重。

投资者在选择新的券商开户时，券商的内部系统能够查询到投资者名下有多少个股票账户。如果投资者开立的账户已经达到了三个，这种情况是无法继续开户的，若投资者坚持要在新券商处开户，就将面临以下两种选择。

◆　转户

转户就是将已有股票账户从原有券商处转到新券商这里。投资者需要携带身份证件和银行卡，在工作日的 9:00 ～ 16:00 到原有券商的营业部提出办理转户业务，转户成功后再到新券商营业部进行确认并进行后续处理。具体转户流程会由工作人员全程指导和操作，这里不再赘述。

◆　销户

销户指的是将已有股票账户销毁，这样就会空出一个额度，自然能在新券商处开新账户。

销户的流程比转户简单，投资者只需携带身份证件及银行卡到要销户的券商营业部进行办理即可，有些券商还支持线上销户，更加快捷方便。

3.2　下载和认识炒股软件

完成账户的开立后，投资者就可以选择炒股软件进行操作了。一般来说，选择开户券商的软件作为炒股工具是比较合适的，因为如果选择其他软件，可能会出现无法登录自己的账户的情况。

本节就以光大证券为例来看看在电脑上安装炒股软件的方法，以及认识软件的常用界面和功能。

3.2.1　安装并登录已有的资金账号

进入光大证券的官网，找到软件下载中心，选择"常用软件"选项，能够看到其提供的相关软件，单击"金阳光卓越版"下方的"软件下载"按钮，将软件安装到电脑上，如图 3-4 所示。

图 3-4　进入券商官网下载软件

安装成功后，双击电脑桌面上的软件图标打开软件。初始界面为账户登录界面，如图 3-5 所示。

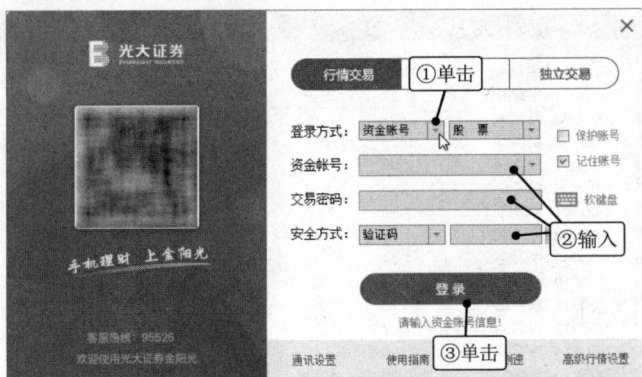

图 3-5　软件登录界面

登录方式可选资金账户或股票账户，单击"登录方式"右侧的下拉按钮就可以选择，一般登录的都是资金账户。下方则是资金账号、交易密码及验证码的输入框，投资者只需按照顺序逐一输入，最后单击下方的"登录"按钮即可。

3.2.2　熟悉软件的各种界面

登录成功并进入软件后会看到不同的行情界面，图 3-6 为沪深个股行情界面。

这个界面是投资者比较常用的，用于观察沪深行情变动情况。在界面上方有代码、名称、涨幅、现价和涨跌等选项，单击其中任意选项，就可以将沪深 A 股按照该选项进行排列，方便选股。

在界面的左侧菜单栏则可以切换各种行情，如自选股、全景行情、沪深指数、沪深板块、热点主题和科创板等，投资者可根据自身需求进行选择和查看。如果想要隐藏这一栏，单击上方的隐藏按钮即可。

如果想要查看某一只股票的 K 线图，可以双击行情界面中目标股一栏，进入 K 线图中。也可以直接键盘输入股票代码或名称，软件自带的键盘精灵会弹出个股选项，投资者单击即可进入，图 3-7 为个股的 K 线图界面。

图 3-6　沪深个股行情界面

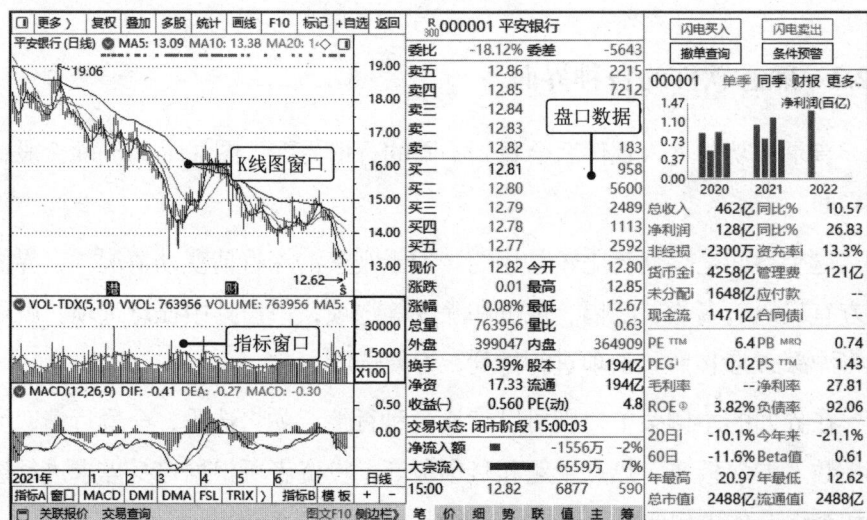

图 3-7　个股的 K 线图界面

首次进入 K 线图界面时，就会显示出三大窗口。

最左侧的是 K 线图窗口，其下方默认有两个指标窗口，单击下方的"窗口"按钮，可以设置指标窗口的数量。更快捷的方式则是双击某一指标窗口的任意位置，就可以将其放大，另外一个指标则会被隐藏。

中间的窗口显示的是实时的盘口数据，其中包括五档买卖盘、今开、现价、最高、最低、换手和涨跌等基本数据。

最右侧的窗口则是在登录资金账户后才能够显示的，其中展示的多为该股的基本面数据，如公司的总收入、净利润、现金流、毛利率、净利率和负债率等。最上方则是闪电买入、闪电卖出、撤单查询和条件预警四个按钮，交易的功能会在后面介绍。

一般来说，投资者在观察行情走势时，不会希望有如此多的界面来占用显示空间，因此，学会隐藏部分窗口是非常重要的。

在 K 线图窗口的右下方有一个"侧边栏"选项，单击该选项就能将最右侧窗口隐藏。右上方有一个"显隐行情信息"按钮，单击可隐藏中间的盘口数据窗口，如图 3-8（上）所示。再将指标窗口设置为一个，适当调整窗口大小，就能得到如图 3-8（下）所示的简洁窗口。

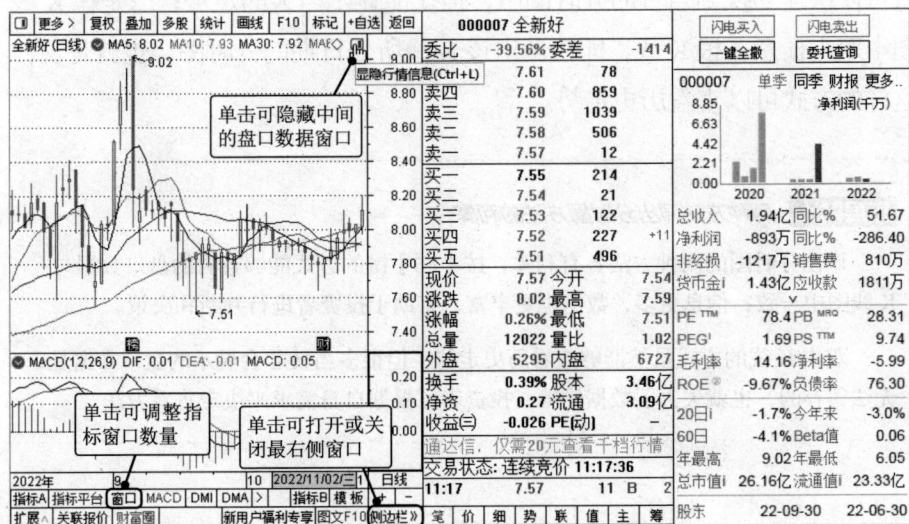

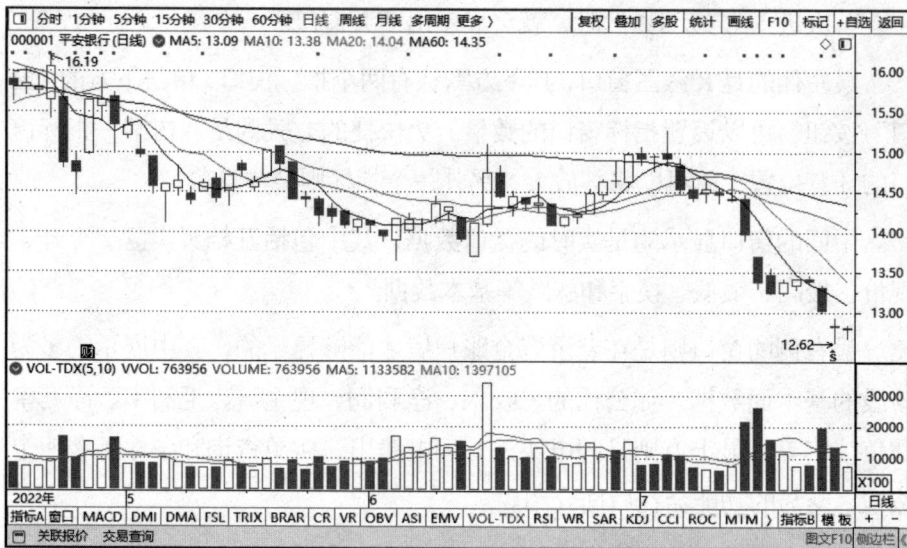

图 3-8 调整前（上）和调整后（下）的个股 K 线图界面

接下来再来看个股的分时图。分时图显示的是个股单日的分时走势，也可以理解为连成一条线的 1 分钟 K 线图，是投资者进行买卖时需要重点观察的界面之一。

要调出分时图很简单，主要有两种方法：一是在 K 线图界面按【F5】键，就可以快速切换到当日的分时图中，但仅能显示当天的走势；二是在 K 线图中双击任意一根 K 线，即可调出该 K 线所处日期的分时图，也就是说，这样的方式可以查看历史走势。

拓展贴士 *两种方法调出分时图方法的利弊*

　　调出分时图的两种方法各有利弊，按【F5】键的方式能够查看的盘口数据与 K 线图中一致，信息更多，数据也更丰富，有助于投资者进行判断和决策。

　　双击 K 线的方式虽然能够查看历史走势，但很多当日才会显示的盘口数据是无法留存的，也就失去了数据优势。投资者可根据自身需求来决定查看方法。

图 3-9 为双击 K 线调出的分时图。

图 3-9 双击 K 线调出的分时图

在这个窗口中，右侧显示的数据就不是 K 线图中那样的盘口数据了，而是分为"分笔""分钟"及"数值"三个窗口，其中，"分笔"窗口中显示的是每一笔交易发生的时间、成交价格、成交量、买卖单类别及成交笔数。"分钟"窗口中显示的则是每分钟的最后一笔成交价格，以及在该价位上成交的笔数。"数值"窗口就是一些基本的盘口数据，包括开盘价、收盘价、最高价、最低价、成交量、涨跌幅及振幅等。

3.2.3 具体的买卖操作是怎样的

在分析了股票行情，寻找到合适的个股后，投资者就要进行买卖操作了。买卖按钮在界面的左下方，单击"买入"或"卖出"按钮，就可以进入委托窗口，如图 3-10 所示。

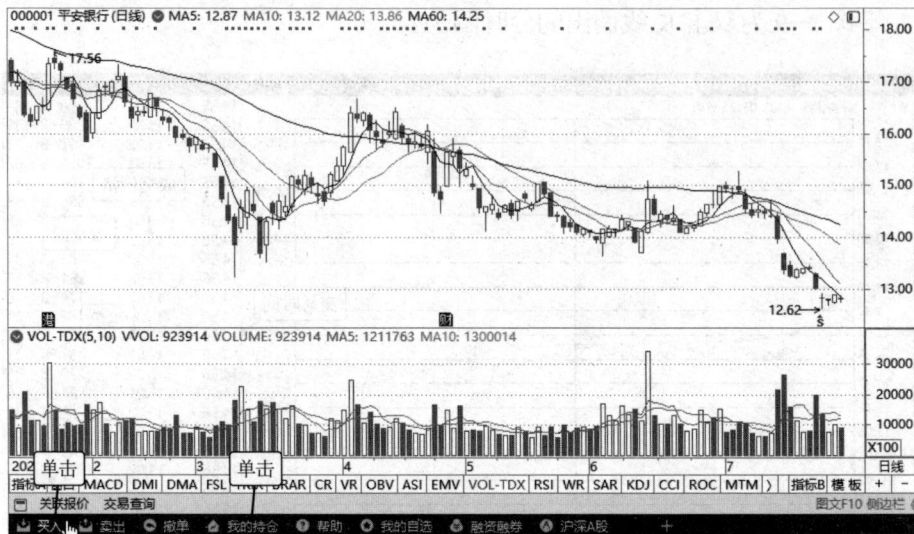

图 3-10　从任意界面进入委托窗口

进入委托窗口显示的是闪电买入和闪电卖出，如图 3-11 所示。

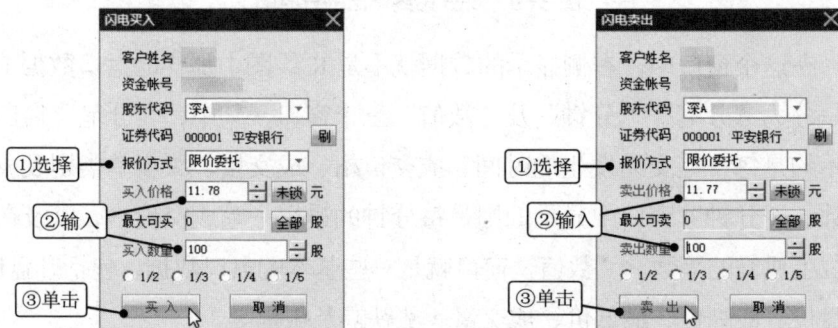

图 3-11　闪电买入、卖出窗口

买入和卖出的操作是比较类似的，投资者只需要选择报价方式（一般都是限价委托），在对应的输入框中输入买卖价格、买卖数量，最后单击下方的"买入"或"卖出"按钮即可。

需要注意的是，闪电买入和闪电卖出是不需要输入股票代码和名称的。当前停留的界面是哪只个股，或是鼠标光标选中的是哪只个股，闪电买入、卖出的对象就是哪只个股。

在下单后，投资者可以单击"我的持仓"按钮，进入持仓界面查看委托是否成功，也可以快捷查看持仓个股的变动情况。

如果投资者想要撤单，单击旁边的"撤单"按钮即可进入撤单界面，此时，投资者就进入了交易系统中，如图 3-12 所示。

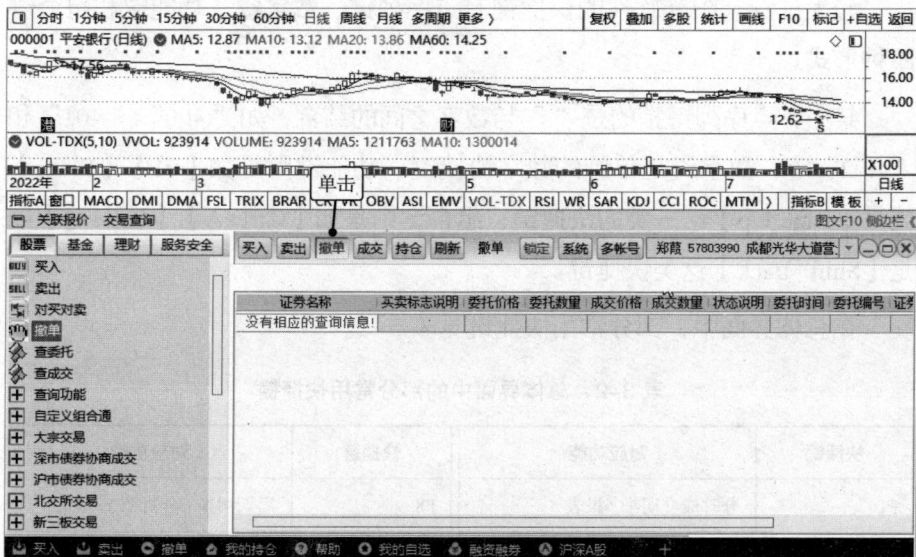

图 3-12　进入交易系统

在交易系统中，投资者可以进行查询、下单、撤单和银证转账等各项操作。虽然各个券商软件的按钮位置和界面显示都有所区别，但实际都是大同小异，投资者只要知道一种软件的操作方法，上手其他软件也是很快的。

3.2.4　学会使用快捷键来快速切换

在每个炒股软件中都存在数量众多、功能各异的快捷键，这些快捷键能够帮助投资者实现界面的快速切换、功能或个股的快速调出，甚至是以某一价格快速实现买卖操作等。比起投资者自己在界面中寻找按钮来说，更为高效和快捷。

  一般来说，不同系统的炒股软件，快捷键有所不同。但很多券商包括光大证券的软件都是与通达信合作的，它们的常用快捷键基本相通。因此，了解光大证券金阳光软件的快捷键，也就相当于了解了通达信系列软件的快捷键（部分快捷键可能不一致），下面就来逐一进行了解。

  光大证券金阳光软件的快捷键有点序列键、数字键、功能键和组合键四种形式。

  其中，点序列键指的是"."与数字之间的结合，如".400"".401"和".402"等；数字键是单纯的数字快捷键；功能键则是如【F1】【Enter】或是【Page Up】这一类的快捷键；组合键则是如【Ctrl+A】【Ctrl+Q】或是【Shift+Back】这类快捷键。

  在总体界面中，部分常用快捷键见表 3-2。

表 3-2 总体界面中的部分常用快捷键

快捷键	对应功能	快捷键	对应功能
F1	分时成交明细 / 报表	F8	周期切换（分析图）
F2	分价表	F9	期权交易登录
F3	上证指数	F10	个股资料
F4	深证成指	F11	图文 F10
F5/ 回车键	分时 / 分析切换	F12	交易委托
F6	自选股	Ctrl+M	多股同列
F7	财经资讯	Ctrl+R	所属板块
Alt+Z	加入到自选股	Ctrl+Tab	窗口切换
Ctrl+F4	关闭当前子窗口	Ctrl+Enter	进入报价
Shift+Enter	辅助区信息地雷	TAB	行情 / 财务栏目切换
Shift+F10	权息资料	Page Up	向前翻页

  在 K 线图界面中，部分常用快捷键见表 3-3。

表 3-3 K 线图界面中的部分快捷键

快捷键	对应功能	快捷键	对应功能
Ctrl+O(G)	叠加（删除）品种	Ctrl+W	区间统计
Alt+S	修改当前指标公式	Alt+T	调整指标参数
Ctrl+↑	放大 K 线	1+home	副图指标切换
Ctrl+V	前复权	Ctrl+K	五彩 K 线指示
Ctrl+L	显隐行情信息	Ctrl+H	删除所有指示

在分时图界面中，部分常用快捷键见表 3-4。

表 3-4 分时图界面中的部分快捷键

快捷键	对应功能	快捷键	对应功能
Alt+ 数字	切换多日分时	Ctrl+O	叠加指定品种
Ctrl+W	分时区间统计	Shift+Backspace	后只品种
Ctrl+L	显隐行情信息	Ctrl+G	删除叠加品种
Backspace	前只品种	/	副图指标切换

与以上这些快捷键不同的是，点序列键与数字键是依靠键盘精灵来实现的。也就是说，投资者在输入数字或".+ 数字"后，键盘精灵会自动出现并显示该功能。

部分常用的点序列键与数字键见表 3-5。

表 3-5 部分常用点序列键与数字键

点序列键	对应功能	点序列键	对应功能
.400	板块分析	.506	量比（多空）指标
.504	逐笔成交明细	.909	综合选股
.403	区间涨跌幅度	.921	自动选股设置
.501	分时走势图	.931	自定义板块设置
.502	分时成交明细	.933	盘后数据下载

续上表

数字键	对应功能	数字键	对应功能
06	自选股	612	创业板涨幅排名
1	上证 A 股	70	财经资讯
50	上证 50 走势	91	1 分钟线
500	中证 500 走势	97	周线
60	全部 A 涨幅排名	998	沪深京主要指数

第4章

进一步学习手机炒股软件

随着券商愈发重视手机端App的开发，再加上手机的便携性，大部分投资者都偏爱在手机App上进行股票买卖操作。因此，投资者除了要熟悉电脑端炒股软件的基本操作以外，还有必要学习对应的手机App如何操作，以便能够随时随地查看股市行情。

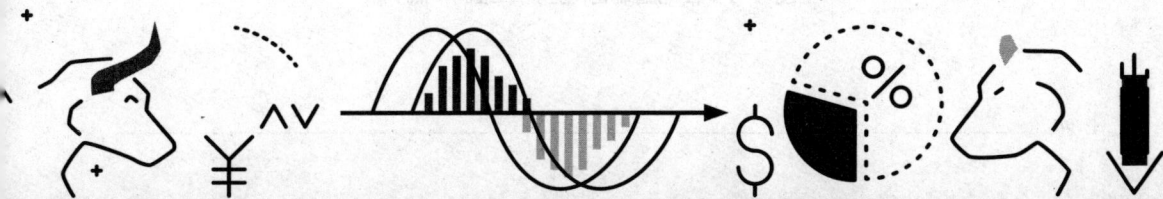

4.1 获取和登录手机端软件

一般来说，各大券商软件都有对应的手机 App，其操作界面和功能也大同小异。本章将使用"光大证券金阳光"手机 App 来讲解手机端炒股软件的使用。

4.1.1 在网页中下载手机端炒股软件

其实，在前面关于开户的内容中，就已经提到了手机 App 的下载方式，即进入手机自带的应用商店中下载，这是一种快捷简便的方式。

不过，有时投资者可能无法在自己手机的应用商店中找到需要的App，这时又该怎么办呢？

方法很简单，就是在券商官网中寻找并下载对应的手机软件。

其中下载也分为两种方式：一种是在电脑端进入券商官网，寻找到手机 App 的下载入口，一般这些入口都提供了二维码，投资者只需用手机扫描即可下载，图 4-1 为光大证券软件下载界面。

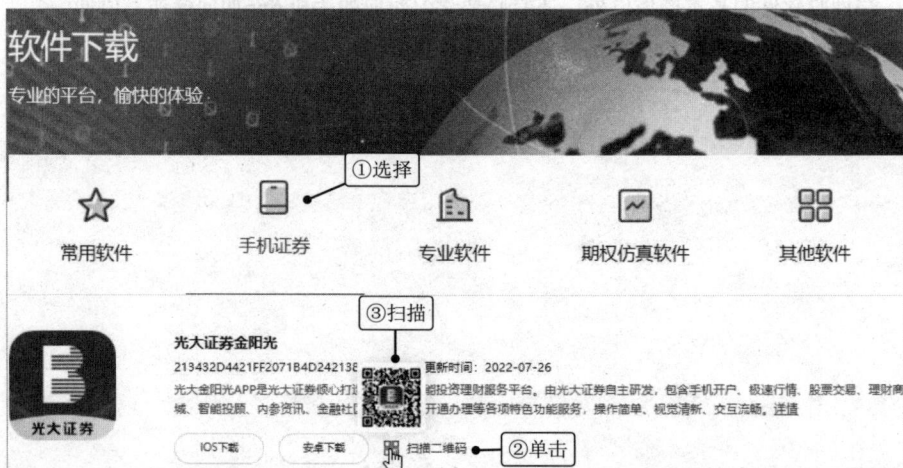

图 4-1 在电脑端官网扫描二维码下载 App

另一种方式则是在手机端进入官网，找到 App 下载入口后直接点击"立即下载 / 打开 App"按钮即可，如图 4-2 所示。

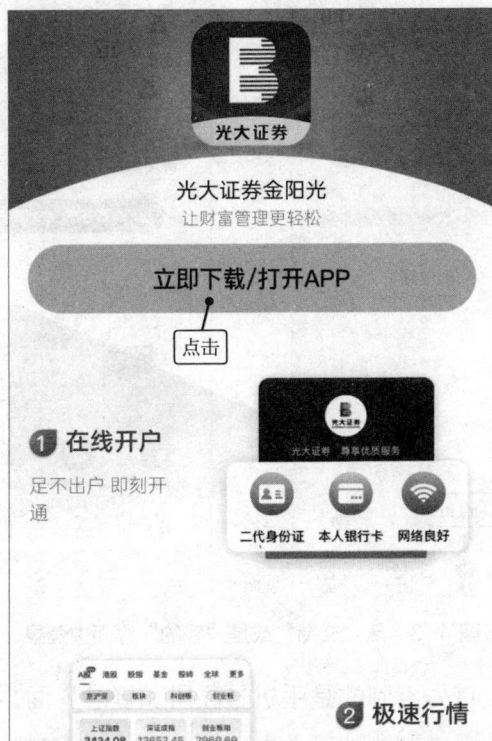

图 4-2　从手机端下载 App

这两种方式都是比较快捷的，投资者可根据自身需求选择，将 App 下载到手机上后，就可以进行下一步操作了。

4.1.2　在手机端登录和转账更方便

手机 App 的登录非常简单，投资者只需要点击桌面上的"光大证券金阳光"图标进入 App 中，点击界面下方的"交易"或是"我的"选项，找到登录入口，点击即可，如图 4-3 所示。

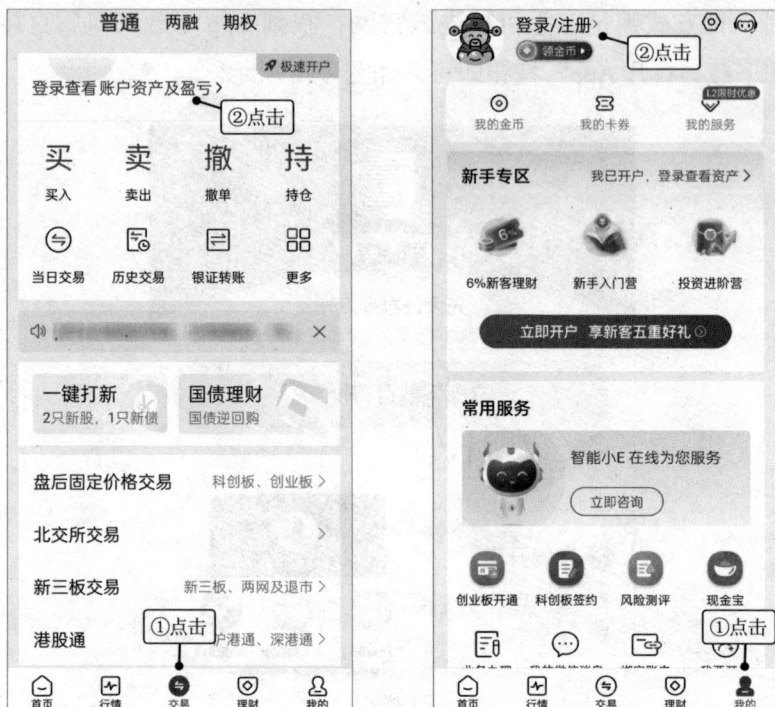

图 4-3 从"交易"或是"我的"界面中登录

点击登录后，首先看到的是手机号注册和登录界面，点击相关协议超链接，认真阅读协议内容，然后选中"我已阅读并同意"单选按钮，点击"本机号码一键登录 / 注册"按钮，如图 4-4 所示。

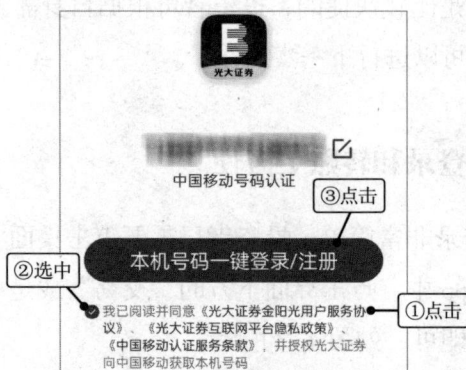

图 4-4 手机号注册与登录

从"交易"界面和"我的"界面进行登录时，手机号登录后形成的界面有所不同。

从"交易"界面进入后，投资者看到的是资金账号的登录界面，如图4-5（左）所示。投资者需要在输入框中输入对应的资金账号和交易密码，再点击"登录"按钮即可。

从"我的"界面点击手机号登录后，投资者会回到 App 操作界面中，如图 4-5（右）所示。此时仅仅登录了手机号，资金账号还要另行登录，只需选择界面中"新手专区"右侧的"我已开户，登录查看资产"选项，即可进入资金账号的登录界面。

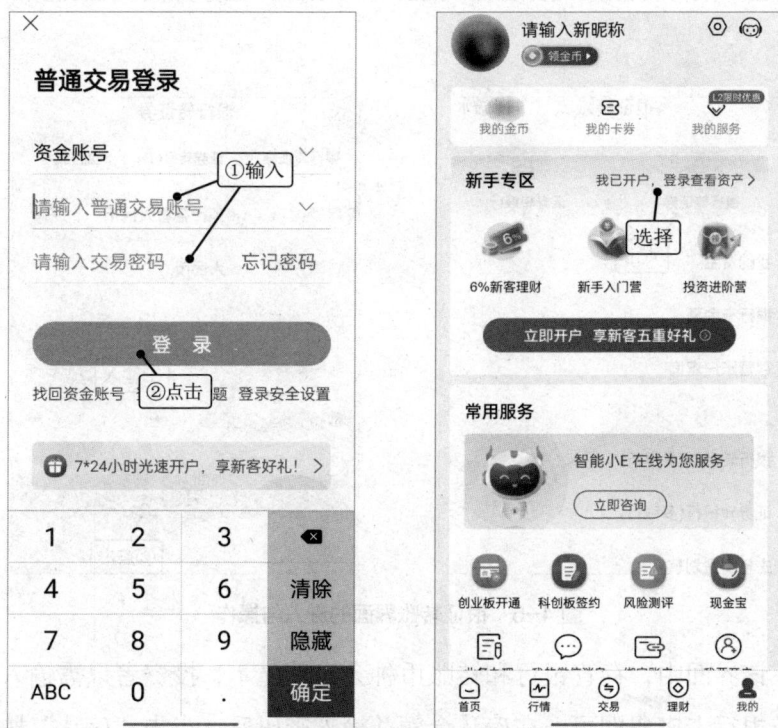

图 4-5　手机号登录后的不同界面

登录完成后，投资者就可以开始进行转账操作了。炒股软件上的资金流转，依靠的都是银证转账功能。银证转账就是银行卡中的资金转入证券账户，或是证券账户中的资金转入银行卡，以此来实现资金的流通。

在光大证券金阳光手机 App 中，银证转账的入口有多个，其中比较方便的一个入口在"交易"界面中，投资者点击界面中的"银证转账"按钮，即可进入银证转账界面，如图 4-6（左）所示。

在该界面中有"银行转证券"和"证券转银行"两个选项。投资者在第一次开户并登录炒股软件时，证券账户里是没有资金的，因此，在进行买卖操作之前，需要通过"银行转证券"功能，将银行卡中的资金转到证券账户中。

点击"银行转证券"按钮后，就会进入银行转证券界面，如图 4-6（右）所示。

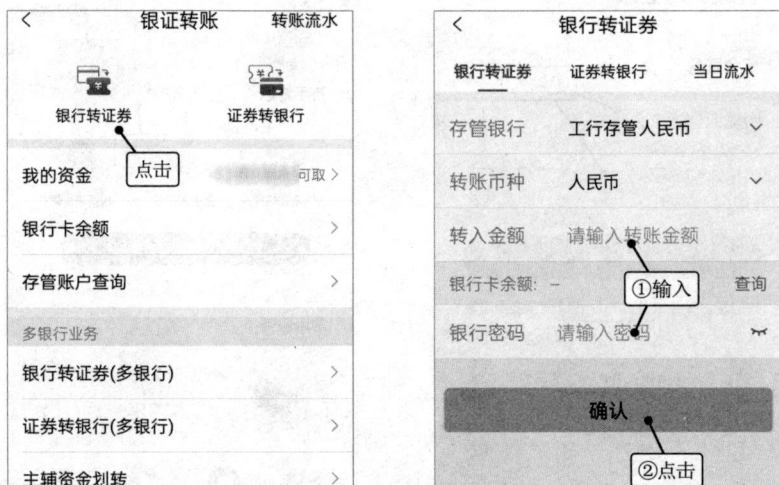

图 4-6 银证转账界面的进入与操作

在该界面中，存管银行和转账币种会自动显示，投资者只需输入转入金额及银行卡密码即可，在确认金额并输入密码后，点击"确认"按钮，就可以实现转账操作。

若投资者不清楚银行卡余额，还可以点击"银行卡余额"右侧的

"查询"按钮进行查询。不过需要注意的是，转账及查询余额的操作需要在交易时间内进行，否则不予办理。

4.1.3　手机端的股票行情怎么看

学会如何在手机端查看股票行情，快速检索感兴趣的个股，是投资者有必要掌握的技能。

投资者进入光大证券金阳光手机 App 后，点击下方菜单栏中的"行情"按钮，就可以进入行情查看界面，如图 4-7（左）所示。

一般来说，进入行情查看界面后，默认显示的是自选股，方便投资者快速查看自选股情况。在界面最上方，除了"自选"选项以外，还有一个"市场"选项，点击该选项就会进入 A 股市场行情界面。在这个界面中，投资者能查看与电脑端上相似的内容，包括沪深重点指数、涨跌分布、大盘异动、板块排名、特色榜单及资金流向等。

手机界面一般都会比电脑端更加简洁明了，且大部分券商手机 App 的行情界面都支持定制功能，投资者可将自己喜欢的工具放到显眼的位置，这一点可自行设置，这里不再赘述。

当投资者需要查看某一只股票的盘口界面时，可以直接点击行情界面右上方的搜索按钮，在弹出的输入框中输入股票代码或是股票名称，点击搜索结果中出现的目标股，即可快速进入目标股的盘口界面，如图 4-7（右）所示。

进入个股的行情界面后，往往默认显示的是当日的分时图。分时图的上方是分时图、日 K 线图、周 K 线图等界面的切换按钮，投资者可根据自身需求进行切换。

分时图的右侧是五档盘口明细，下方是其他基本信息，包括资金、新闻、公告、研报和财务等，方便投资者在一个界面中快捷获取多元化的信息。

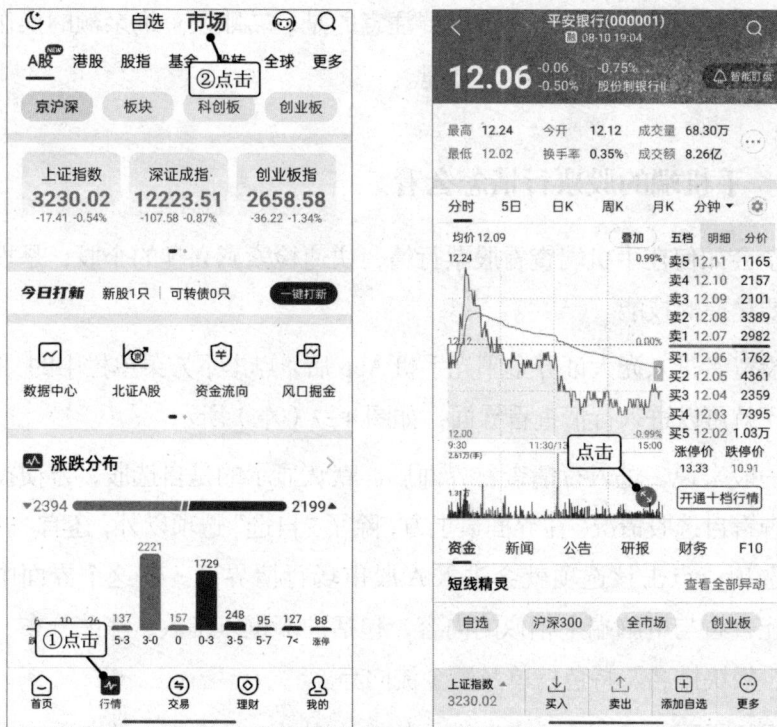

图 4-7 行情界面的查看和个股的分时图

但是竖屏界面查看股票行情总是有些不方便，导致股价能够展现出来的行情走势也比较短，信息量不足。

此时，可以点击分时图指标窗口右下方的扩展按钮，如图 4-7（右）所示，就可以将分时图的竖屏转换为横屏，大大方便了投资者的观察和分析，如图 4-8 所示。

在这样的分时图中，投资者能看到的信息更全面，分时图中的股价走势细节也更多。横屏界面中包含的内容与竖屏基本一致，如果投资者想要切换到 K 线图中观察，点击下方的"日 K"选项，就可以进入 K 线图中，如图 4-9 所示。

在 K 线图中，右侧菜单栏的上方是复权选项，下方则是各项指标选项，包括成交量、MACD 指标、KDJ 指标和 RSI 指标等，点击这些指标选项，就可以将 K 线图下方的指标窗口切换为该指标。

与分时图不同的是，在 K 线图中，两指在界面上缩放，就可以相应地缩小和放大 K 线图界面。同时，如果单指按住界面左右滑动，就可以观察到 K 线不同时期的走势。

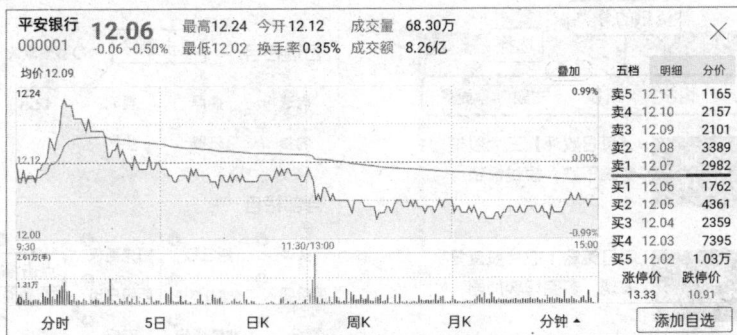

图 4-8　横屏状态的个股分时图

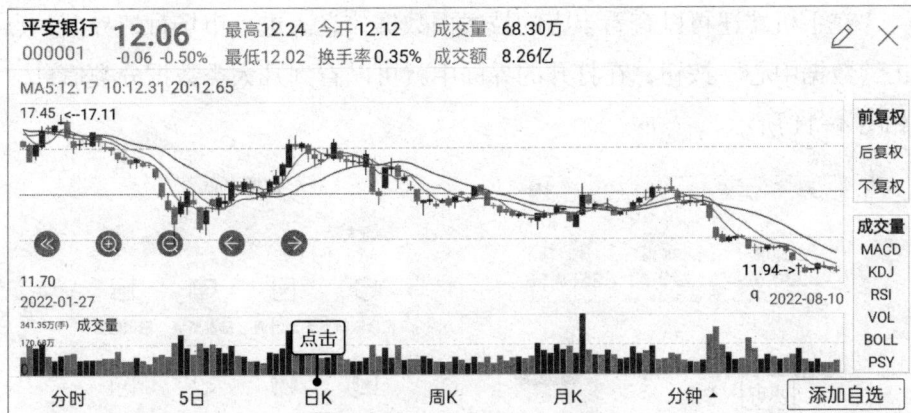

图 4-9　横屏状态的 K 线图

4.1.4　手机端查看各类资讯更快捷

在手机端查看各类资讯，主要优势是方便快捷。投资者在进入 App 首页后，下滑就能看到丰富的资讯内容，如图 4-10（左）所示。

首页资讯中，包括当日快讯、市场热点及各类新闻等。在其下方，还有很多分类选项，包括推荐、要闻、快讯、内参、研报和主题等。选择最右侧的"更多"选项，进入页面后可以自由添加或删除栏目，如图4-10（右）所示。

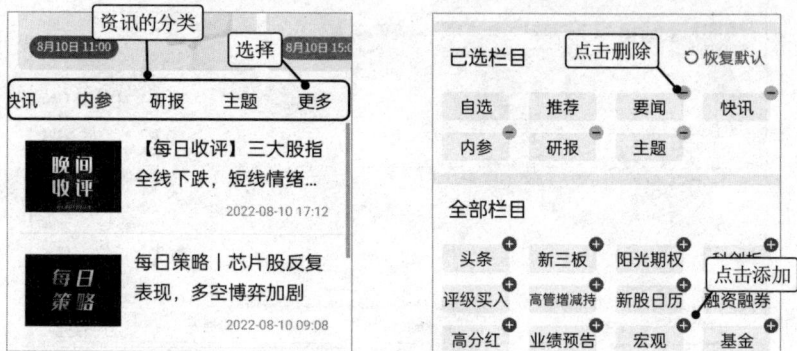

图 4-10　查看资讯

在手机端还可以查看丰富的技术面数据信息。进入市场行情界面，点击"数据中心"按钮，在打开的界面中就可以看到几大类数据分类信息，如图 4-11 所示。

图 4-11　查看技术面数据

数据中心主要包括市场大势、个股研究及宏观指标三大分类。其中，市场大势主要聚焦各类大盘情况，包括资金流向、沪深港通、融资融券、集合竞价和集合竞价等。

个股研究主要侧重于对个股的分析，包括龙虎榜、大宗交易、增减持、商誉分析和业绩预告等。宏观指标则提供了三个宏观数据，分别是GDP、PMI 及 CPI，这三项指标也是投资者进行基本面分析的重要参考指标。

4.1.5　委托和撤单界面在哪里

在光大证券金阳光手机客户端，进行委托和撤单操作都在交易界面进行。投资者登录证券账户后，只需点击界面上方的"买入""卖出""撤单"和"持仓"按钮，即可进入对应的交易界面，如图 4-12 所示。

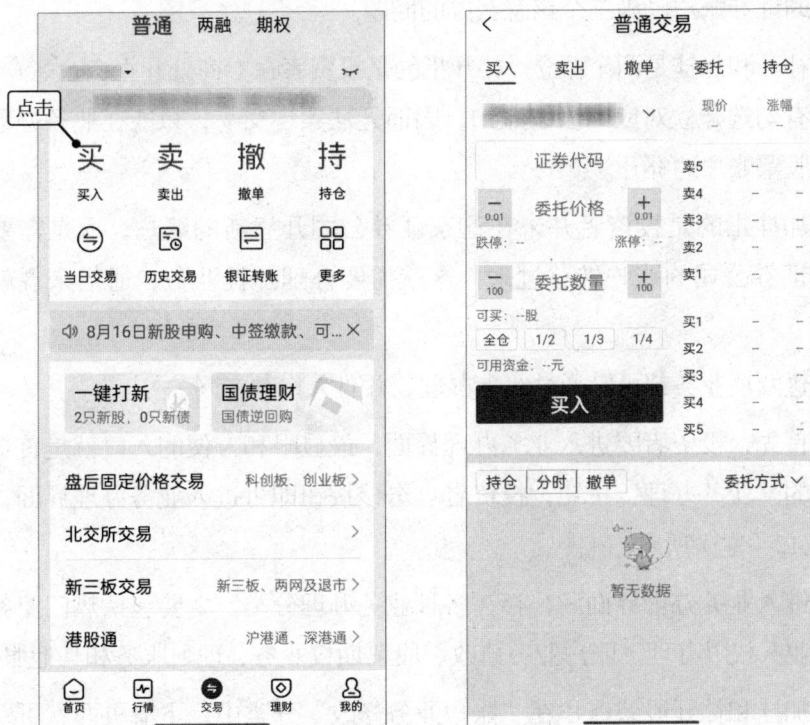

图 4-12　交易界面

4.2 线上业务办理省时省力

券商的手机 App 最重要的一个优势就是线上业务的办理。一般来说，券商开发的手机 App 都有相应的业务办理入口，并且会在相对显眼的位置。下面还是以"光大证券金阳光"手机 App 为例，介绍手机线上业务办理的过程。

4.2.1 补开或加挂股票账户怎么做

补开和加挂股票账户这一项业务，涉及的就是前面介绍的，当投资者开立的证券账户已满三个该怎么办的问题。

补开和加挂是两个概念。补开指的是投资者在券商处开立资金账户时，并没有勾选开立对应的股票账户，因而无法实现交易，只能在业务办理中进行股票账户的补开。

加挂指的是投资者并未在这家证券公司开立新的账户，而是需要将其他证券公司的账户转移过来，这就需要办理加挂业务，通俗来说就是转户。

这两项业务都可以通过线上办理，并且入口都在同一处。

首先，投资者要进入业务办理界面，最显眼和方便的入口就是首页右上角的"业务办理"按钮，投资者点击该按钮即可进入业务办理界面，如图 4-13（左）所示。

进入业务办理界面后，存在多种业务办理分类，主要包括热门业务办理、业务权限办理、账户业务修改、股票期权业务、理财服务和其他服务。

加挂和补开股票账户在"账户业务修改"分类中，下滑页面就可以看到。点击"添加股东账户"按钮，就可以进入加挂和补开股票账户界面。如图 4-13（右）所示。

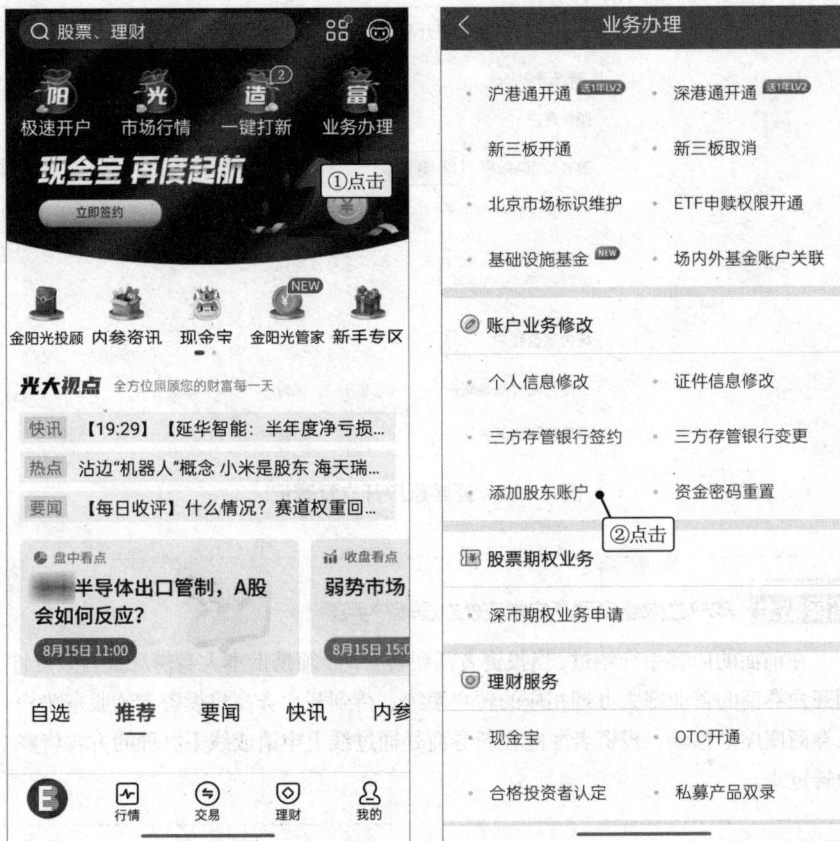

图 4-13　业务办理界面

　　进入加挂和补开股票账户界面后，最上方显示的是"证券账户开立及登记"。如果投资者并没有在新的证券公司开立账户，那么"股东账户"下面的选项就会有新开和转户两个单选按钮，（股东账户下方的是场内基金账户，不涉及该项业务的投资者可忽略）。

　　选择"新开"选项就可以在该券商处新开一个股东账户；选择"转户"选项，则需要在下方的输入框中输入对应的账号，将其他券商的股东账户转过来，具体操作如图 4-14 所示。

图 4-14　证券账户开立及登记

拓展贴士 *转户之前必须到开户券商处办理转户手续*

　　在前面的内容中介绍过，当投资者需要转户时，须携带本人身份证或有效证件，到开户券商的营业部去办理相应的转户手续。待到开户券商将投资者的股东账户从券商座席中移除，投资者才能在新券商处通过线上申请或线下办理的方式将账户转过来。

4.2.2　三方存管银行卡的签约和变更如何申请

　　三方存管银行卡指的是投资者在开户时绑定的银行卡，未来投资者的资金流动都会通过这张银行卡和证券账户之间的交往来实现。

　　但有些时候，投资者开通资金账户时并未成功绑定银行卡，或是在绑定银行卡后需要更换银行卡，此时就会涉及三方存管银行卡的签约和变更这两项业务。

　　办理这两项业务同样需要通过首页的"业务办理"入口进入，找到业务办理界面中的"账户业务修改"分类。

如果投资者未能在开户时绑定银行卡，就需要点击"三方存管银行签约"按钮，进入签约界面中重新绑定银行卡。具体可参考图 4-13。

进入界面后，首先看到的是线上办理三方存管银行签约需要准备的资料和注意事项。

第一个就是本人的银行卡，投资者可以点击右侧的"支持的银行储蓄卡"超链接查看可以绑定的银行卡。第二个要求是确保当日无委托或转账交易，也就是说，当日投资者不能有任何关于资金方面的操作，否则三方存管银行的签约可能会失败。在确认就绪后，点击下方的"我要办理"按钮，即可进入下一个界面，如图 4-15 所示。

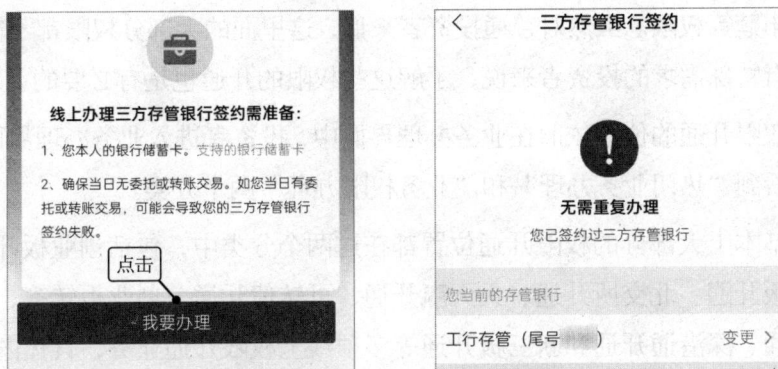

图 4-15　三方存管银行签约

如果是已经签约的投资者，界面中会显示无须重复办理提示。而未签约的投资者就可以根据界面中的指示信息进行填写和绑定，只要在工作日内提交委托，很快就可以申请通过。

如果投资者已经绑定银行卡，但是需要变更，点击图 4-13 中的"三方存管银行变更"按钮，就可以进入银行卡的变更程序中。

三方存管银行卡的变更和三方存管银行卡的签约比较类似，都需要投资者持有一张可以绑定的银行卡，并且当日无委托或交易。

最重要的是，需要投资者当日的资金账户清零，也就是说，账户中不能留有任何资金，这样才能进行变更。最后，投资者只需按照界面中的提示信息进行填写和提交就可以了。

4.2.3　各种权限的开通

各种权限的开通涉及投资者能够进行投资操作的范围。如果投资者只是普通开户，随后并没有开通任何权限，那么在很多板块方面的操作都会受限。比如除了主板市场之外，创业板、科创板和新三板这三个板块就需要单独开通权限，否则投资者无法交易其中的股票。

当然，权限的开通并不只是股票，还有可转债、沪港通、深港通和ETF申赎等权限。虽然对普通投资者来说，这里面的大部分权限都不需要，但对有特殊需求的投资者来说，了解这些权限的开通也是有必要的。

权限开通的位置依旧在业务办理界面中，投资者进入业务办理界面后，首先看到"热门业务办理"和"业务权限办理"两个分类。

基本上大部分的权限开通位置都在这两个分类中，包括创业板开通、科创板开通、北交所开通、天天赢开通、可转债开通、创业板转签、沪港通开通、深港通开通和新三板开通等多项线上权限开通业务，具体内容如图4-16所示。

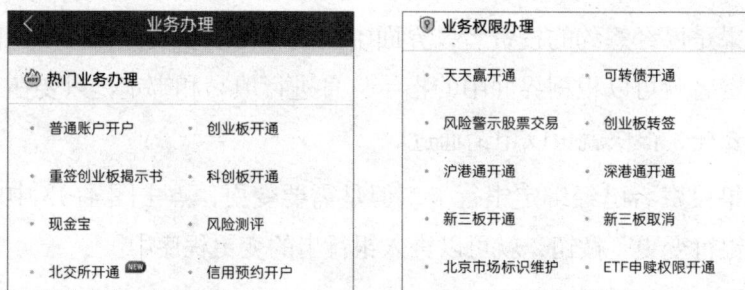

图4-16　各种权限的开通

其中，创业板、科创板和新三板的权限开通业务是比较常用的，许多符合条件的投资者都会选择开通这三个业务，这样才能买卖这三个板块中的股票。

但是，这三个板块中的股票风险相较于主板市场来说更高，投资者须考虑自身风险承受能力，慎重选择。

尤其是创业板和科创板，其中的股票单日波动幅度扩大到了 20%，一个涨跌停就能创造 20% 的收益或损失，可见其风险性。但风险与收益并存，还是有很大一部分符合条件的投资者需要开通这些板块的权限。

有需要的投资者可以找到业务办理界面中的科创板开通、创业板开通或新三板开通业务，点击即可进入对应的开通界面。图 4-17 为创业板和科创板的权限开通界面。

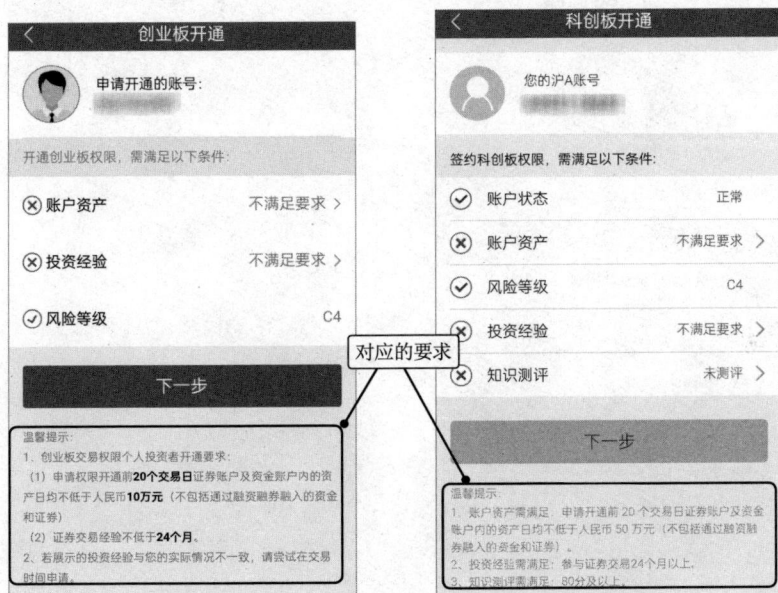

图 4-17　创业板和科创板的权限开通界面

从图 4-17 中可以看到，这两个板块的开通界面下方都有相应的开通要求说明。其中，创业板要求投资者在申请权限开通前 20 个交易日证券账户及资金账户内的资产日均不低于人民币 10 万元，并且证券交易经验不低于 24 个月。

科创板的要求则是在申请开通前 20 个交易日，投资者的证券账户及资金账户内的资产日均不低于人民币 50 万元，投资经验同样需要满足参与证券交易 24 个月以上，并且需要参与单独的知识测评，且达到 80 分及以上。

从这些要求就可以看出，权限开通还是比较严格的。如果投资者符合所有条件，点击界面中的"下一步"按钮即可进入下一个界面，随后按照界面提示进行操作就可以了。

第5章

实战提升技能之观察K线图

在熟悉了各项有关炒股的基本信息后，投资者就要进入实战中了。在实战中最不可缺少的就是技术分析的方法，其中，对K线的观察是比较基础的一种，包括K线的形态、走势及整体趋势的变动方向等。本章就将围绕K线技术分析方法进行详细介绍。

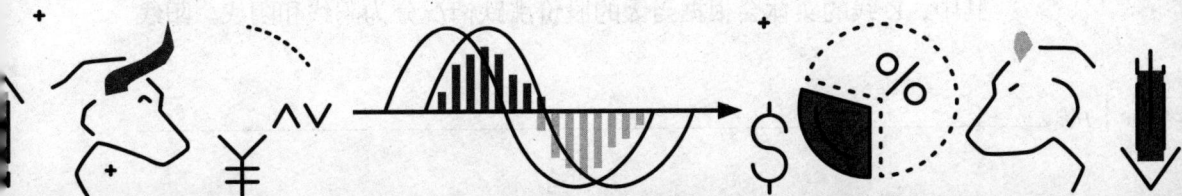

5.1 了解 K 线是炒股基本功

K 线是承载股价历史信息的重要载体，它能够把每日或某一周期的股票市场状况和表现完全记录下来。通过查看 K 线的走势和每一根 K 线的数据，投资者基本能够还原当时的市场变动情况，进而根据这些历史信息对未来走势做出判断。

因此，了解和熟悉 K 线是投资者在进行实战操作之前必须掌握的技能。下面就从最基本的构成开始来认识 K 线。

5.1.1 K 线是怎么画出来的

K 线又称为蜡烛线、红黑线或阴阳线等，是每日股票成交价格的具体表现形式。当一段时间内的成交价格被集合记录下来并绘制为 K 线形式时，就形成了 K 线图。

单根 K 线的绘制主要依靠最高价、最低价、开盘价和收盘价四个关键价格。由于 K 线是一条柱状的线条，存在实体和影线两大部分，这四个关键价格就决定了 K 线实体和影线的大小，如图 5-1 所示。

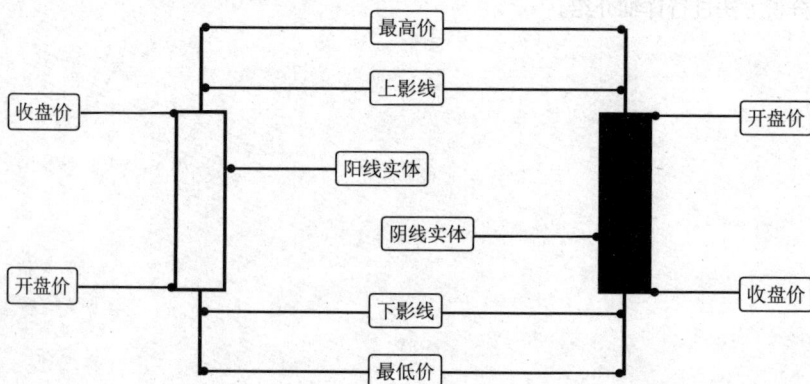

图 5-1 K 线的阳线（左）与阴线（右）示意图

其中，K 线的实体会根据当天的股价涨跌情况分为阳线和阴线。阳线表示当天的收盘价高于开盘价，阴线表示当天的收盘价低于开盘价。影线则分为上下影线，上影线的长度由最高价决定，下影线的长度则由最低价决定。

需要特别注意的是，阳线和阴线的开盘价和收盘价是颠倒的。阳线的收盘价在开盘价之上，表明当天行情上涨；阴线的收盘价在开盘价之下，表明当天行情下跌。

在 K 线图中，一般用红色来标注阳线，用绿色来标注阴线，方便投资者观察，如图 5-2 所示。

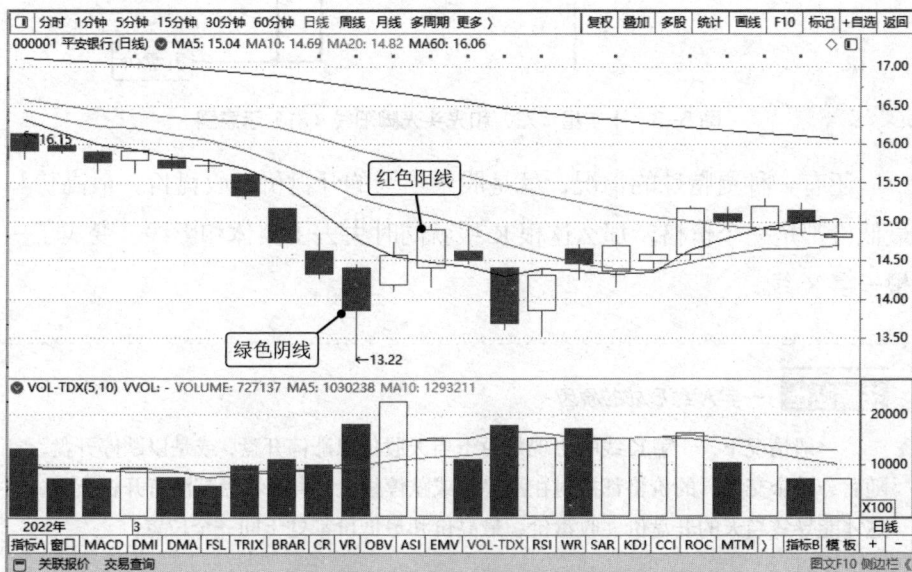

图 5-2　K 线图中的阳线与阴线

5.1.2　K 线都有哪些形状

单根 K 线的形状很多，最常见的就是带有上下影线和实体的阴线和阳线。但在实际的 K 线图中，并不是所有的 K 线都有实体或影线。

有的时候，某一个交易日会出现股价的开盘价与收盘价非常相近甚至一致的情况，导致 K 线的实体被压缩成一条线，形成了十字星样式的特殊 K 线形态，如图 5-3（左）所示。

同样的，若某一天股价的开盘价即是全天最低价，收盘价即是全天最高价，那么这根阳线就会失去上下影线，变成一个光头光脚的实体，如图 5-3（右）所示（以阳线为例）。

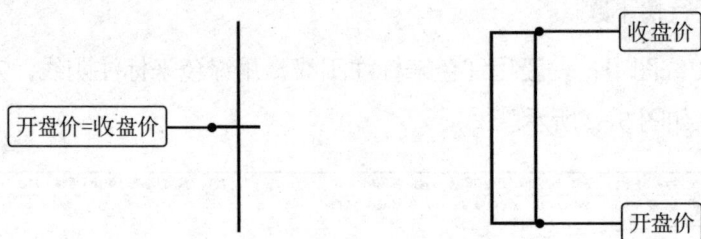

图 5-3　十字星（左）和光头光脚阳线（右）示意图

还有一种更特殊的情况，就是股票当天的开盘价、收盘价、最高价和最低价都是一个价格，那么这根 K 线就同时失去了实体和影线，变成了一根一字 K 线。

拓展贴士　*一字 K 线形成的原因*

一般情况下，一字 K 线的出现是由于当天股价以涨停开盘，或是以跌停开盘，随后一整个交易日的价格都被封在涨停板或跌停板上，直至收盘都没有开板交易，这才能导致当天的开盘价、收盘价、最高价和最低价都处于同一个位置。

当然还有一种情况，就是股票一整日都没有交易，导致价格从开盘到收盘都没有一丝波动，这种可能性是存在的，但基本上没有出现过。因此，一字 K 线往往视其涨跌情况，也被称为一字涨停或一字跌停。

接下来介绍另外一些 K 线形态，T 字形、倒 T 字形、锤头线和吊颈线。

其中，T 字形和倒 T 字形就是 K 线没有实体，只存在上下影线的 K 线，其形态就像一个 T 字或是倒过来的 T 字，如图 5-4 所示。

开盘价=收盘价=最高价

开盘价=收盘价=最低价

图 5-4　T 字形（左）和倒 T 字形（右）K 线示意图

从图 5-4 中可以看出，T 字形 K 线需要开盘价、收盘价和最高价相等，倒 T 字形线则需要开盘价、收盘价和最低价相等，这样才能延伸出相应的上下影线。

锤头线和吊颈线则是在 T 字形线和倒 T 字形线的基础上，延伸出来的一种特殊形态。简单来说，锤头线和吊颈线都具有实体，只是实体比较小，形态看起来像一个锤子，如图 5-5 所示。

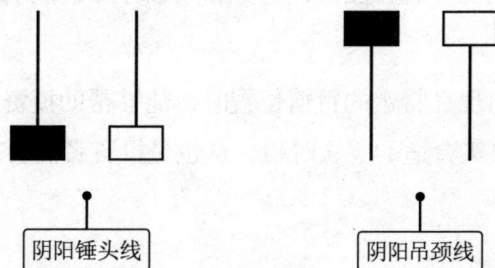

阴阳锤头线

阴阳吊颈线

图 5-5　锤头线（左）和吊颈线（右）K 线示意图

其中，锤头线是实体在下，影线在上的形态；吊颈线是实体在上，影线在下的形态。根据其实体的涨跌情况不同，也分为阴阳垂头线和阴阳吊颈线，各自的价格关系见表 5-1。

表 5-1　阴阳垂头线和阴阳吊颈线的价格关系

K 线形态	价格关系
阳垂头线	开盘价＝最低价 最高价＞收盘价＞开盘价
阴垂头线	收盘价＝最低价 最高价＞开盘价＞收盘价

续上表

K 线形态	价格关系
阳吊颈线	收盘价＝最高价 收盘价＞开盘价＞最低价
阴吊颈线	开盘价＝最高价 开盘价＞收盘价＞最低价

5.2　K 线的特殊组合形态传递出买卖信号

　　K 线的特殊组合形态指的是由两根及以上的 K 线构成的一种组合形态，根据每根 K 线不同的形态和位置，呈现出特殊的表现形式，比如早晨之星、黄昏之星等。

　　当这些形态出现在特定的行情位置时，能够帮助投资者有效判断后市的走向，更好地决策合适的买卖时机，这也是投资者需要掌握的 K 线技术分析技能之一。

5.2.1　早晨之星可以买进

　　早晨之星是一个非常经典的买入形态，它由三根 K 线构成，当其出现在下降行情的末期或是大幅下跌回调的后期时，传递的买入信号是最为强烈的，代表着黎明即将到来。

　　早晨之星的第一根 K 线是实体较长的中阴线或大阴线，紧接着第二根为实体向下跳空的小实体 K 线（阴阳线都可以）或十字星线，第三根则是一根中阳线或大阳线，且收盘价显著地向上穿入甚至穿过第一根阴线实体内部。

　　图 5-6 为早晨之星 K 线组合示意图。

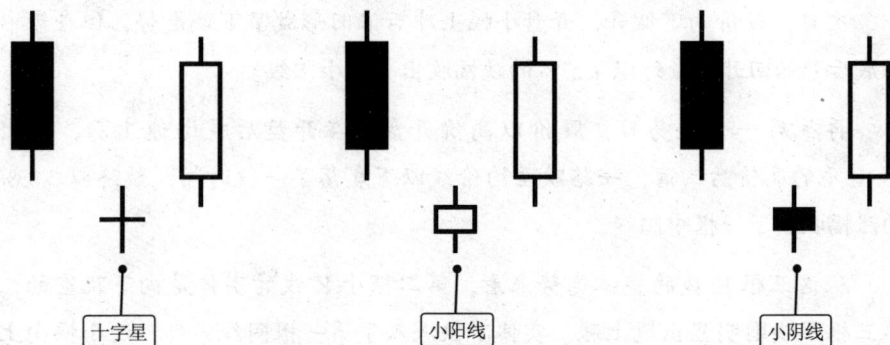

十字星　　　　　　　　小阳线　　　　　　　　小阴线

图 5-6　早晨之星 K 线组合示意图

当早晨之星中间的小 K 线跳空的距离越大，且 K 线的实体越小，形态就越标准，传递的买入信号也越强。同时，第三根阳线深入第一根阴线的实体内部越长，形态的可靠度也越高。

在发现这样的形态后，只要确定形态标准及行情位置合适，激进的投资者当时就可以入场；谨慎的投资者则可以在股价上涨后，回调不破早晨之星低点，或是小幅跌破后立刻回升的位置买进，这样尽管有可能损失一部分涨幅收益，但更为稳妥。

下面来看一个具体的案例。

实例分析

赤峰黄金（600988）早晨之星的买进时机

图 5-7 为赤峰黄金 2021 年 11 月到 2022 年 4 月的 K 线图。

从图 5-7 中可以看出，赤峰黄金正处于下跌走势向上涨转向的阶段中。2021 年 11 月到 12 月，股价还在稳步下跌，这一点从均线下行的状态也可以看出。

2022 年 1 月初，该股跌至 15.00 元价位线附近后跌势暂缓，形成横盘。1 月 27 日，股价在低开后就出现了震荡低走的走势，在下跌到一定位置后触底小幅回升，最终以 7.12% 的跌幅收出一根大阴线，股价再次下探。

　　次日，股价向下低开，开盘小幅上冲后依旧形成了下跌走势，但在盘中触底后开始回升，最终以1.27%的跌幅收出一根小阳线。

　　再往后一个交易日，股价以高价开盘，在开盘后就迅速上涨，创出15.10元的高价后回落，一路跌至均价线以下震荡了一段时间，最终以3.85%的涨幅收出了一根中阳线。

　　从这三根K线的整体走势来看，第二根小K线的实体是向下跳空的，第三根阳线则明显出现上涨，实体不仅深入了第一根阴线内部，还小幅向上跳空，显示出买盘的积极性。

　　从技术形态上来看，这个早晨之星的形态是比较标准的。再加上该股前期的下跌走势，投资者此时就可以对该股保持高度关注了，激进的投资者甚至可以在低位试探性地建仓。

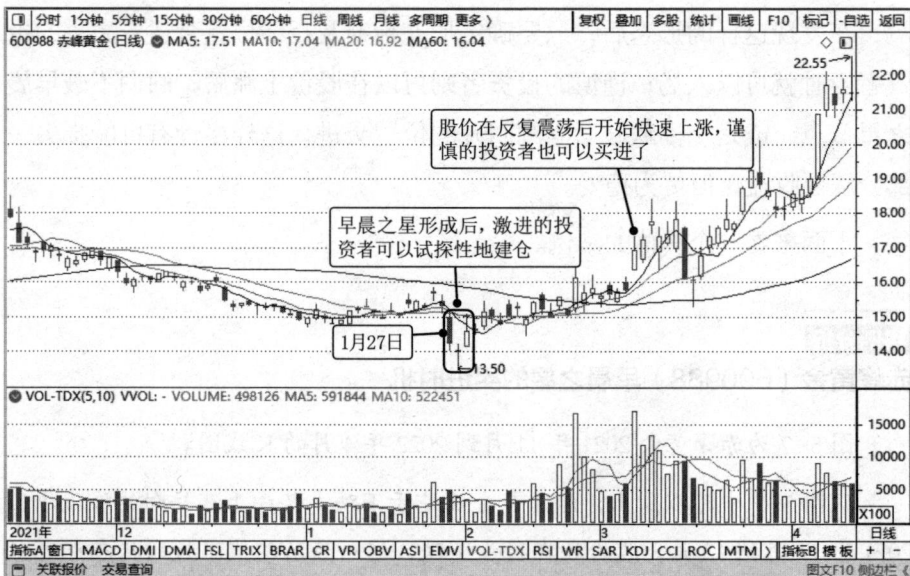

图5-7　赤峰黄金2021年11月到2022年4月的K线图

　　从后续的走势可以看到，股价在形成早晨之星后，回到了15.00元价位线附近进行横盘震荡，短时间内并没有形成明显的上涨，均线组合也受到影响，长时间黏合在一起。

3月初，经历了在 15.00 元到 16.00 元内反复震荡的走势后，股价终于在成交量的支撑下出现了明显的上涨，并且均线组合也被带动上扬，完成了由下向上的转变，开启了新一波上涨走势。这就说明多方开始发力推涨，主力拉升意图显现。此时，谨慎的投资者也可以放心买进，激进的投资者可以适当加仓。

5.2.2　曙光初现代表希望

曙光初现是由两根 K 线构成的，从其名字就可以看出，这同样是一个买入形态。

曙光初现的第一根 K 线是一根中阴线或大阴线，第二根则是阳线，并且需要向下跳空低开，开盘价低于前一天的最低价。不过，第二根阳线的收盘价却要高于前一天的收盘价，并且阳线的实体深入第一根阴线的实体中，且几乎达到前一天阴线实体的一半左右的位置。

图 5-8 为曙光初现 K 线组合示意图。

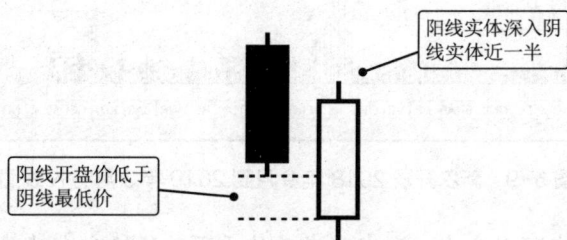

图 5-8　曙光初现 K 线组合示意图

曙光初现形态与早晨之星出现的位置基本相同，传递的信号也是一样的，即后市看涨的信号。曙光初现第二根阳线的实体深入前一根阴线的实体越多，信号就会越强烈，形态也会越可靠。

当曙光初现形态在特定的位置形成后，激进的投资者依旧可以快速买进，但谨慎的投资者还需要观察一段时间。因为有些时候股价并不是连续拉涨，而是会在小幅回升后进行一段时间的横盘整理，在某一时刻时机成熟后，才会向上继续拉升，这个时候就是谨慎投资者入场的时机了。

下面来看一个具体的案例。

实例分析

新农开发（600359）曙光初现的买进时机

图 5-9 为新农开发 2018 年 9 月到 2019 年 3 月的 K 线图。

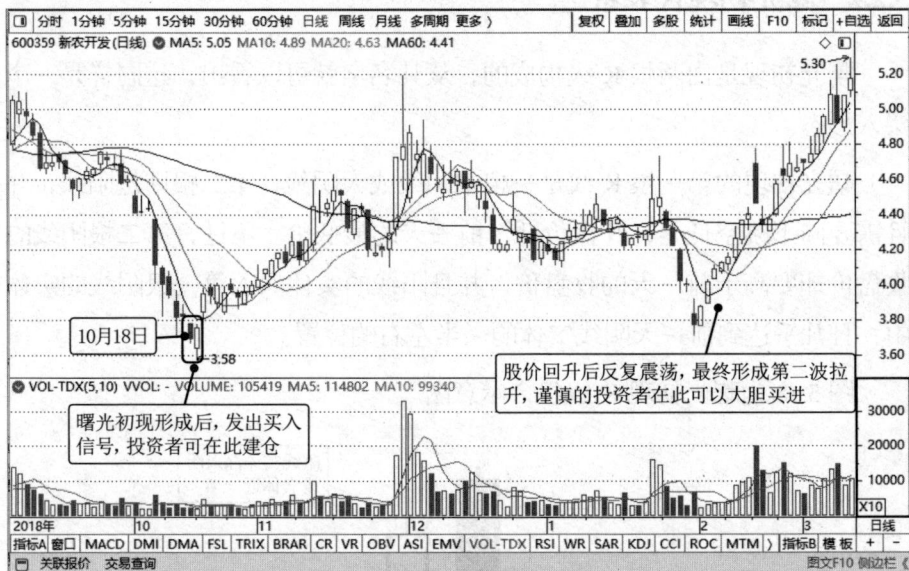

图 5-9　新农开发 2018 年 9 月到 2019 年 3 月的 K 线图

从图 5-9 中可以看出，新农开发正处于下跌行情向上转势的过程中。在 2018 年 9 月到 10 月中旬，股价还在持续下跌，尤其是 9 月底到 10 月初，股价加速下跌的走势非常明显。

10 月 18 日，股价在低开后围绕均价线反复震荡，直到临近收盘才再次下探，最终以 3.4% 的跌幅收出一根中阴线。次日，股价大幅跳空低开，在开盘后围绕均价线震荡了几分钟，随后快速上行，在成功突破均价线后，一路受到其支撑不断上行，最终以 1.9% 的涨幅收出一根阳线。

从这两根 K 线的技术形态来看，第二根阳线明显上穿进入了第一根阴线实体的一半，并且股价也处在下跌后期加速下探的底部。此时形成曙光初现，发出的买入信号还是比较可靠的，激进的投资者可以在股价回升的当日就建仓，但谨慎的投资者还需要观察一段时间。

　　股价的第一波拉升在 4.60 元价位线附近受到阻碍，小幅回落到 4.20 元价位线后又开始上涨，在 5.20 元价位线附近再次受阻下跌，进入回调走势之中。在股价回调的过程中，没有入场的投资者还是可以保持观望，已经买进的投资者则要时刻关注。

　　2019 年 1 月底，股价再次跌至 3.80 元价位线附近，但在股价接触到该价位线后的次日就开始大幅收阳上涨，整体涨速比较快，并带动整个均线组合开始向上转向。股价形成的又一波拉升更加明确了上涨走势，还未入场的投资者此时也可以买进了。

5.2.3　旭日东升可能见底

　　旭日东升的形态与曙光出现比较类似，都是由一根阴线和一根阳线构成的，阴线在前，阳线在后。不过旭日东升的第二根阳线需要向上高开，阳线的收盘价需要高于阴线的开盘价，如图 5-10 所示。

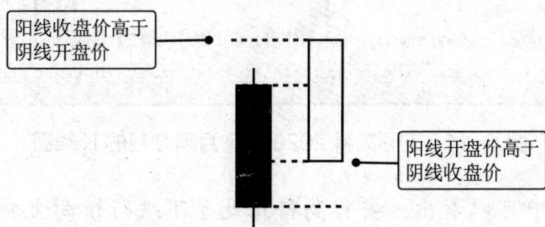

阳线收盘价高于阴线开盘价

阳线开盘价高于阴线收盘价

图 5-10　旭日东升 K 线形态

　　虽然这两个形态出现的位置类似，技术形态也比较相近，但正是由于旭日东升第二根向上高开的阳线，因此，该形态发出的买入信号也比曙光初现要强一些。这是因为市场多方的看多力量要更强，才能将第二根阳线向上推高，那么该股存在的潜力就会更强，上涨空间也会相应扩大。

因此，投资者在发现旭日东升后，就可以积极地在回升当日或是后期的回调低位买进，然后持股待涨。

下面来看一个具体的案例。

实例分析
安彩高科（600207）旭日东升的买进时机

图5-11为安彩高科2020年2月到8月的K线图。

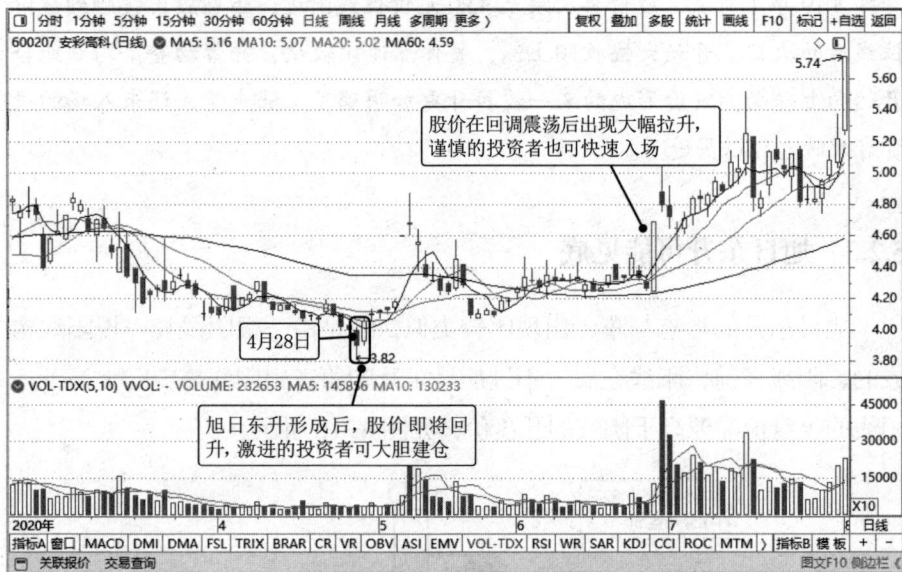

图5-11　安彩高科2020年2月到8月的K线图

从图5-11中可以看出，安彩高科正处于下跌行情向上转势的阶段。在2020年2月到4月，从均线的状态可以发现，股价还处于下跌过程中，一路从4.80元价位线跌至3.80元价位线附近。

4月28日，股价在以平价开盘后，围绕均价线震荡了一段时间，随后快速下跌，急速下探到3.82元，创出当日最低价，在触底回升后依旧沿着均价线横向运行，最终以2.5%的跌幅收出一根中阴线。

次日，股价出现了高开，开盘后依旧沿着均价线震荡，随后呈阶梯式向上攀升，在临近尾盘时得到均价线支撑，开始快速上扬，最终以 4.1% 的涨幅收出一根阳线。

从这两个交易日形成的 K 线可以看出，第一日的阴线收盘价是低于阳线的开盘价的，并且其开盘价也低于阳线的收盘价，两根 K 线呈错开状态，符合旭日东升的技术形态，可以判定形态成立。

结合其后续继续上扬的走势可以看出，股价可能出现了阶段见底，即将开始回升。激进的投资者在发现这一现象后，可以快速入场；谨慎的投资者则可以先行等待，待到股价第一波拉升结束，回调不破低点并再次回升的过程中买进。

从后续的走势可以看到，5 月中下旬，股价第一波拉升结束后回调到 4.00 元价位线附近，随后再次收阳上涨。经历一系列震荡后，最终于 6 月底大幅上扬，此时谨慎的投资者也可以大胆买进了。

5.2.4　前进三兵预示拉升

前进三兵有时候也被称为红三兵，是由三根连续上涨的 K 线构成的，三根 K 线都需要是阳线，并且开盘价和收盘价都要依次高于前一根 K 线，呈现一步一步前进的状态。同时，每一根 K 线的开盘价都要处在前一根 K 线的实体之内，或是附近的位置上。

前进三兵除了标准的状态外，还根据后面两根 K 线的走势不同而出现两种其他形态。

◆ **升势受阻：**也被称为前方受阻三兵，指的是形态中第二根和第三根阳线，或者仅仅是第三根阳线，表现出上涨势头减弱的迹象，并且上影线较长，构成前方受阻状态。

◆ **升势停顿：**也被称为前方停顿三兵，指的是形态中第二根阳线为长实体，并且向上创出了新高，而第三根只是一个小实体，上影线较长，构成了一个停顿状态。

标准前进三兵和另外两个变化的技术形态如图 5-12 所示。

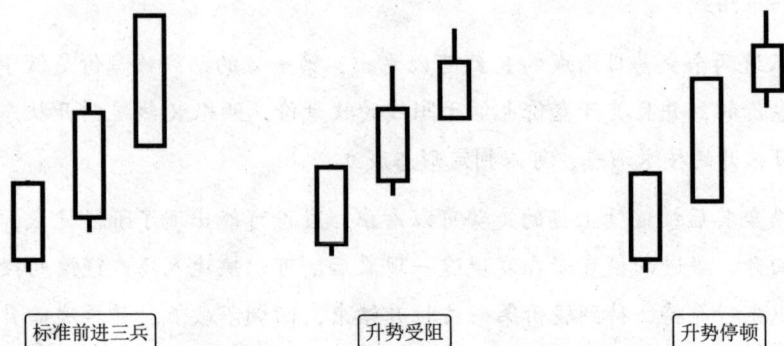

图 5-12　标准前进三兵和两个变化的技术形态示意图

在这三种技术形态中，标准前进三兵预示的上涨信号是最强烈的，其次是升势受阻，最后才是升势停顿。

这三个形态出现的位置比较随机，但当其在上涨拉升的过程中形成时，看多含义比较强烈，买入信号也比较可靠。这说明前一段下跌已经结束，股价即将进入新的发展方向，此时投资者可以视其涨势情况（前进三兵出现后股价可能回调），决定何时买进。

下面来看一个具体的案例。

实例分析

云内动力（000903）前进三兵的买进时机

图 5-13 为云内动力 2019 年 12 月到 2020 年 4 月的 K 线图。

从图 5-13 中可以看出，云内动力正处于上涨阶段中。2019 年 12 月到 2020 年 1 月，股价还在 2.50 元价位线附近缓慢向上攀升，涨速不快，并且整体成交量表现比较萎靡。

直到 1 月底 2 月初，股价突然大幅下跌，创出 2.34 元的阶段低位后再次向上攀升。此次股价上涨的速度有所加快，很快便再次来到了 2.50 元价位线以上。

2 月 25 日，股价低开后不断震荡，最终在盘中形成触底回升走势，收盘价与前日收盘价一致，当日形成一根阳线。

次日，股价依旧是低开，低开后积极上涨，在 2.76 元价位线附近受到压制后回落，沿着均价线横向盘整。下午时段开盘后股价再次上冲，见顶后小幅回落，最终以 4.12% 的涨幅收出一根阳线。

再往后一个交易日，股价依旧是低开，在开盘后还是快速上冲，到达了前日收盘价上方，在其支撑下震荡了一段时间，最终快速上冲，触顶后小幅回落，以 5.76% 的涨幅再次收出一根阳线。

从这三个交易日形成的 K 线可以看出，这三根 K 线都是阳线，并且每一根阳线的涨幅较前一日都有所扩大，开盘价都在前一个交易日的实体之内，收盘价也都相应高于前一个交易日，形成了标准的前进三兵形态。

这样的形态出现，再结合股价所处的位置，可以看出股价后续可能即将进入大幅的拉升。激进的投资者可以在前进三兵形态形成后就快速买进，谨慎的投资者可以再观察一段时间。

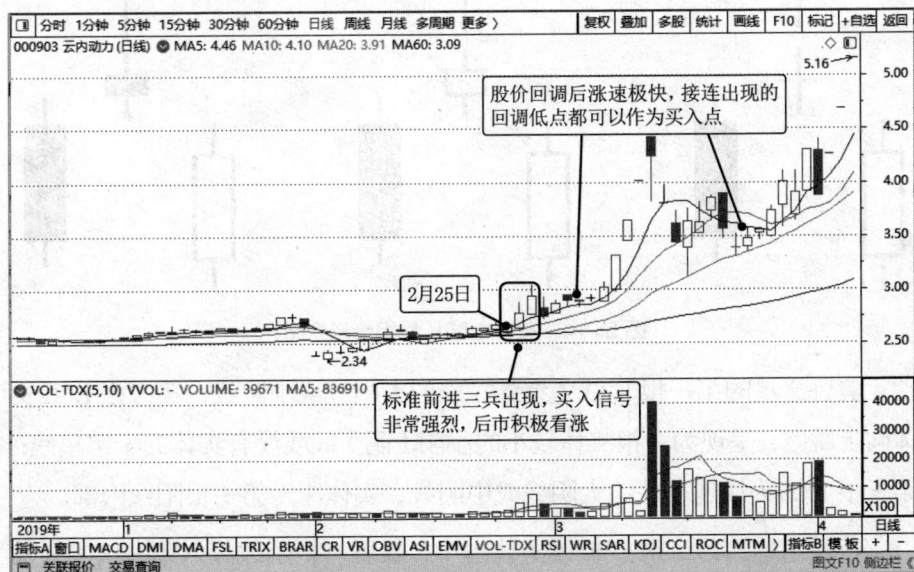

图 5-13　云内动力 2019 年 12 月到 2020 年 4 月的 K 线图

　　从后续的走势可以看到，股价在前进三兵形态形成后出现了小幅回落，但在 5 日均线上便受到了支撑，最终于 3 月初开始快速上涨并连续涨停，涨速非常惊人，还未入场的投资者可以积极追涨。

　　3 月中旬，股价上冲至 4.50 元价位线附近受到压制回落，很快在 20 日均线上受到了支撑，再次上扬，涨速依旧非常快。此时还在犹豫的投资者就要积极买进了。

5.2.5　黄昏之星需要卖出

　　黄昏之星是由三根 K 线构成的，与早晨之星形成对应，并且技术形态也是早晨之星的反转。黄昏之星传递的信号与早晨之星截然不同，是强烈的卖出信号，出现的位置也是在长期上涨的高位或是阶段顶部。

　　图 5-14 为黄昏之星 K 线组合示意图。

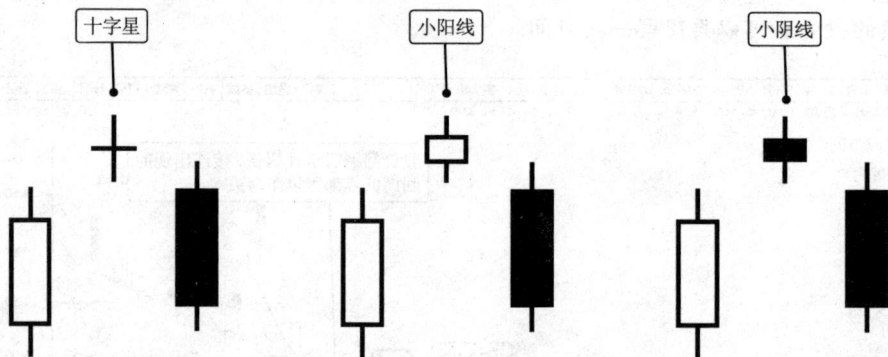

图 5-14　黄昏之星 K 线组合示意图

　　黄昏之星的第一根 K 线为继续拉涨的大阳线或中阳线；第二根 K 线实体向上跳空，呈现为一根实体较小的小阳（阴）线或没有实体的十字星线；第三根 K 线为快速下跌的大阴线或中阴线，实体深入第一根阳线内部。

　　黄昏之星的第二根小 K 线实体越小，最后一根阴线深入第一根阳线实体越多，黄昏之星的形态就越标准，发出的卖出信号也越强烈。

无论是谨慎的投资者还是激进的投资者，在上涨行情的高位发现这样的形态时都应尽量提前卖出，避免因判断失误造成损失。

下面来看一个具体的案例。

实例分析
宝莱特（300246）黄昏之星的卖出位置

图 5-15 为宝莱特 2020 年 5 月到 12 月的 K 线图。

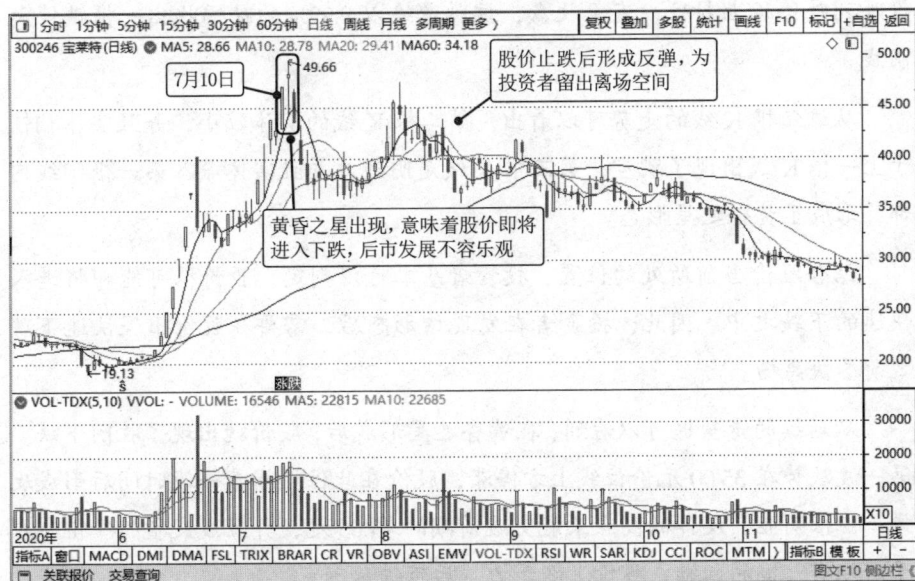

图 5-15　宝莱特 2020 年 5 月到 12 月的 K 线图

从图 5-15 中可以看出，宝莱特正处于阶段上涨的高位。2020 年 5 月，股价还在缓慢下滑，跌至 20.00 元价位线附近横向震荡，均线几乎都黏合在一起，成交量也并未表现出特别亮眼的走势，整体走势比较低迷。

6 月上旬，成交量突然大幅放量，带动股价快速上涨，连续大幅收阳，很快便来到了 40.00 元价位线附近。但股价在该价位线处受到了阻碍，小幅回落到 35.00 元价位线以下，止跌后再次回升。这一波回升过程中，股价涨势依旧迅猛，很快便冲破前期高点，来到了 45.00 元价位线附近。

7月10日，股价在高开后围绕均价线震荡了几分钟，随后快速上涨，踩到了均价线上方，在其支撑下震荡上扬。之后，股价接触到了涨停板，在反复开板交易后，最终以涨停收出了一根大阳线。

次日，股价跳空高开，高开后迅速上冲，创出了当日最高价49.66元，随后触顶回落，盘中接触到底部后再次回升，随后持续震荡直至收盘，最终股价以2.70%的涨幅收出一根小阳线。

再往后一个交易日，股价低开，并在低开后就开始震荡下行。之后，股价跌到跌停板上封住，直至收盘，该股最终以9.99%的跌幅收出一根跌停大阴线。

从这三根K线的走势可以看出，第二根K线的实体较小，并且实体相较于上一根K线出现了跳空，第三根K线是阴线，并且实体深入第一根阳线内部，形成了黄昏之星形态。

结合股价当前所处的位置，投资者基本可以判定，股价很可能即将进入快速的下跌之中。因此，投资者在发现该形态后，需要在股价出现快速下跌之前尽快离场。

从后续的走势也可以看到，在黄昏之星形成后，股价就出现了收阴下跌。第一波跌势在35.00元价位线上方停滞，股价在此位置横盘一段时间后形成反弹。但很明显，反弹的高点未能突破前期的49.66元，并且成交量的峰值相较于前期有大幅的回缩，股价上涨乏力，后市跌势确定。

在此之后，该股还形成了数次反弹，为投资者留下了充足的离场时间。如果投资者未能在黄昏之星的位置卖出，也可以在反弹的高位出场。

5.2.6　乌云盖顶颓势初显

乌云盖顶由两根K线构成，与曙光初现形态是对应关系，出现的位置在行情的高位或是阶段高位。在这样的位置形成乌云盖顶，发出的卖出信号是最强烈的。

构成乌云盖顶形态的第一根 K 线是一根正常上涨的大阳线或中阳线，第二根 K 线则是一根跳空高开的阴线，并且这根阴线的跌幅较大，实体深入阳线内部，并越过一半的位置。

图 5-16 为乌云盖顶 K 线组合示意图。

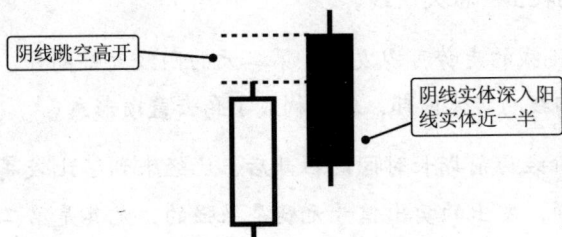

图 5-16　乌云盖顶 K 线组合示意图

乌云盖顶意味着大雨将近，后市股价的看跌意味比较浓重。投资者最好在发现形态后就快速卖出，宁愿损失可能存在的一部分涨幅，也不要被套场内。

下面来看一个具体的案例。

实例分析
智光电气（002169）乌云盖顶的卖出位置

图 5-17 为智光电气 2021 年 8 月到 2022 年 1 月的 K 线图。

从图 5-17 中可以看出，智光电气正处于上涨行情向下转势的过程中。从均线的状态可以发现，在 2021 年 9 月之前，股价还在上涨，直到接触到某一压力线后才受阻回调，进入下跌之中。

10 月初，股价回调到 10.00 元价位线上方后，受到支撑开始横盘，不久之后就出现了回升走势。进入 11 月后，成交量更是大幅放量，推动股价连续收阳上冲，迅速来到了 14.00 元价位线附近。

11 月 12 日，股价以低价开盘，在开盘后围绕均价线震荡了一段时间，随后成功突破向上，并踩到了均价线以上快速上扬。在该位置见顶后，

股价开始回落，经历一系列下跌与回升后，最终以 4.79% 的涨幅收出一根
阳线。

次日，股价大幅高开，但在开盘后就出现了下跌走势，期间形成了数次
反弹，但幅度都不大。股价整体趋势不断下行，呈现高开低走的状态，最终
以 5.13% 的跌幅收出一根大阴线。

从这两根 K 线的走势可以发现，第二天的阴线大幅高开，但其收盘价还
是位于第一天阳线的实体内部，二者构成了乌云盖顶形态。

此时，股价经历前期长时间的拉升后，已经来到了比较高的位置。此处
出现的乌云盖顶，发出的卖出信号无疑是很强的，尤其是第二根阴线的实体
长度比较长，投资者最好在股价出现大幅下跌之前及时卖出。

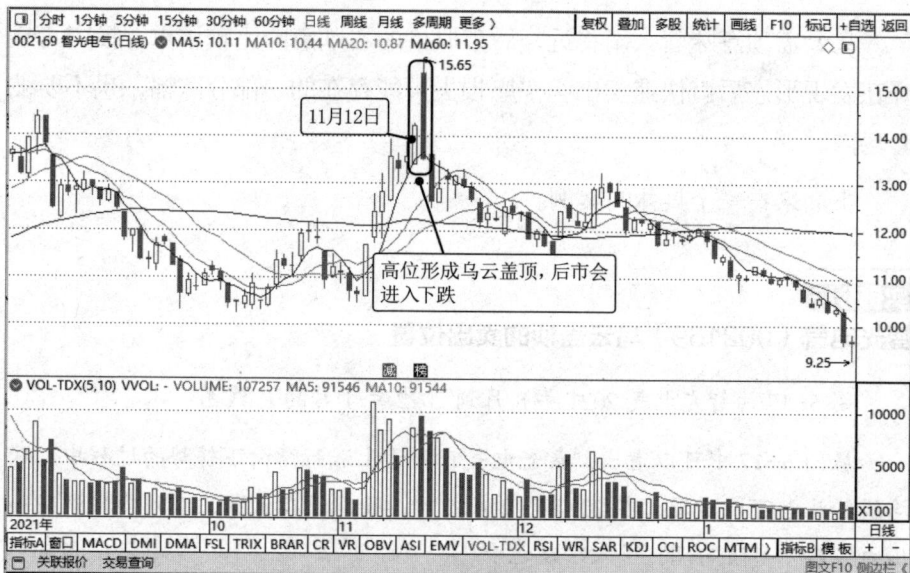

图 5-17　智光电气 2021 年 8 月到 2022 年 1 月的 K 线图

从后续的走势可以看到，股价收阴后就出现了震荡式的下跌。在形成几
次幅度不大的反弹后，更是加快了跌速，并带动均线向下转向，一路下滑，
证实了下跌行情的产生，此时还未离场的投资者需要抓紧时间了。

5.2.7　倾盆大雨可能见顶

倾盆大雨与旭日东升相对应，但代表的含义和出现的位置恰好相反。倾盆大雨常出现在上涨行情的顶部或是阶段的顶部，预示的是强烈的卖出信号。

倾盆大雨的第一根 K 线需要收出一根中阳线或大阳线，次日再出现一根低开大阴线或中阴线，并且阴线的收盘价需要低于前一根阳线的开盘价，图 5-18 为倾盆大雨 K 线组合示意图。

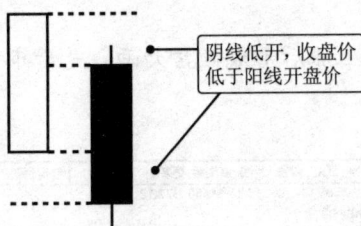

图 5-18　倾盆大雨 K 线组合示意图

由于第二根阴线低于第一根阳线，相较于乌云盖顶来说，倾盆大雨的看跌信号更强。

它意味着场内的多方推涨力量已经消耗殆尽，空方占据绝对优势，开始将股价下拉，市场将不可避免地向着下跌行情运行。遇到这样的形态和走势，投资者需要尽快卖出。

下面来看一个具体的案例。

实例分析

奥普特（688686）倾盆大雨的卖出位置

图 5-19 为奥普特 2021 年 5 月到 11 月的 K 线图。

从图 5-19 中可以看出，奥普特正处于上涨行情的顶部。从均线的走势可以很明显地看到，2021 年 5 月到 6 月，股价还在震荡上涨，尽管有所回调，但整体是保持上扬的，很快来到了 450.00 元价位线以上。

7月1日，股价在以高价开盘后，出现了大幅震荡，随后回到均价线附近，横向盘整了一段时间。直到下午时段开盘，股价大幅上扬，逐渐来到高位进行横盘，最终以5.32%的涨幅收出一根阳线。

次日，股价以低价开盘，在开盘后出现了反复的震荡，但还是受到均价线的压制，向下滑落，最终以6.62%的跌幅收出一根阴线。

从这两根K线的走势可以看到，第二根阴线的开盘价明显低于阳线的收盘价，并且阴线的收盘价也低于阳线的开盘价，二者呈错落状态，构成了倾盆大雨的技术形态。

在股价经历了一波上涨后形成倾盆大雨，是后市下跌的象征，投资者需要尽快卖出。

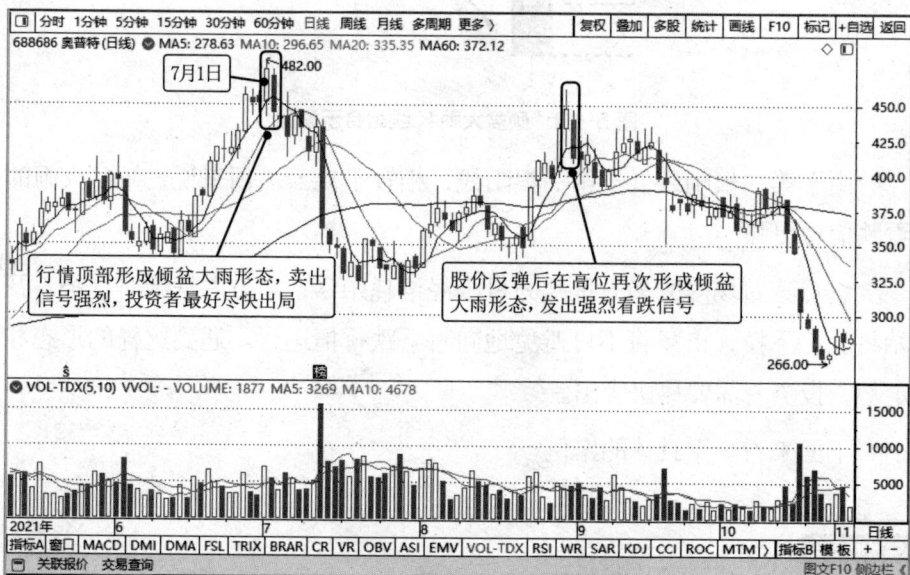

图5-19 奥普特2021年5月到11月的K线图

从后期的走势也可以看到，在倾盆大雨形成后，股价就出现了波段式的下跌，甚至在7月中旬拉出了一根跌幅达到16.9%的大阴线，大大加快了股价的下跌速度，将其带到了325.00元价位线附近。

随后，股价出现了一波反弹，很快在震荡中又回到了 450.00 元价位线以上，但还是未能突破前期最高点。并且在高位震荡的过程中，股价再次形成了倾盆大雨形态，又一次向投资者发出了警告信号。

此时，还未离场的投资者需要抓紧时间，毕竟如此大幅度的反弹都没有越过前期高点，后市再次上涨的概率比较小，投资者还是以离场为佳。

5.2.8　三只乌鸦预示连跌

三只乌鸦是由三根 K 线构成的，这三根 K 线需要是连续的阴线，每一根 K 线的收盘价都要不断下移，每一根 K 线的开盘价也需要处于前一根阴线的实体之内，或者附近的位置上。

不过根据这三根 K 线的不同状态，可以将三只乌鸦分为三种形态，分别是普通三只乌鸦形态、三只乌鸦挂树梢形态和三胎乌鸦形态，具体含义如图 5-20 所示。

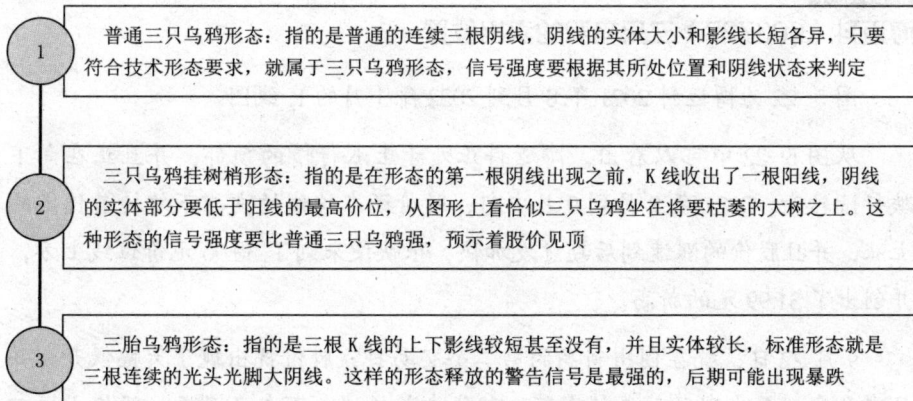

1	普通三只乌鸦形态：指的是普通的连续三根阴线，阴线的实体大小和影线长短各异，只要符合技术形态要求，就属于三只乌鸦形态，信号强度要根据其所处位置和阴线状态来判定
2	三只乌鸦挂树梢形态：指的是在形态的第一根阴线出现之前，K 线收出了一根阳线，阴线的实体部分要低于阳线的最高价位，从图形上看恰似三只乌鸦坐在将要枯萎的大树之上。这种形态的信号强度要比普通三只乌鸦强，预示着股价见顶
3	三胎乌鸦形态：指的是三根 K 线的上下影线较短甚至没有，并且实体较长，标准形态就是三根连续的光头光脚大阴线。这样的形态释放的警告信号是最强的，后期可能出现暴跌

图 5-20　三只乌鸦三种形态的具体含义

普通三只乌鸦、三只乌鸦挂树梢和三胎乌鸦的技术形态分别如图 5-21 所示。

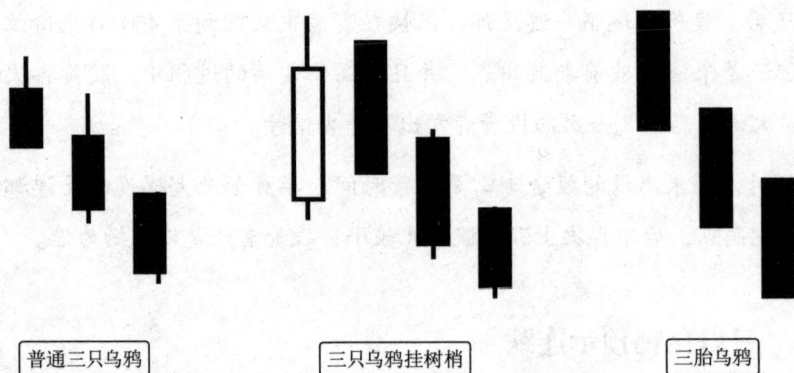

| 普通三只乌鸦 | 三只乌鸦挂树梢 | 三胎乌鸦 |

图 5-21　三只乌鸦三种 K 线组合形态示意图

这三种形态从本质上来说都是三只乌鸦，传递的信号都是一致的，即后市下跌，只是强度有所不同。但无论是哪种形态，投资者只要遇见，就一定要尽快出局。

下面来看一个具体的案例。

实例分析

博迈科（603727）三只乌鸦的卖出位置

图 5-22 为博迈科 2021 年 8 月到 2022 年 1 月的 K 线图。

从图 5-22 中可以看出，博迈科正处于上涨行情的顶部，并且正在向下跌行情转变。2021 年 8 月到 9 月中旬，股价还在均线的支撑下维持着稳定的上涨，并且股价的涨速到后期愈发加快，很快便来到了 30.00 元价位线上方，并创出了 31.99 元的新高。

9 月 22 日，就在创出新高的第二个交易日，股价就出现了大幅低开，并且在开盘以后出现了反复的震荡，整体走势低迷。下午开盘后，股价小幅回升，最终以 7.23% 的跌幅收出一根阴线。

次日，股价小幅高开，但在开盘后第一分钟就被压低下跌，运行到了均价线以下，随后长期受到均价线的压制。股价在盘中形成触底回升走势后，最终以 4.45% 的跌幅再次收出一根阴线。

再往后一个交易日，股价依旧小幅高开，同样在高开后形成了快速下跌，但很快便在 27.67 元的价位线附近受到支撑，快速回升。盘中创出 28.90 元的新高后，最终还是快速向下滑落，股价跌破均价线并运行到其下方，以 2.76% 的跌幅收出阴线。

从这三个交易日的 K 线形态来看，这三根 K 线都是阴线，并且第二根和第三根阴线的开盘价都位于前一根 K 线的实体内部，呈现出普通的三只乌鸦形态。

在股价大幅拉升后的高位形成普通三只乌鸦形态，无疑对行情是一个较大的打击。这意味着股价可能即将进入大幅回调或是下跌行情，投资者最好提前出局。

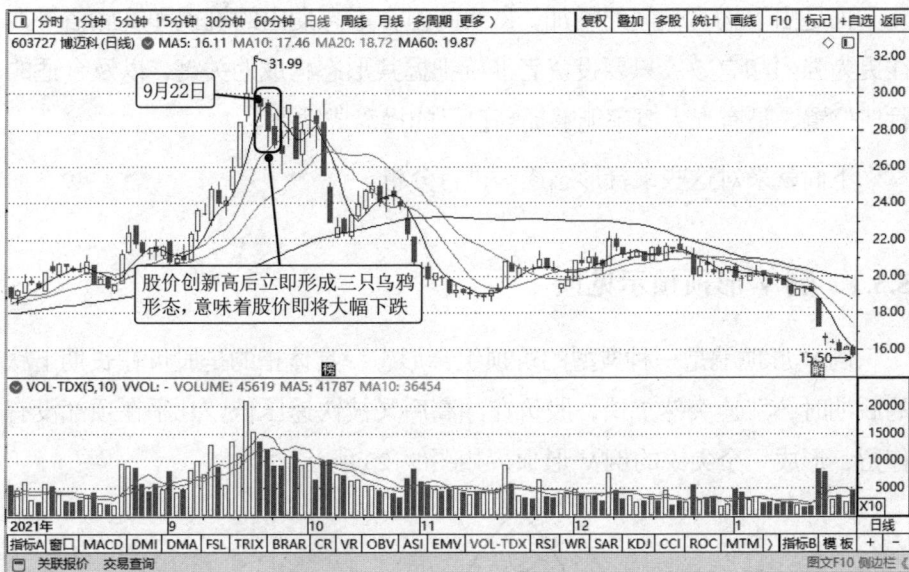

图 5-22　博迈科 2021 年 8 月到 2022 年 1 月的 K 线图

从后续的走势可以看到，三只乌鸦形态出现后，股价在 26.00 元价位线的支撑下进行横盘震荡。但这样的走势并未坚持几个交易日，10 月中旬，股价就形成了再次的大幅收阴下跌。

尽管股价没有再一次形成三只乌鸦形态，但整体的跌势是比较明显的，此时还未离场的投资者在收到此次警告信号后，就应该立即卖出，或是在后续的反弹高位卖出。

5.3 K 线的组合形态帮助判断位置

K 线的组合形态与前面介绍的 K 线特殊形态有所不同，这些组合形态往往是要经历数周乃至数月的时间才能构成。投资者在分析时，并不特别关注其中某几根 K 线的走势，而是偏向于分析形态的整体变动情况，以及形成的大体形状。

正是由于构筑时间的增加，K 线的组合形态发出的筑顶和筑底信号往往更为强烈和有效。只要投资者准确把握其形态构成的关键，以及合适的行情位置，是有很大概率能够提高自己的操盘成功率。

下面就来对这些组合形态逐一进行分析。

5.3.1 倒 V 形顶预示见顶

倒 V 形顶就是一种典型的筑顶组合形态，具体指的是股价在长期上涨的后期时，涨速突然加快，股价在冲高后又被快速压低，几乎在顶部没有停留，形成一个尖锐的倒 V 形顶，如图 5-23 所示。

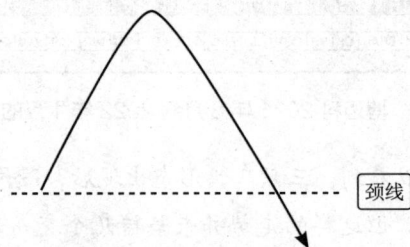

图 5-23 倒 V 形顶 K 线形态

由于倒 V 形顶是股价暴涨暴跌形成的，因此这样的形态构筑的时间不会太长，往往在几周之内就可以完成。

它是组合形态中构筑时间相对较短的一种，正因如此，倒 V 形顶为投资者留下的离场时间并不多，并且因为其后期快速的下跌走势，一旦投资者犹豫，很有可能会被深套在场内。因此，投资者有必要抓住合适的时机卖出。

但卖出位置在哪里才合适呢？又该如何判断倒 V 形顶的形成呢？这就涉及该形态的一个关键支撑位，即颈线。颈线是以股价开始上冲的起始点为基准，延伸出的一条水平线，当股价下跌跌破这条水平线时，形态就形成了，明确的卖出信号也在此出现。

不过有些时候，如果股价前期上涨持续时间较长，要等到股价彻底跌破形态的颈线，股价的跌幅可能就会非常大，投资者的损失也会相应扩大。因此，只要遇到股价有形成倒 V 形顶的趋势，投资者就可以尽快卖出，提前出局。

下面来看一个具体的案例。

实例分析
爱施德（002416）倒 V 形顶何时出局

图 5-24 为爱施德 2020 年 11 月到 2021 年 5 月的 K 线图。

从图 5-24 中可以看出，爱施德正处于上涨阶段的高位。从均线的状态可以看出，2020 年 11 月到 12 月，股价还处于上涨后回调的过程当中，整体走势比较低迷。

12 月底，股价突然加速下跌，在创出 7.19 元的阶段底部后，开始向上回升。刚开始几个交易日，股价的上涨速度还非常缓慢，但数日后就开始急速上冲。

股价在 9.00 元价位线附近进行小幅回调整理后，再次在均线的支撑下开始连续收阳上涨，甚至于 1 月中旬收出了连续的涨停。直至创出 15.27 元的新高，股价才出现冲高回落走势，形成急速的下跌。

此时，倒V形顶形态的雏形已经出现，但对于颈线位置的判断比较模糊。因为从整体来看，股价开始上升的位置并不明显，可以将颈线视作股价回调后开始上涨的位置，即9.00元价位线；也可以将颈线视作涨停开始出现的位置，即10.00元价位线附近。

不过投资者也不必太过纠结，可以同时将这两条支撑线画出来。当股价跌破10.00元价位线时，谨慎的投资者快速卖出；当股价跌破9.00元价位线时，惜售的投资者也要及时出局。

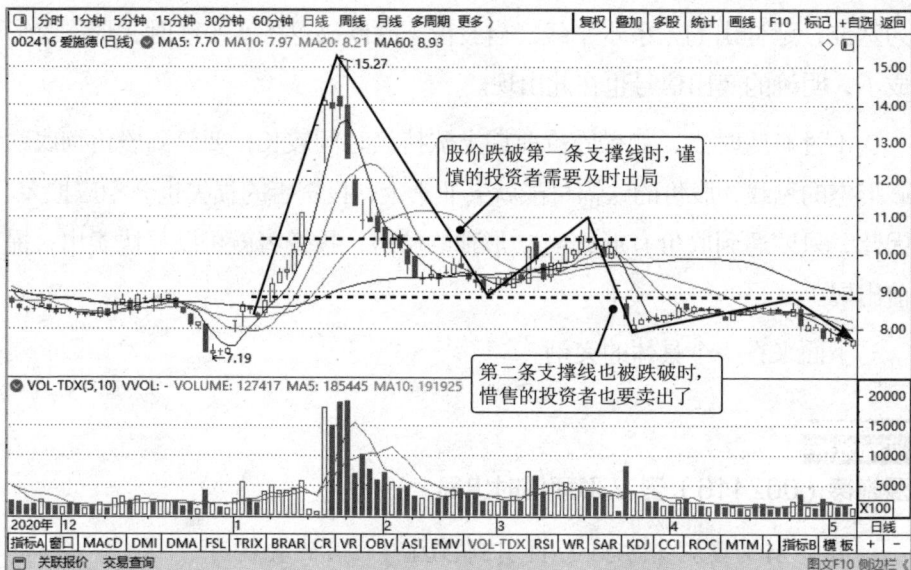

图5-24 爱施德2020年11月到2021年5月的K线图

从后续的走势可以看到，在2月初，股价就跌破了10.00元价位线，并在9.00元价位线上受到支撑，形成了一波反弹。但是此次反弹仅是小幅越过了10.00元价位线，并未回到上涨轨道便出现了拐头下跌。

3月下旬，股价彻底跌破了9.00元价位线的位置。在跌破后股价同样受到了支撑，进行了一波小幅反弹，但此次反弹更是还未接触到9.00元价位线就彻底下行，进一步加强了下跌走势的预警。此时还未离场的投资者再不出局，遭受的损失可能是无法承受的。

5.3.2　双重顶预示见顶

双重顶指的是股价在上涨到一定位置后受到阻碍下跌，下跌至某一支撑位后得到支撑再次上扬，但第二次上扬的高点依旧没有彻底突破前期高点，反而是在相近的位置再次受阻下跌，此次下跌一路下滑，跌破了前期低点，形成双重顶，如图 5-25 所示。

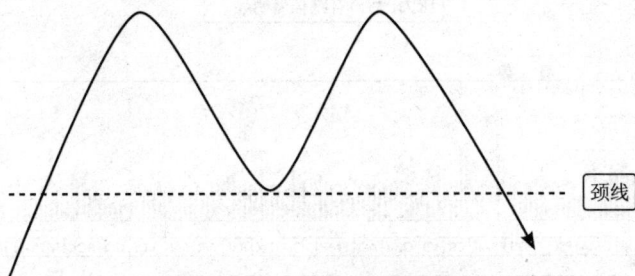

颈线

图 5-25　双重顶的 K 线形态

从形态上来看，双重顶就好像两个倒 V 形顶构成的，不过其颈线与倒 V 形顶不同。双重顶的颈线是股价回调到某一位置回升后，以该位置为基准延伸的一条水平线，当股价跌破该颈线时，形态也就形成了。

需要注意的是，双重顶的两个峰顶之间的距离最好超过一个月，这样双重顶的形态才算标准，发出的信号也比较可靠，否则投资者可能会陷入"陷阱"中，踏空后市行情。

对于该筑顶形态，投资者的操作策略与倒 V 形顶是一样的。当股价出现双重顶的雏形时，就可以提前出局，待到其彻底跌破颈线后，就不能再继续持有了。

下面来看一个具体的案例。

实例分析
安集科技（688019）双重顶何时出局

图 5-26 为安集科技 2020 年 4 月到 12 月的 K 线图。

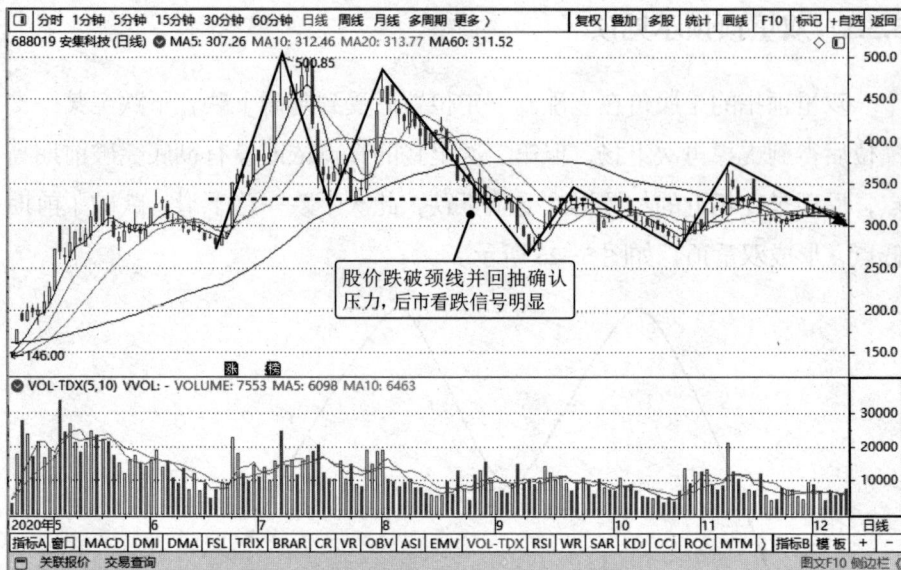

股价跌破颈线并回抽确认
压力，后市看跌信号明显

图 5-26 安集科技 2020 年 4 月到 12 月的 K 线图

从图 5-26 中可以看出，安集科技正处于上涨行情的顶部。从 2020 年 4 月开始股价就在快速上涨，直到 5 月中上旬在 350.00 元价位线附近受到压制，横盘了一段时间后再次上冲。

此次上涨直接带动股价来到了 500.00 元价位线附近，创出 500.85 元的新高后，股价震荡数日便出现了快速下跌，一路跌至 60 日均线附近受到支撑，也就是 350.00 元价位线附近。

随后，股价再次上涨，但此次上涨并未突破前期高点，而是在 450.00 元价位线上方受到压制再次下跌。此时，双重顶的雏形已经出现，两个峰顶和一个波谷形成，机警的投资者此时就应该及时出局，惜售的投资者可以再观察一段时间。

从后续的走势可以看到，8 月下旬，股价就跌破了颈线的支撑。在其附近横盘一段时间后，股价再次下行，跌到了 275.00 元价位线附近。

在随后的时间里，股价形成了数次反弹，但每一次反弹都只是小幅突破颈线，并未彻底将其穿透。这说明这些反弹只是股价的回抽，确认上方的压力，后市依旧是看跌的。

此时还未离场的投资者在发现这样的走势时，就应该借助股价反弹的高位及时出局，否则后市的下跌空间会更大。

5.3.3　头肩顶预示见顶

头肩顶也是一种典型的筑顶形态，但是其构筑过程比前面两个形态更为复杂。它主要由三个峰顶和两个波谷构成，分为一个头部和两个肩部，中间的头部最高，两边的两个肩部位置大致持平。

图 5-27 为头肩顶的 K 线形态。

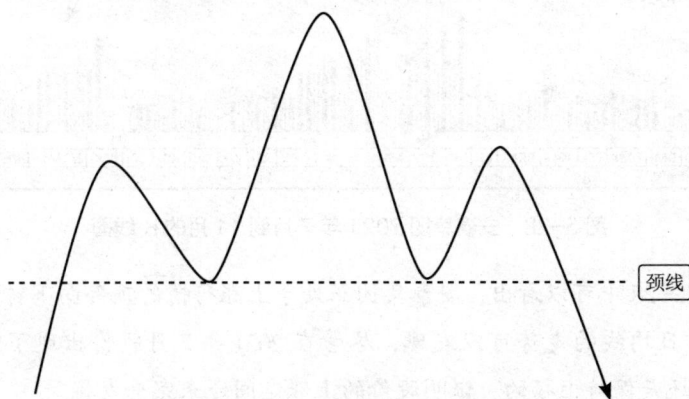

颈线

图 5-27　头肩顶的 K 线形态

头肩顶也具有一条颈线，但由于两个波谷的位置并不一定在相近的位置上，头肩顶的颈线可能并不是一条水平线。它是连接两个波谷延伸而出的直线，可能向上倾斜，也可能向下倾斜。

但无论其颈线表现如何，只要当股价彻底跌破这条颈线，那么形态就可以宣告成立了，明显的卖点也在此出现。

下面来看一个具体的案例。

实例分析
安泰集团（600408）头肩顶何时出局

图 5-28 为安泰集团 2021 年 7 月到 11 月的 K 线图。

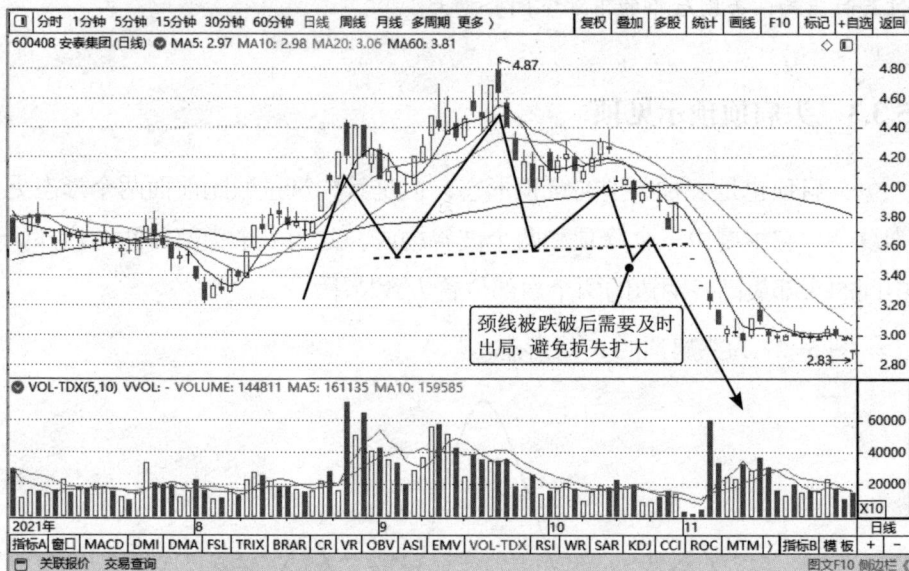

图 5-28　安泰集团 2021 年 7 月到 11 月的 K 线图

从图 5-28 中可以看出，安泰集团正处于上涨行情的顶部向下转势的过程中。从 60 日均线的走势可以发现，尽管在 2021 年 7 月股价出现了回调，但 60 日均线还是保持上扬的，证明股价的上涨空间还未完全发掘。

8 月初，股价在加速下探后到达 3.20 元价位线附近，随后在成交量的支撑下开始快速回升，再次回到了上涨轨道之中。8 月中旬，股价在 3.80 元价位线附近受到压制，出现了小幅回落，但 60 日均线提供了足够的支撑力，数日后股价便再次向上攀升。

8 月底，股价在 4.40 元价位线附近受阻回落，回落到 4.00 元价位线下方后再次上升。股价此次的上涨一直到达了最高 4.87 元，随后快速拐头下跌，并带动 5 日均线、10 日均线和 20 日均线向下转向。

9 月底，股价再次在 4.00 元价位线附近受到支撑，形成一波反弹，但反弹的顶部并不高，仅在 4.40 元价位线附近便受到压制，再次回落。

此时，头肩顶的形态已经非常明显了。左肩、头部和右肩依次形成，两个肩部的高点都处于相近的位置，回调的低位也基本上都在 4.00 元价位线附近，是一个非常标准的头肩顶形态。意识到该形态出现的投资者，就要抓紧时间在右肩的高位及时卖出。

10 月下旬，股价跌破了颈线的支撑，并在跌破后迅速出现了一波小幅回抽。在颈线上受到压制后，股价确认了上方的压力，随后拐头出现了急速的下跌，甚至在 10 月底拉出了数个一字跌停，说明了下跌行情的到来，形成强烈的警告信号，此时还未离场的投资者必须要抓紧时间了。

5.3.4　V 形底说明见底

V 形底与倒 V 形顶对应，是一个典型的筑底形态，往往出现在行情的底部。具体指的是股价在长期下跌的后期，跌速突然加快，股价在探底后又被快速推高，几乎在底部没有停留，形成一个尖锐的 V 形底，如图 5-29 所示。

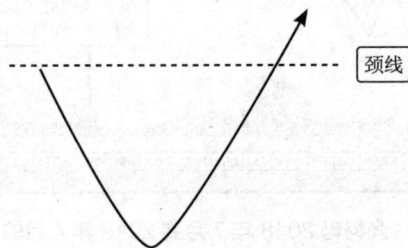

图 5-29　V 形底的 K 线形态

因其尖尖的形态，V 形底也被称为锥底或尖底。由于其快速的下跌与回升，因此 V 形底的构筑时间较短，但是投资者最好不要在 V 形底成立之前就急于买进。

这是因为，类似于 V 形底这样的急跌急涨的走势，出现的位置非常随机，比如双重顶的波谷，就是一个明显的类似于 V 形底的形态。

因此，为避免判断失误，投资者还是有必要等到股价向上彻底突破颈线，形态成立后再买进；或是在股价突破颈线后，回踩在颈线上受到支撑后再买进。

下面来看一个具体的案例。

实例分析

澳柯玛（600336）V 形底何时买进

图 5-30 为澳柯玛 2018 年 7 月到 2019 年 4 月的 K 线图。

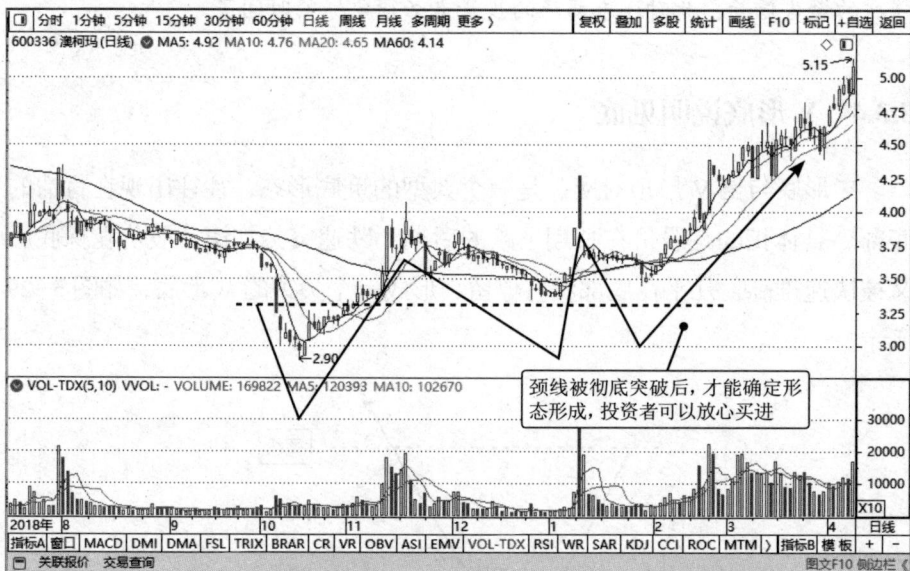

图 5-30　澳柯玛 2018 年 7 月到 2019 年 4 月的 K 线图

从图 5-30 中可以看出，澳柯玛正处于下跌行情向上转势的过程中。从均线的状态可以发现，2018 年 7 月到 9 月，股价还处于缓慢下跌状态，均线长时间压制在其上方。

进入 10 月后，股价突然大幅收阴下跌，加速下探，在 10 月中旬创出 2.90 元的新低，随后开始快速上升。后期的上涨与前期的下跌走势相结合，形成了一个尖锐的底部。

这时，V 形底的形态已经比较明显，从其加速下探的位置来看，颈线在 3.70 元价位线附近。只要股价回升，彻底突破这条压制线，那么形态就可以宣布成立，买入信号可以得到验证。

从后续的走势可以看到，11 月中旬，股价大幅上涨，一举突破了颈线。但突破后没有多久，股价便在 4.00 元价位线的压制下再次回落，跌到颈线以下，开始横向震荡。

在股价震荡的过程中，曾多次出现上冲走势，但都未能在冲破颈线后表现出明显的上涨走势。因此，投资者还是可以保持观望，不急于买进。

直到 2019 年 1 月底到 2 月初，成交量开始逐步放量，股价在其支撑下逐步上涨，不仅成功突破了颈线，还在一次幅度较小的回调中确认了支撑力。后续股价不断上涨，带动均线组合彻底向上转向，确定了上涨行情的到来，此时投资者就可以大胆买进了。

5.3.5　双重底说明见底

双重底是指股价下跌至低位后出现反弹，碰到某一压力位后再度回落；第二次下跌到前一底的位置附近便受到支撑上行。第二次上行如果突破了压力线，则说明双重底形态成立，买入信号出现，如图 5-31 所示。

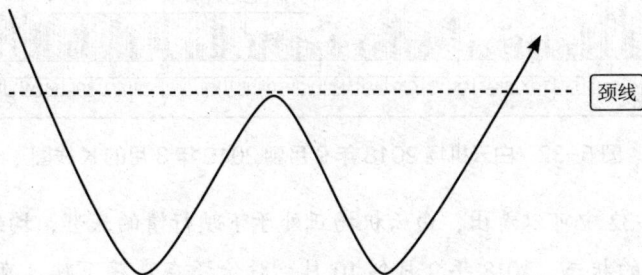

图 5-31　双重底的 K 线形态

从技术形态上来看，很容易发现双重底与双重顶之间的关系，二者几乎就是对方的倒置形态。那么双重底颈线出现的位置就在其唯一的峰顶处，当颈线被突破并回踩确认后，形态就成立了，此时发出的买入信号是最强的。

不过需要注意的是，双重底两个波谷之间的距离最好超过一个月，这样才能确定形态的可靠性。

下面来看一个具体的案例。

实例分析
白云机场（600004）双重底何时买进

图 5-32 为白云机场 2018 年 9 月到 2019 年 3 月的 K 线图。

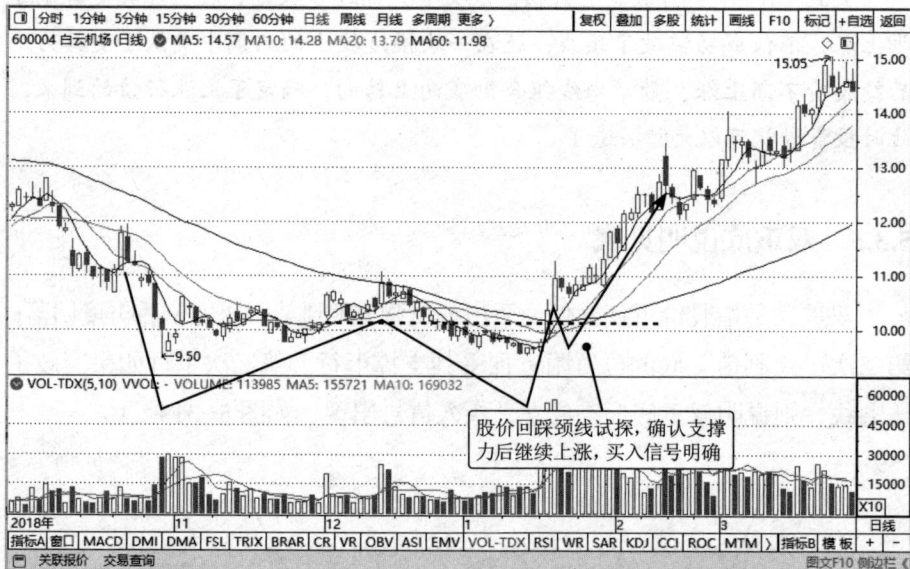

股价回踩颈线试探，确认支撑力后继续上涨，买入信号明确

图 5-32　白云机场 2018 年 9 月到 2019 年 3 月的 K 线图

从图 5-32 中可以看出，白云机场正处于下跌行情的底部，均线的走势体现出了股价的状态，2018 年 9 月到 10 月，股价还在震荡下跌。直到 10 月底创出 9.50 元的新低后，才开始逐步回升。

在回升的过程中，股价在 10.00 元价位线附近横向震荡了一段时间，最终于 11 月底才开始出现明显的上涨。但股价很快便在 11.00 元价位线附近受到压制，再次下跌。

此次下跌一直持续到了 2019 年 1 月中旬，股价跌至 9.50 元价位线附近，与前期低点相近，但并未跌破。见底后，成交量开始大幅放量，股价受其推动迅速上涨，几个交易日后便来到了 11.00 元价位线附近。

在此位置，股价受到了一定压制，出现小幅回落。不过下方的支撑力依旧非常充足，股价很快回到上涨轨道，带动均线组合彻底转向，并向上发散开来，形成了稳定的上涨行情。

从这一整段的走势来看，双重底各个部分的构成还是比较清晰的，包括两个位置相近的波谷和一个突出的波峰。其颈线的位置在 11.00 元价位线附近，并且股价在其附近形成了一次回踩，确认支撑力后再次上涨，明确了形态的形成。

一直保持观察的投资者，在确定形态出现后，就要抓紧时间在颈线被突破的位置附近买进，持股待涨。

5.3.6　头肩底说明见底

头肩底与头肩顶相对应，同样是由左肩、头部、右肩和颈线构成，包括两个波峰和三个波谷，如图 5-33 所示。

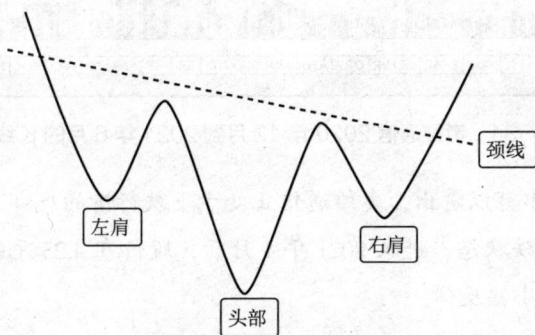

图 5-33　头肩底 K 线形态

头肩底一般在下跌行情的底部才会形成，并且构筑时间较长。这说明市场在行情底部出现了激烈的博弈，多空双方僵持不下，短时间内难以抉择出真正的胜利者。

因此，在头肩底构筑的过程中，投资者最好保持观望。但当其颈线被突破，形态彻底成立时，投资者要果断出手，迅速买进。

下面来看一个具体的案例。

实例分析

奥维通信（002231）头肩底何时买进

图5-34为奥维通信2020年12月到2021年6月的K线图。

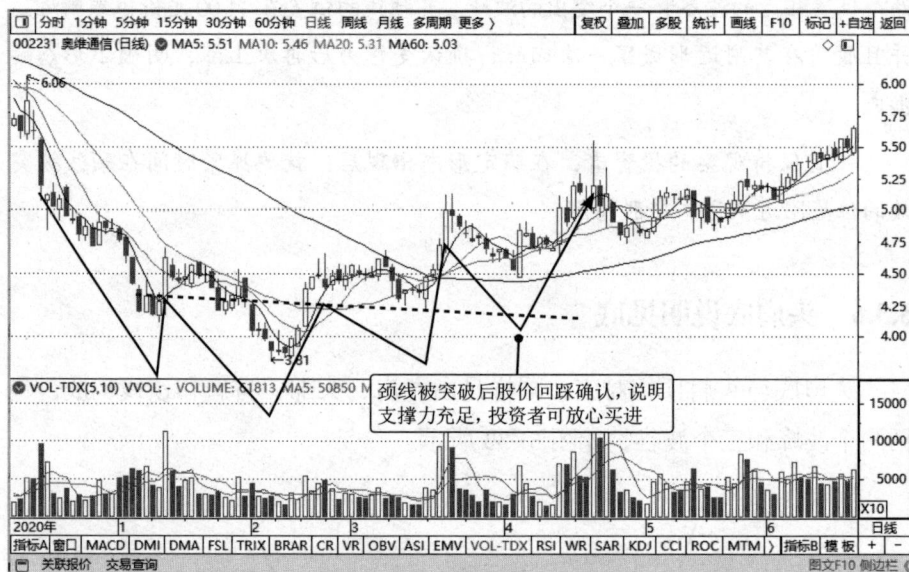

图5-34　奥维通信2020年12月到2021年6月的K线图

从图5-34中可以看出，奥维通信正处于下跌行情的底部。2020年12月，股价正保持着下跌状态，进入2021年1月后，股价在4.25元的价位线附近得到支撑，出现了小幅反弹。

但股价反弹到4.50元价位线上方后，就再难以上涨，在该位置横盘一段时间后，股价又一次出现了下跌。2月初，股价下滑至4.00元价位线以下，并很快创出了3.81元的新低。

见底后，股价横向整理了数个交易日，2月中旬，成交量开始逐步放量，股价在其支撑下出现大幅收阳上涨。但股价此次的上涨仅仅持续了一段较短的时间，数个交易日后，股价就在 4.50 元价位线附近再次受到压制，进行横向震荡。

很快，股价于 3 月中上旬再次形成了回调，此次回调的底部依旧在 4.25 元价位线附近。到此，头肩底形态已经构成了大部分，左肩、头部和颈线都已经出现，只等股价成功上涨突破在 4.50 元价位线附近形成的颈线，就可以确认形态的成立了。

3 月中旬，成交量再次大幅放量，股价得到充足的推动力，开始收阳上涨，突破了颈线的压制。虽然后续股价在 5.00 元价位线附近受到压制再次下跌，但此次下跌得到了颈线的支撑，后续便形成了震荡式的上涨，均线也向上转向。

此时的上涨走势已经比较明显了，并且股价经过了回踩确认，市场的支撑力也非常充足，此时投资者就可以放心买进了。

5.3.7　三角形代表整理

这里的三角形指的是股价在整理过程中，由于市场的不稳定、多空双方的博弈等因素，使价格产生震荡和波动，进而构成的各种类似于三角形的形态，主要包括等腰三角形和直角三角形两种。

（1）等腰三角形

等腰三角形形态指的是市场在经过一波上涨（下跌）后，在某一条价位线遇阻回落（止跌反弹），随后在另一条价位线得到支撑（受到压制）。在延续这种震荡走势的过程中，得到支撑的低点逐步上移，而受到压制的高点则越来越低，呈现上下靠拢的趋势。

将这些高点和高点、低点和低点分别连接起来，就形成了一个等腰三角形形态，也称为对称三角形形态。

图 5-35 为等腰三角形形态在上涨与下跌趋势中的形态图解。

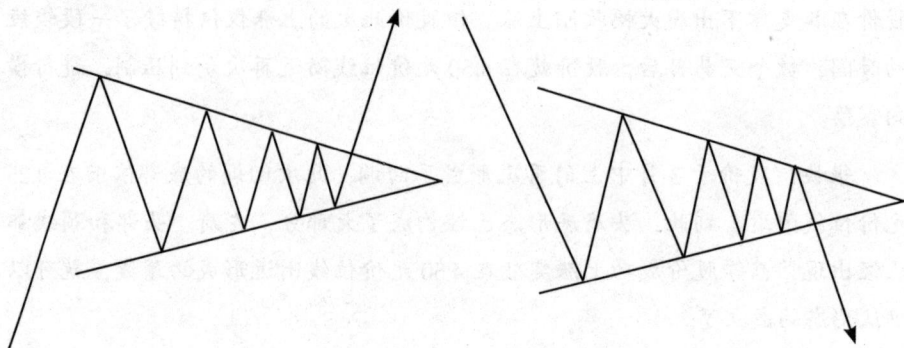

图 5-35　等腰三角形形态在上涨（左）与下跌趋势（右）中的形态图解

一般来说，等腰三角形整理形态的出现，意味着股价将按照原有的趋势发展，尽管在此期间出现了一段时间的震荡，但这并不影响整体趋势的延续。

只要在上涨（下跌）行情中，等腰三角形的上边线（下边线）被有效突破（跌破），就意味着行情回到了原有轨道之中，明显的买点（卖点）在此形成。

下面来看一个具体的案例。

实例分析
王府井（600859）下跌趋势中等腰三角形的卖点

图 5-36 为王府井 2020 年 6 月到 9 月的 K 线图。

从图 5-36 中可以看出，王府井正处于上涨行情向下转向的过程中。6 月，股价在 40.00 元价位线附近进行着横盘整理，进入 7 月后，股价形成连续涨停式的快速上升，很快便来到了 70.00 元价位线上方，最终创出 79.19 元的新高。

在创出新高后的次日，股价就出现了回落走势，并随着时间的推移加快了下跌速度。7 月中旬，股价开始大幅收阴，跌至 60.00 元价位线附近，形成了长时间的震荡。

在一个多月的时间内，股价围绕 60.00 元价位线不断波动，并且波动范围越来越窄，股价的高点逐步下移，低点却在向上攀升。分别将高点与低点进行连线，会发现股价正在形成等腰三角形形态。

当股价经历一波大幅度上涨后见顶，从高位跌落的过程中形成等腰三角形形态，意味着市场中的多空双方在进行着激烈的角逐。空方想要拉低股价，导致高点下移；多方想要推涨股价，导致低点上行，最终形成了震荡幅度逐渐缩小的等腰三角形。

在等腰三角形形态还未完全结束，股价也没有形成明显的方向性选择时，投资者可暂时保持观望。

从后续的走势可以看到，在 8 月下旬，股价选择了下行的发展方向，场内空方得势，股价开始下滑。此时，观望的投资者就可以迅速卖出，及时止损了。

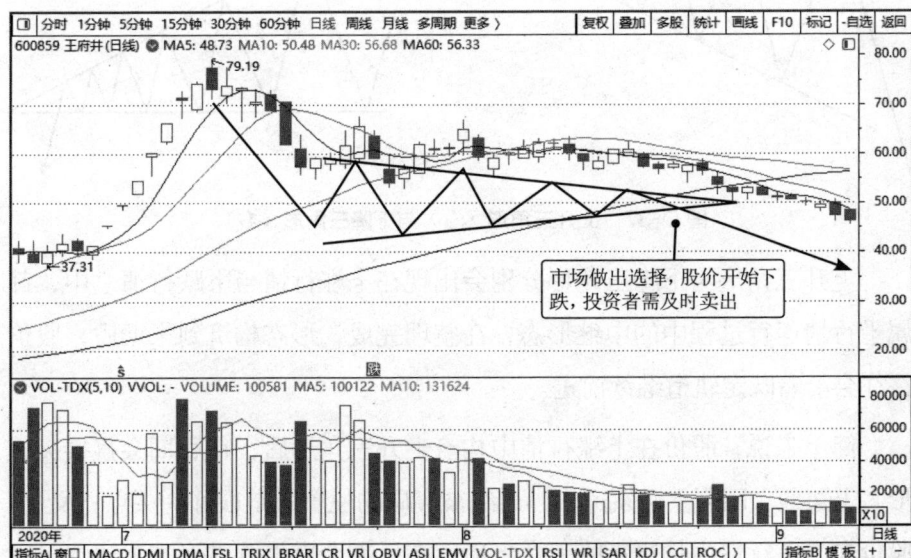

图 5-36　王府井 2020 年 6 月到 9 月的 K 线图

（2）直角三角形

直角三角形形态的构筑与等腰三角形比较类似，但区别在于直角三角形的其中一条边线是水平的。也就是说，股价在构筑直角三角形的过程中，某一边的高点或低点会处于相近的位置上。

由于水平边线形成的位置不同，直角三角形也被分为上升三角形和下降三角形。其中，上升三角形中股价的波峰会触到一条接近水平的压制线，即上边线，而回落的波谷会逐渐抬升，形成倾斜向上的下边线，如图5-37（左）所示。下降三角形中股价回落的波谷会触到一条接近水平的支撑线，即下边线，而上升的波峰会逐渐下斜，形成倾斜向下的上边线，如图5-37（右）所示。

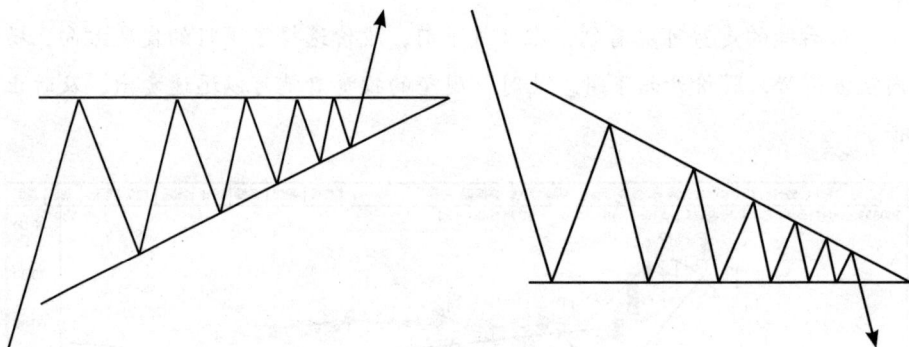

图5-37　上升三角形（左）与下降三角形（右）

上升三角形与下降三角形分别会出现在上涨行情与下跌行情之中，都属于行情运行过程中的中继形态，在整理完成，形态构筑到末期后，股价往往会沿着既定轨道继续前进。

简单来说，股价在上涨行情中构筑上升三角形后，在后期会直接突破形态上边线，回到上涨轨道中，边线被突破的位置就是很好的买点；反之，股价在下跌行情中构筑下降三角形后，在后期会直接跌破形态下边线，回到下跌轨道中，边线被跌破的位置发出了强烈的卖出信号。

下面通过一个具体的案例来分析其中的上升三角形形态。

实例分析

天华超净（300390）上涨趋势中上升三角形的买点

图 5-38 为天华超净 2020 年 11 月到 2021 年 6 月的 K 线图。

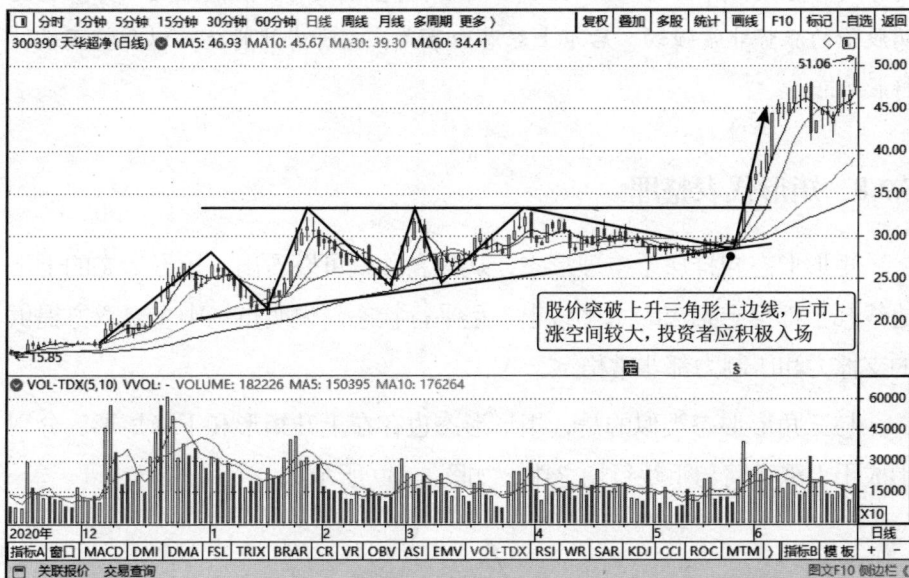

图 5-38　天华超净 2020 年 11 月到 2021 年 6 月的 K 线图

从图 5-38 中可以看出，天华超净正处于上涨过程中。2020 年 11 月，股价还在相对低位小幅上涨，进入 12 月后，股价的涨速有了突飞猛进的增长，迅速来到了 25.00 元价位线上方。

2021 年 1 月中上旬，股价出现了回调下跌，不过很快便在 60 日均线附近受到了支撑重新回升。股价的这一波上涨很快越过了 30.00 元，但在 32.50 元价位线附近受阻再次下跌，进入了长时间的震荡之中。

在长达数月的震荡过程中，股价的高点几乎都在同一价位线附近形成，而低点则在不断上移。分别将高点与高点相连，低点与低点相连，能够清晰地看出一个上升三角形的形成。

在长时间的构筑过程中，股价的震荡范围在不断收窄，理论上后市应该向上方运行，但不能排除股价跌破下边线出现下跌的可能。因此，还需要保持一段时间的观望。

5月底，成交量突然大幅放量，推动股价急速上冲，直接突破了上升三角形的上边线，并一路收阳向上攀升，期间甚至没有出现明显的回踩。这说明股价的涨势非常强劲，后市上涨潜力巨大，投资者此时就可以积极买进，持股待涨。

5.3.8　矩形代表整理

矩形形态同样属于整理形态，从其名称就可以看出，矩形形态的上下边线几乎都位于相应的水平线上，呈平行状态，说明市场中多空双方提供的支撑力和压制力都非常稳定。

与三角形形态类似的是，矩形形态也存在上升矩形和下降矩形，分别形成于上涨行情与下跌行情之中，如图5-39所示。

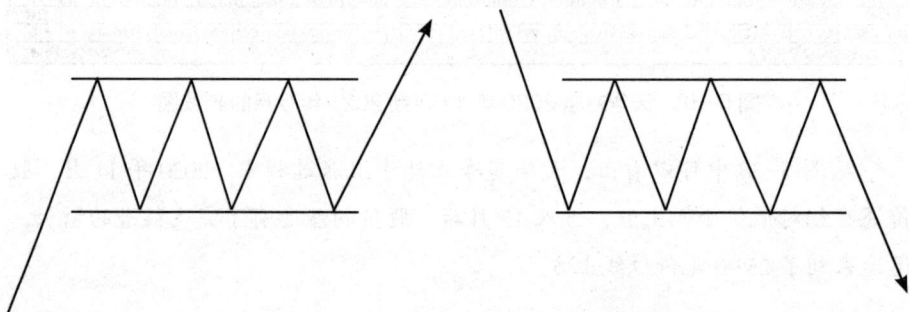

图5-39　上升（左）与下降（右）行情中的矩形形态

矩形形态不同于三角形形态的激烈博弈，它是一种冲突均衡的整理形态，显示多空双方虽然对抗激烈，但由于双方实力相当，所以基本上在这一范围内达到了均衡状态。

但股价最终还是要有所变化，选择发展方向。一般来说，在上涨和下跌途中形成的矩形形态，都是股价延续当前走势的修整阶段，股价在后期往往会回到原有轨道，继续上涨或下跌，投资者可在股价产生明显变盘迹象时进行买卖操作。

但还有两种比较特殊的情况，那就是矩形出现在行情的顶部或底部。这两种情况下，股价往往会产生完全相反的方向选择，即在上涨（下跌）进入矩形整理形态后，最终跌破（突破）下边线（上边线），拐头进入下跌（上涨）行情之中。遇到这样的特殊情况，投资者就要具体情况，具体分析了。

下面通过一个具体的案例来分析上升矩形形态。

实例分析
亚厦股份（002375）上涨趋势中矩形形态的买点

图5-40为亚厦股份2020年3月到7月的K线图。

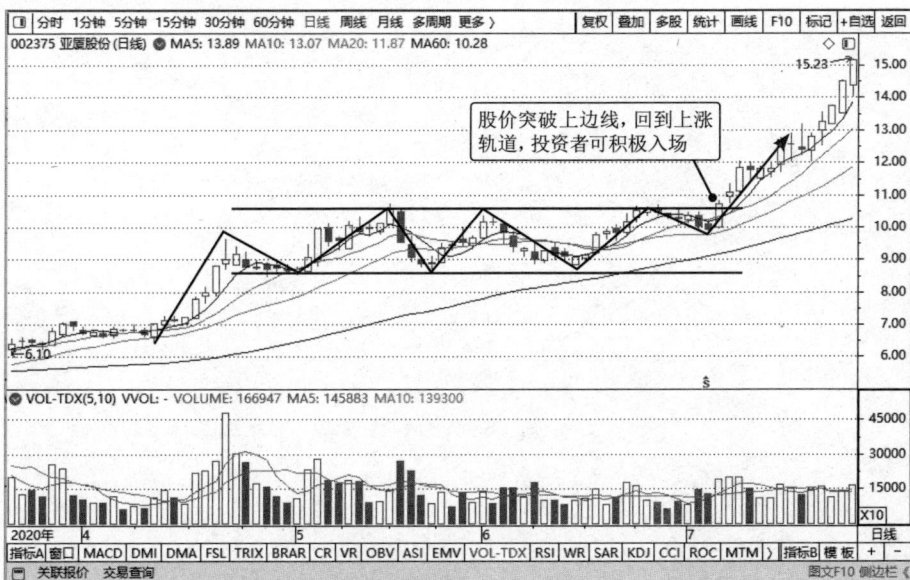

图5-40　亚厦股份2020年3月到7月的K线图

从图5-40中可以看出，亚厦股份正处于上涨行情之中。2020年3月到4月中旬，股价还在均线的支撑下快速上涨。4月下旬，股价到达10.00元价位线附近受到压制回落，但很快便在 8.50 元价位线附近止跌，随后进入了持续的震荡走势中。

在两个多月的时间内，股价反复在 8.50 元到 10.50 元上下波动，逐渐形成了一个矩形形态。在上涨行情中形成的矩形形态，意味着股价后市大概率会继续上涨，这一点从持续上行的 60 日均线也可以看出。不过也不能排除股价见顶下跌的可能，因此投资者还需保持观望。

7 月初，股价开始快速上行，一举突破了矩形形态的上边线，并在后续进行小幅回踩确认后，再次上扬。这意味着行情回到了上涨之中，股价上涨潜力巨大，投资者可积极买进。

第6章

通过成交量的变动进行决策

成交量本质上是一种技术指标，也是支撑股价变动的关键。市场中的很多行为，很大程度上都会从成交量的波动中表现出来，同时，股价也会呈现出相应的变化。投资者只要掌握其中的变化规律，熟悉其代表的含义，就能在一定程度上提升自己的投资成功率。

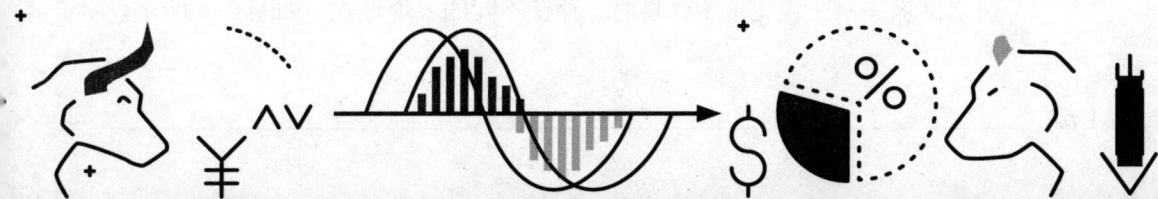

6.1　成交量是股价波动的深层动力

成交量是股价变动的深层次推动力，每当股价产生大幅度的波动时，成交量都会有相应的缩放变化。同时，投资者的行为也会在成交量的缩放中体现出来，比如最常见的追涨和杀跌行为，在成交量中的表现就是放量拉涨和放量压低。

因此，熟悉成交量所代表的含义及其对市场多空双方关系的反映情况，对于投资者来说是很重要的。其中，成交量有两方面的特性比较关键，一是对市场供求关系的体现，二是对主力意图的反映，下面就来逐一进行介绍。

6.1.1　成交量体现市场供求关系

无论在何种市场中，交易的进行都是因为供给方与需求方的存在，供给与需求相互影响，共同对商品的价格变动产生了约束。

在股票市场中存在同样的情况，供给关系会在成交量上得以体现。股票的成交是买卖双方平衡的结果，每一笔成交满足的是买方的需求和卖方的供给。

举个简单的例子，当市场中的投资者普遍看好某只股票或者某只股票有利好消息出现时，自然会有大量买入。部分场内投资者抱有后市看涨的心态不肯出手，场外大量投资者则急于追涨买进，需求方力量明显强于供给方，股票价格自然会被不断上推。

反之，当市场中的投资者普遍看跌某只股票或者某只股票有利空消息出现时，抛盘出局的情绪成了市场主流。部分场外投资者仍坚持看跌该股，不愿挂单买进，大量场内投资者则急于杀跌卖出，供给方力量明显强于需求方，股票价格自然会被不断下压。

当供求关系在成交量中体现时，存在不同的表现形式，如图 6-1 所示。

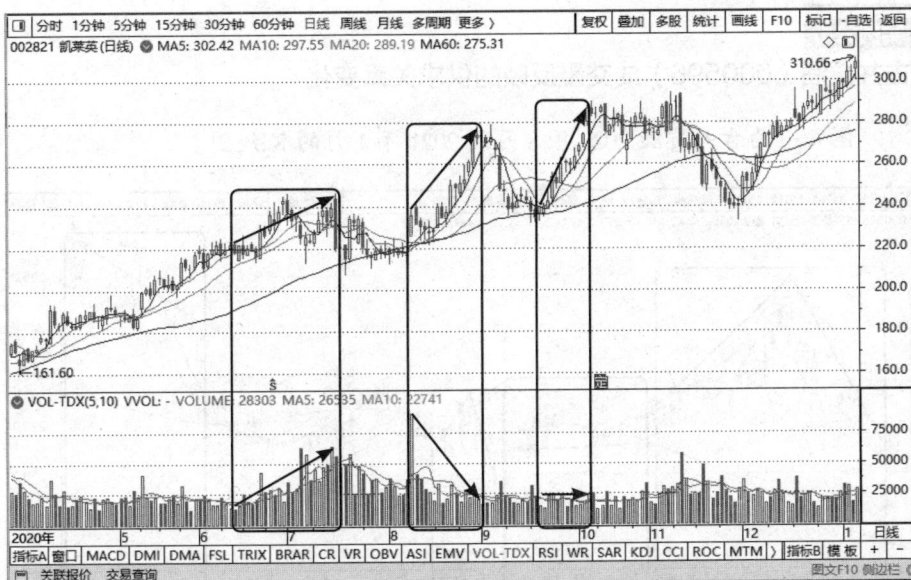

图 6-1　供求关系在成交量中的不同表现形势

　　一般来说，成交量越大，意味着买卖双方产生的分歧越大。如上涨行情中，卖方获利离场，买方吸筹入场，产生的意向分歧直接导致了成交量的上涨，同时股价也在上涨。

　　而成交量越小，意味着买卖双方产生的分歧越小，双方都认同股价的现状。如下跌行情中，卖方渴望离场，买方不愿入场，一致的意向也导致了成交量的下降，股价下跌。

　　从图 6-1 中可以看到，在股价上涨或下跌的过程中，成交量并不是一味跟随缩放的，而是在不同情况下有不同的表现。比如价格上涨，成交量反而走平甚至出现缩减的情况。

　　至于在实际情况中，成交量为什么会出现不同的变化，将在本章后续的内容中进行详细介绍。

　　下面就通过一个具体的案例来了解成交量如何反映市场供求关系的变化及其对股价的影响。

实例分析
古井贡酒（000596）成交量反映的供求关系变化

图6-2为古井贡酒2020年8月到2021年1月的K线图。

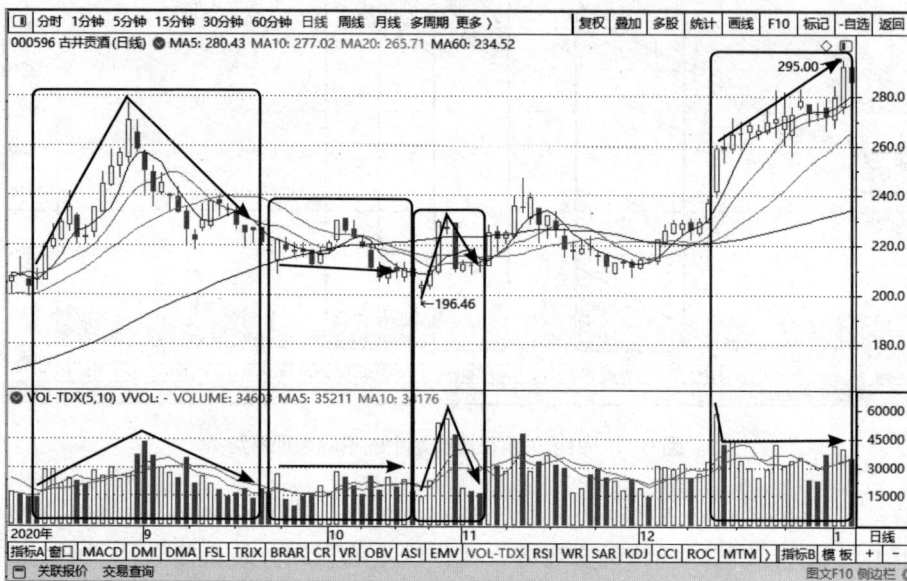

图6-2　古井贡酒2020年8月到2021年1月的K线图

从图6-2中可以看出，古井贡酒正处于上涨行情之中。2020年8月，股价在不断上涨，同时成交量也出现了放大。这意味着市场中的投资者大多看好该股，需求大于供给，因此股价上涨。

9月初，股价拐头出现了下跌，同时成交量也在短暂放大后逐步缩减。出现这样的状态是因为伴随着股价的上涨，持股者兑利离场的意愿在加强，供给方（卖盘）在不断增加，在某一时刻完全满足了需求方，最终出现了反压，形成了供大于求的格局，导致股价出现下跌。

股价的下跌更刺激了供给方，导致抛压增大，短时间内形成了成交量放大的状态。但伴随着股价的持续下跌，需求方的需求量开始减弱，但供给方的供给量却在增大，供大于求的情形愈演愈烈，最终导致股价产生了长时间的下跌。

在后续的走势中，股价开始围绕 220.00 元价位线震荡。走势暂不明朗的情况下，市场供求暂时达到了平衡，成交量没有产生大幅波动，股价也未能呈现明显的方向性。

10 月底，股价突然上冲，投资者误认为突破的时机到来，大量追涨入场，导致成交量也出现了大幅放大。但好景不长，数日后股价又回到了震荡之中，意识到判断失误的投资者迅速卖出，导致股价快速下跌，成交量维持了一天的大量能后（场外依旧有没反应过来的买盘在挂单），就大幅回缩到了之前的水平。

随后，成交量又跟随股价进行了一轮缩放之后，时间来到了 12 月。从 12 月初开始，股价就开始了上涨，成交量也跟随形成了阶梯式的放量。但在一次快速拉升后，也就是 12 月中旬，成交量出现了一波大幅放量，随后就开始缩减，直至逐渐走平。

观察此时股价所处的高度可以发现，成交量开始缩减时，股价正处于上涨越过前期高点的过程中。在靠近压力位时，场内抛压会增加不少，但需求方情绪依旧高涨，这就导致了成交量出现了一波大幅放量。

当骤增的抛压释放完毕，供给方的供给量下降，需求方得不到满足，成交量就形成了缩减。在这种情况下，需求方只能不断提高买价，才能吸引供给方不断提供筹码，使得股价依旧在缓慢上涨，但成交量无法大幅放量，直至某一时刻股价再次拐头下跌，重复之前量减价跌的走势。

6.1.2　量能大幅波动反映主力意图

在有些时候，量能产生大幅度的波动，不仅是因为股价在产生变化，主力的因素也不能忽略。

主力是一批在投资市场中拥有雄厚的资金实力、丰富的信息来源和优秀操作技术的投资者，大部分是机构投资者。他们的数量虽然在整个市场中占比很小，远远比不上散户投资者，但因其庞大的资金量和专业的投资分析团队，主力的出手往往会对股价产生不小的影响。

而成交量某些时候的异常变动，其中就有主力的因素存在。比较明显的一种就是涨停和跌停现象，如图 6-3 所示。

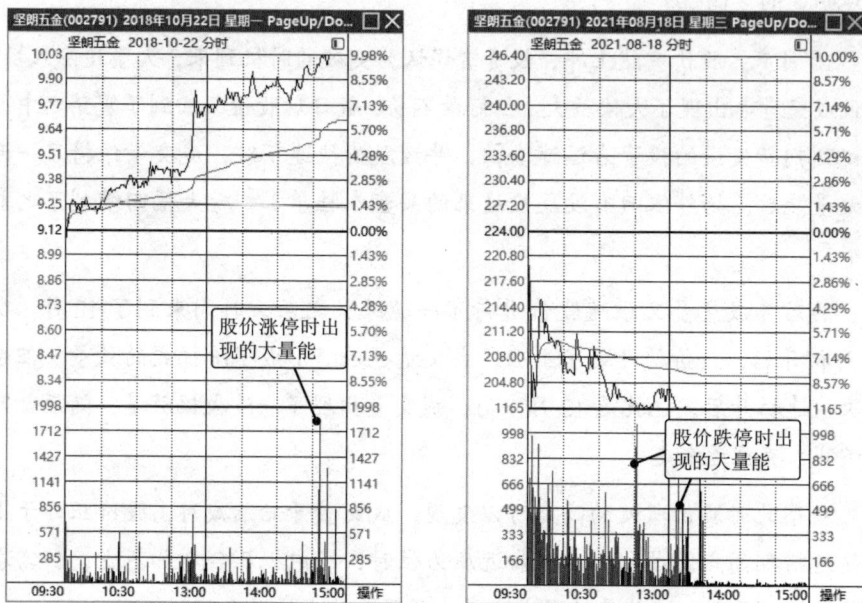

图 6-3　分时图中的涨停（左）与跌停（右）

股价的涨跌停，归根结底是因为价格受到单日涨跌幅的限制，涨无可涨、跌无可跌造成的。假设股市放开了这一限制，很难想象价格能上涨或下跌到何种地步。

要形成这样的走势，光靠散户的积极追涨是很难办到的，实际上，散户在其中只是起到了推波助澜的作用，关键的推动力和压制力是靠主力来实现的。

散户之所以被称为散户，就是因为资金散，人心也散，无法集中形成一股强大的力量。但主力不同，机构投资者本来就掌握着大批量的资金，当这些资金集中于制造某一种变动时，产生的效果往往出乎意料。

涨跌停现象就是主力出手的典型表现，从图 6-3 中可以看出，当股价逼近涨停或跌停时，成交量总会出现单根或多根巨大的量柱，导致股价在短时间内快速上涨或下跌，直至达到涨停板或跌停板上。这种量能巨大的量柱，显然是主力在进行买卖，通过一定的操作方法，带动股价产生快速的波动，实现涨跌停。

　　除了分时图中的涨跌停外，K 线图中也存在着非常多的主力痕迹，投资者只要善于观察，总能从成交量的异动中分辨一二。摸清主力意图后，才能更有效地扩收减损。

　　下面通过一个具体的案例，了解如何从成交量的异动中分辨主力的意图。

实例分析

电魂网络（603258）成交量的异动反映主力意图

　　图 6-4 为电魂网络 2020 年 6 月到 9 月的 K 线图。

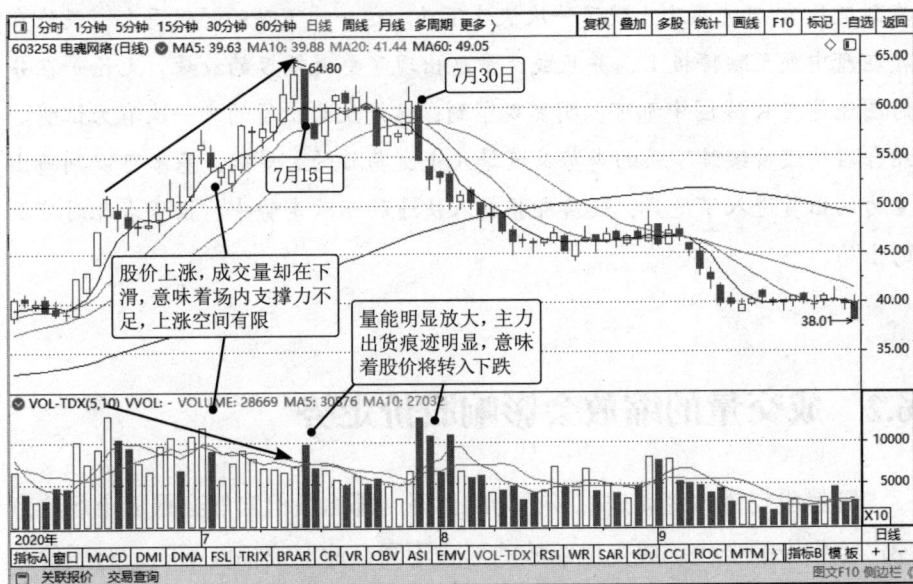

图 6-4　电魂网络 2020 年 6 月到 9 月的 K 线图

　　从图 6-4 中可以看出，电魂网络正处于上涨行情的顶部。6 月到 7 月中旬，股价还在积极上涨，结合均线的状态来看，股价的涨势十分稳定且持续。

但观察成交量就会发现，在股价保持上涨的过程中，成交量却从 6 月中旬开始就出现了缩减，并且伴随着股价的上涨而不断下滑，二者产生了明显的背离。

在接近行情顶部的位置出现这样的走势，意味着市场的推动力已经开始逐步减弱，尽管股价还在上涨，但上涨的空间有限，股价随时可能见顶下跌。

7 月 14 日，股价再次冲高并创出了 64.80 元的高价，但在次日就出现了收阴下跌，并且当日开盘的第一分钟就出现了一根大量柱，将股价快速拉低，奠定了其高开低走的基调。

从 K 线图中也可以看出，7 月 15 日这一天的量能相较于前期有了明显的放大。此时，投资者可以大胆推测，主力已经开始在高位兑利出货了。

继续来看后续的走势，股价回落后，便踩在 55.00 元价位线上横盘震荡，直到 7 月 30 日才再次出现了一次快速下跌。这一次下跌的幅度更大，股价直接在盘中跌至跌停板上，并且成交量也出现了更大幅度的放量，无论是在分时图还是在 K 线图中都可以明显观察到，这是主力出货的又一次有力证明。结合后续股价继续下跌的走势及连续几个交易日的大量能，基本可以判断出主力的出货进入了尾声，股价即将转入快速的下跌走势中，投资者此时应及时出局。

6.2 成交量的缩放会影响股价走势

既然成交量的变动是市场行为的体现，那么股价自然会跟随市场的意愿产生相应的变化。成交量缩放的形式不同、速度或幅度不同，对股价产生的影响自然也会不一样，比如成交量在产生温和的缩放和剧烈的缩放时，得到的效果肯定是有所区别的。而掌握这种区别对投资者的操作来说也很重要。

6.2.1　低位攀升温和放量

低位攀升温和放量指的是股价在相对低位向上攀升时，涨速比较缓慢，或者是由慢及快。在这个过程中，成交量保持着温和的阶梯式放量，推动股价稳定上涨，如图 6-5 所示。

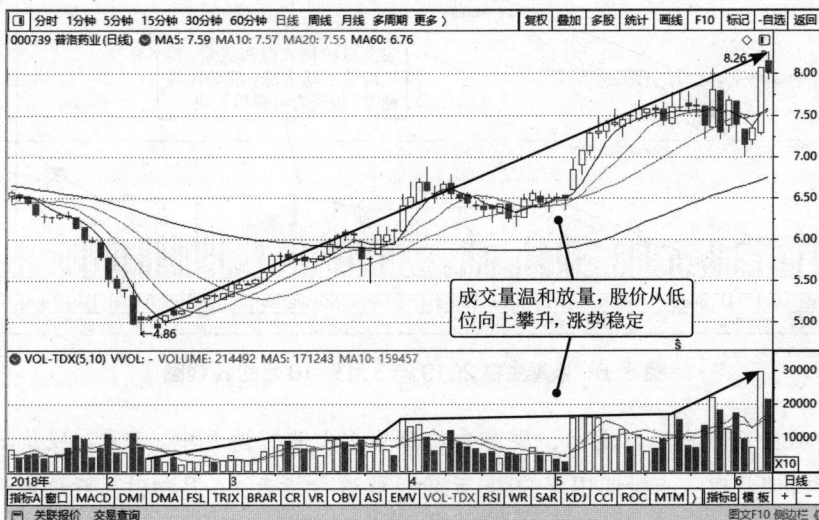

图 6-5　低位攀升温和放量

温和的放量催生出温和的上涨，这样的量价配合是比较常见的，也是上涨过程中不可或缺的一种形态，这样才能保持行情的稳定和持续。

一般来说，遇到这样的走势就意味着股价正在坚定上扬。只要量价的配合没有被打破，那么股价就具有稳定的上涨潜力，投资者可以在此期间积极买进，持股待涨。

下面来看一个具体的案例。

实例分析

康泰生物（300601）低位攀升温和放量的形态

图 6-6 为康泰生物 2019 年 5 月到 10 月的 K 线图。

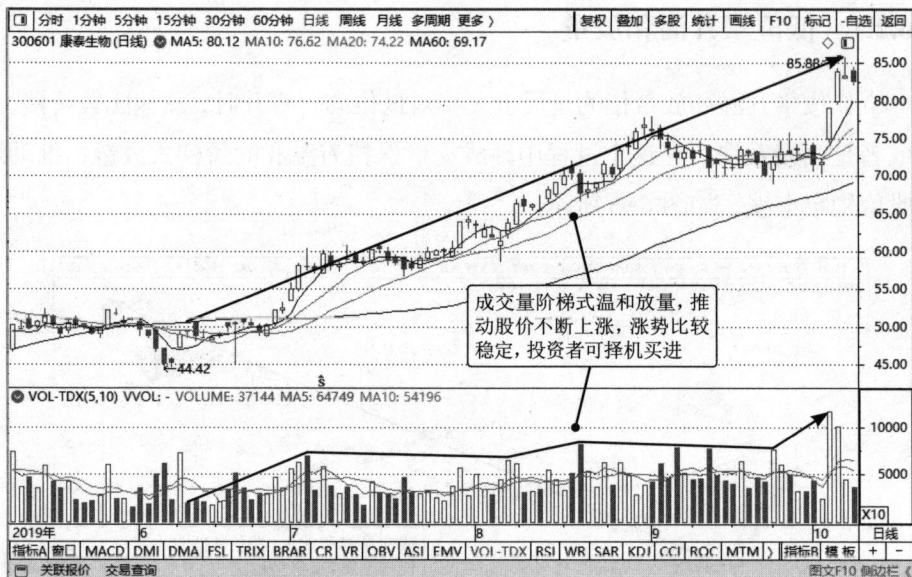

图6-6　康泰生物2019年5月到10月的K线图

从图6-6中可以看出，康泰生物正处于上涨行情之中。5月，股价还在进行回调整理，长时间围绕50.00元价位线进行横盘，6月初时，股价出现了一次快速的下探，创出44.42元的阶段新低后，开始了缓慢回升。

在股价回升之后，成交量就开始了逐步的放量，支撑股价到达60.00元价位线附近后，便出现了回缩。同时，股价也受到60.00元价位线的压制，产生了横盘整理。

7月中旬，成交量再次放大，股价也开始上涨，一路来到了70.00元价位线附近，又形成了一次回调，但在数日后就调整完毕，再次回到上涨轨道之中。与此同时，成交量也出现了同步的回缩，但在股价重新上涨后并未提供更强的支撑力，股价这一波上涨可能即将见顶。

8月底，股价在小幅越过75.00元价位线后，拐头出现了下跌，一直跌至70.00元价位线附近才止跌横盘，相较于前期来说跌幅较深，证明股价很可能阶段见顶了。

但9月底，股价在小幅跌破70.00元价位线后开始缓慢上涨。10月初，股价涨速突然加快，成交量相较于前期又形成了一次阶梯式放大，支撑股价继续上扬。

从整体来看，股价始终维持着上涨的走势，并且成交量也在进行阶梯式的温和放量，二者的配合使得行情不断向着积极的方向发展。在此期间，每一个股价回调的位置，都是投资者买进的机会。

6.2.2 快速拉升急剧放量

快速拉升急剧放量指的是原本稳定放量或是走平的成交量，在某一时刻突然形成巨量，导致股价快速向上拉升，涨势比较急促，如图 6-7 所示。

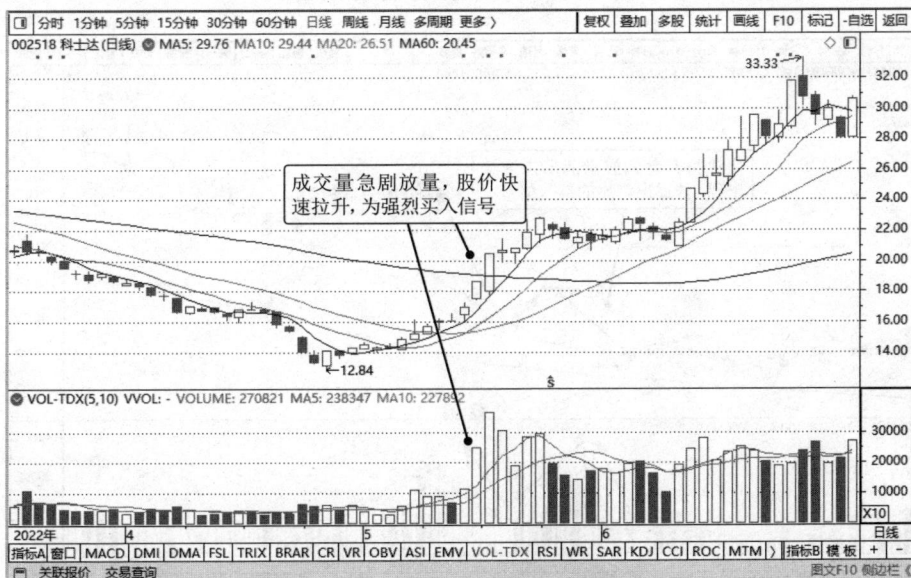

图 6-7 快速拉升急剧放量

将快速拉升急剧放量与前面介绍的低位攀升温和放量对比，投资者能够很明显地感受到成交量不同形式的放量对股价造成的不同影响。因此，对于这两种走势，投资者也应该持不同的态度和策略。

快速拉升急剧放量的形态下，股价的涨速非常快，连续收出大阳线甚至涨停阳线都是有可能的。这意味着行情进入了拉涨阶段，主力将通过这一阶段的拉升迅速将股价带到高位，以积累更多的利润。

无论这波拉涨结束后股价是否还有上涨空间，短时间内的急剧上涨是基本确定的，投资者要果断在拉升的起始位置买进，这样才能尽量扩大自己的收益。

下面来看一个具体的案例。

实例分析
金雷股份（300443）快速拉升急剧放量的形态

图 6-8 为金雷股份 2021 年 8 月到 11 月的 K 线图。

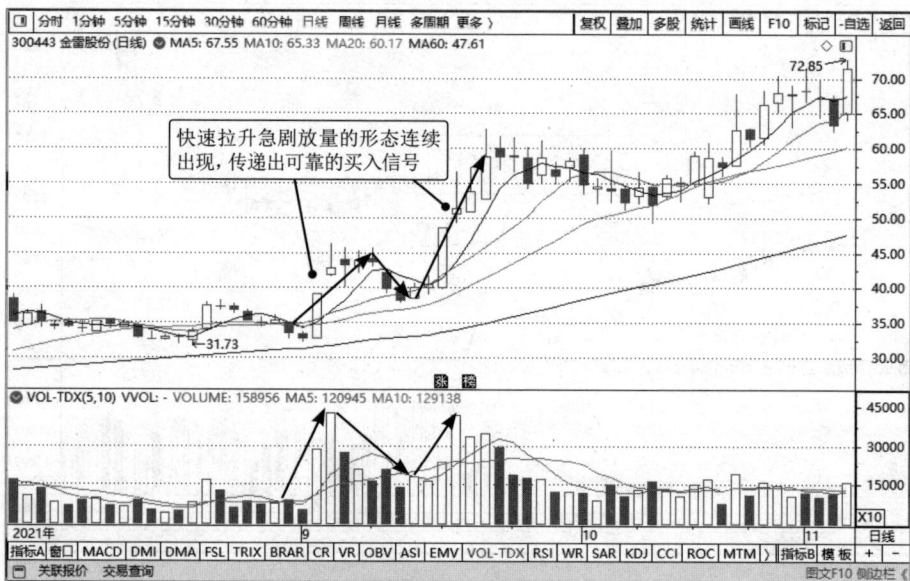

图 6-8　金雷股份 2021 年 8 月到 11 月的 K 线图

从图 6-8 中可以看出，金雷股份正处于上涨行情之中。8 月，股价还在进行回调整理，成交量呈现缩减状态。

进入 9 月后，成交量的量能突然放出巨量，导致股价在收出一根涨幅达到 20%（该股属于创业板，单日涨跌幅限制为 20%）的涨停大阳线后，再次跳空高开，迅速来到了 45.00 元价位线附近。

正是由于成交量的急剧放量，才使得股价在短短两个交易日内从 35.00 元价位线以下直接被拉升到 45.00 元价位线附近，涨幅近 29%，可见成交量的急剧放量对股价造成的影响。此时，投资者就应该积极跟进。

在股价冲到 45.00 元价位线附近后，受阻横盘了数日，随后拐头出现了回调，成交量也跟随缩减。但此次下跌持续时间不长，股价很快在 40.00 元价位线附近受到支撑再次回升。

9 月中旬，原本回缩的量能再度放大，几乎接近了前期的高度，又一次带动股价急速上冲，在拉出一根涨停大阳线后连续收阳上涨，直至在 60.00 元价位线附近受阻回调。

这一次，股价从 40.00 元价位线附近上涨至 60.00 元价位线，仅仅用了一周左右的时间，涨幅却能接近 50%，再次证明了这种形态上涨的积极性，此时还未入场的投资者要积极建仓了。

6.2.3　下跌行进中阶梯式缩量

下跌行进中阶梯式缩量指的是股价在进入下跌行情之后，不断朝着下方滑落，同时成交量呈现出阶梯式的温和缩量，如图 6-9 所示。

不过，尽管在下跌走势中成交量是温和缩量，但股价却未必会呈现出温和的下跌，这一点与上涨行情中的温和放量不同。主要原因在于股价上涨时，所需要的动能更多，市场需要提供的支撑力也要更强，才能使股价不断地创出新高，从而提高市场整体盈利水平。

但当股价转入下跌后就不同了，只要市场产生了恐慌情绪，抛盘逃离的情绪蔓延开来，那么股价就会进入急速的下跌之中。但与此同时，成交量也有可能维持着阶梯式的缩减。

因此，投资者在下跌行情中遇到下跌行进中阶梯式缩量的走势，最好不要再观望，及时出局才能尽快止损。

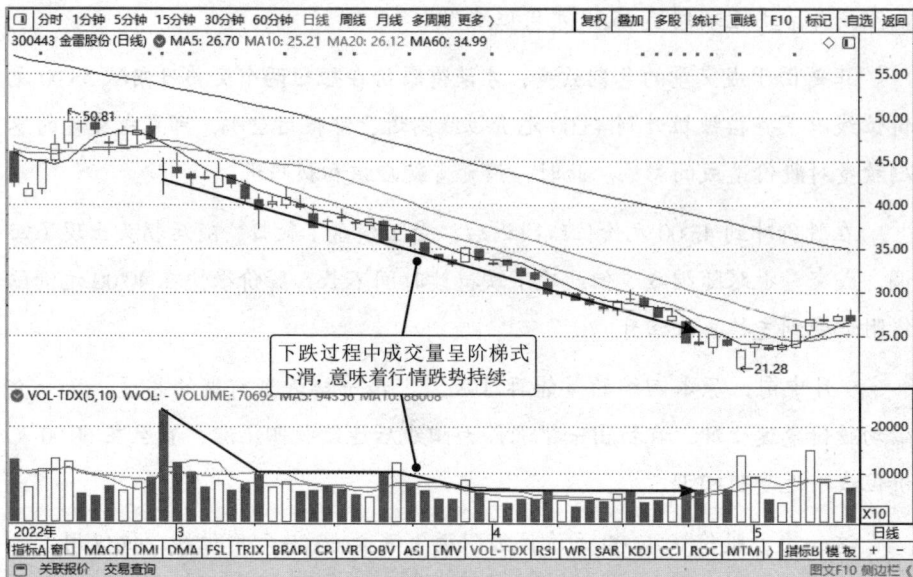

图 6-9　下跌行进中阶梯式缩量

下面来看一个具体的案例。

实例分析

振江股份（603507）下跌行进中阶梯式缩量的形态

图 6-10 为振江股份 2021 年 11 月到 2022 年 1 月的 K 线图。

从图 6-10 中可以看出，振江股份正处于上涨行情向下转势的过程中。在 11 月中旬之前，股价还在震荡上涨，直至创出 56.00 元的新高。在此期间，成交量就已经呈现出缩量的状态了，意味着股价即将见顶，机警的投资者在发现后就应当保持警惕。

事实也确实如此，股价在创出 56.00 元的新高后就开始快速收阴下跌，成交量在见顶当日形成放量后，便跟随股价出现了缩减。

在后续的走势中，股价长时间维持着下跌走势，尽管期间出现了多次反弹，但反弹幅度都不大。在这段时间内，成交量也呈现出阶梯式的缩量下滑，说明市场交投随着股价的下跌而变得冷淡，消极情绪占据主流，股价未来形势堪忧。

因此，投资者在借此确定下跌行情的到来后，就要及时在相对高位卖出，以期止损。

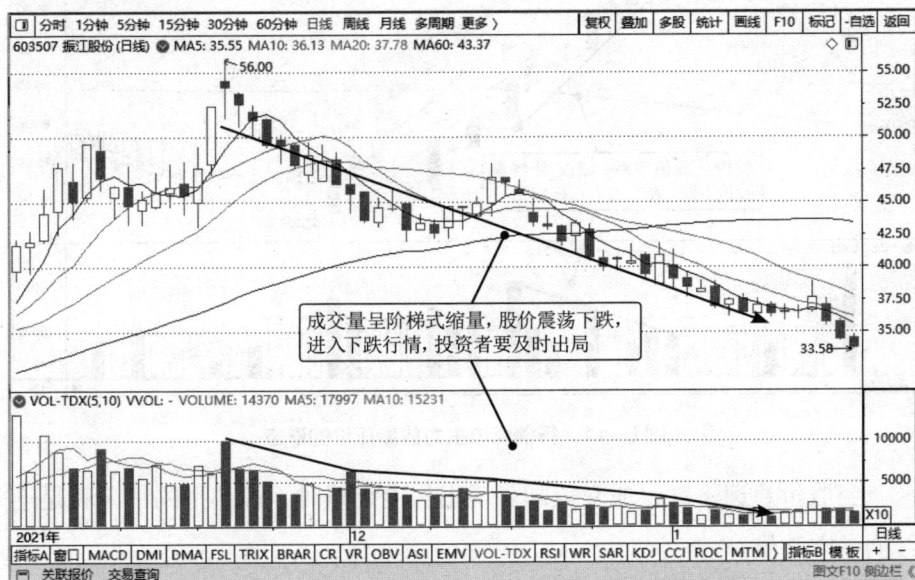

图 6-10　振江股份 2021 年 11 月到 2022 年 1 月的 K 线图

6.2.4　快速下坠极端量能

快速下坠极端量能主要分为两种情况：一种是快速放量；另一种是极度缩量，但对应的股价状态都是急速下跌。

当股价急速下跌，成交量快速放量时，很可能意味着主力正在出手压价，其目的不外乎吸取筹码和快速出货两种。

在行情低位，股价加速下探的同时成交量放量，就是主力吸筹的表现，是买入信号；在行情见顶后，股价下跌伴随成交量放量，说明主力正在出货，是卖出信号。

图 6-11 为行情高位主力放量压价的形态。

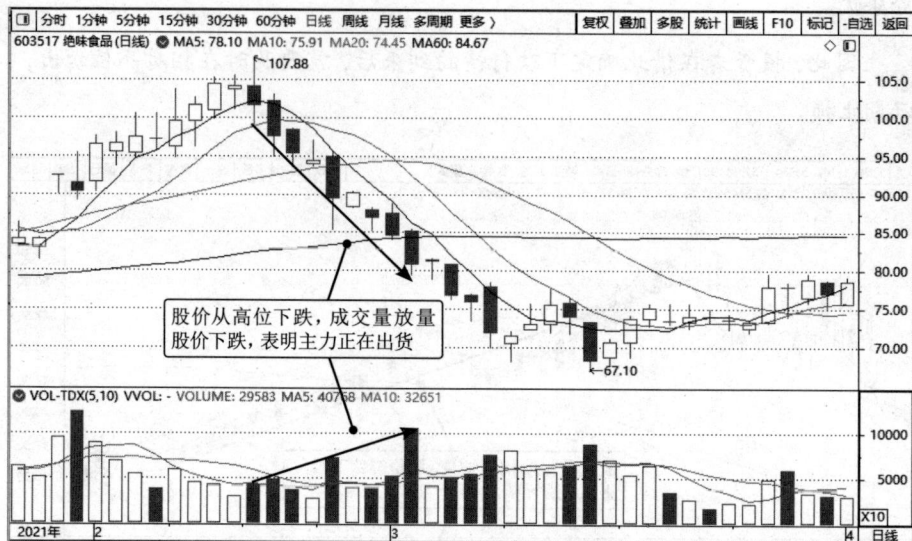

图 6-11　行情高位主力放量压价的形态

当股价急速下跌，成交量却表现出极度缩量时，最典型的情况就是连续的一字跌停。

一字跌停的形成是由于股价当日直接以跌停开盘，并且盘中未能产生任何波动，最后仍以跌停收盘。当日开盘价、收盘价、最高价和最低价全部一致，导致 K 线没有影线也没有实体，最终形成"一"字。

一字跌停之所以会导致极度缩量，是因为股价在跌停时，大量的卖单堆积在跌停价上，但场外投资者在审时度势后依旧看涨股价，选择挂单买进的很少。供求关系的极度不平衡，导致场内能成交的单急剧缩减，也就形成了成交量极端的缩量，如图 6-12 所示。

在这种情况下，股价有可能会形成连续的一字跌停，或是短暂开板后继续跌停的走势。如果投资者未能在第一时间逃离，遭受的损失将会在连续的下跌中不断扩大。

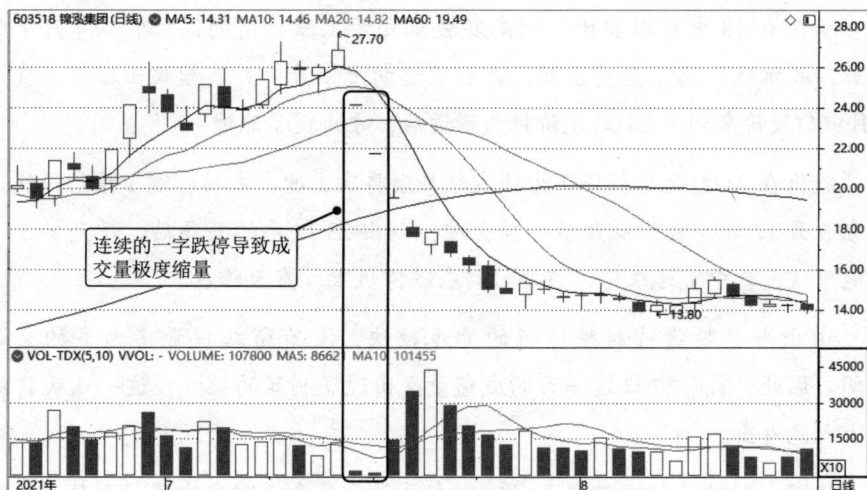

图 6-12 一字跌停导致的成交量缩量

下面来看一个具体的案例。

实例分析

湖南发展（000722）一字跌停成交量缩量的形态

图 6-13 为湖南发展 2022 年 4 月到 7 月的 K 线图。

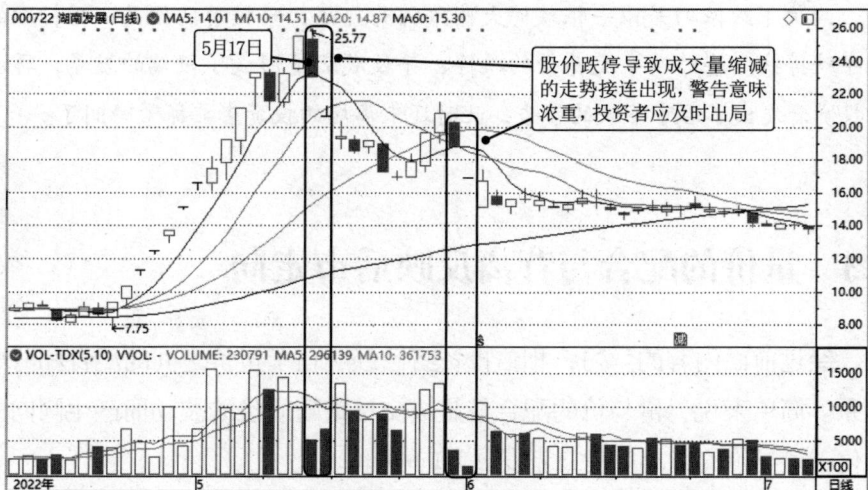

图 6-13 湖南发展 2022 年 4 月到 7 月的 K 线图

从图 6-13 中可以看出，湖南发展正处于上涨行情的高位。从 4 月下旬开始，股价就脱离了盘整区间，开始快速向上攀升，并连续收出涨停。直至 5 月中旬股价来到了 24.00 元价位线附近后，才减缓了涨速。

股价在 24.00 元价位线下方横盘数日后再次上冲，成功越过了该价位线。但在 5 月 17 日，股价低开后小幅上冲，创出 25.77 元的新高后，便开始了迅速地下跌，盘中直逼跌停，最终被封在跌停板上，直至收盘。

由于当日股价被封跌停板的速度较快，没有留给投资者太多的交易时间。因此，5 月 17 日这一天的成交量也出现了明显的缩减，这一点从 K 线图上也能看出。

次日，股价直接以跌停开盘，但在开盘后半个小时内出现了震荡开板的走势，随后被封回跌停板上，直至收盘，当日形成一个倒 T 字形 K 线。正是由于股价的震荡开板，导致当日的成交量相较于前一日有所放大，但整体来看依旧是明显缩减的。这意味着股价可能即将进入大幅度的下跌之中，投资者最好及时卖出。

继续来看后面的走势，股价在下跌至 16.00 元价位线上方后，形成了一次小幅反弹，但在反弹数日后就再次下跌。

此次下跌依旧是以一根跌停大阴线作为起始，紧接着的便是一根标准的一字跌停线。连续两个交易日的跌停，导致成交量形成了极端的缩量，再次向投资者发出了后市下跌的警告，此时还未离场的投资者要抓紧时间了。

6.3 量价的配合与背离反映后市走向

经过前面内容的学习，相信投资者已经明白了量价之间的配合和背离关系。简单来说，量与价的配合就是成交量跟随股价的波动而产生同向的变化，量与价的背离则指二者发展方向相悖。

当这些量价形态出现在行情的不同位置时，可能会产生截然不同的信号，这些信号可帮助投资者制定合适的买卖策略。因此，进一步熟悉量价的配合和背离形态是很有必要的。

6.3.1　量价配合产生的影响

量价的配合有三种情况，分别是量增价涨、量减价跌及量平价平。其中，量增价涨和量减价跌这两种形态已经在前面的内容中介绍过了，投资者对其应用方法应该也比较熟悉，下面就来详细解析量平价平形态。

量平价平往往出现在股价的整理阶段，指的是当股价经过一段上涨或下跌后逐渐进入横盘整理状态，成交量也跟随股价变得平缓，二者同步走平，如图 6-14 所示。

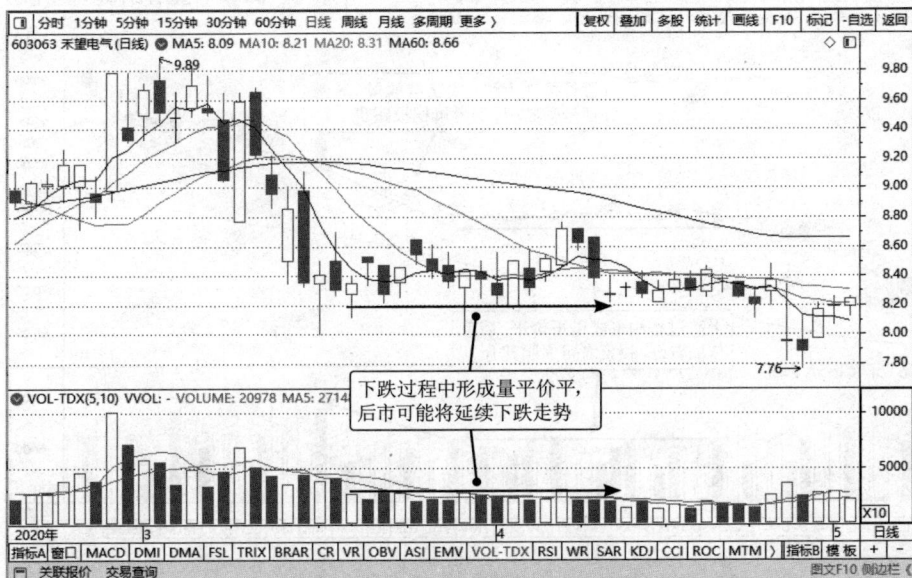

图 6-14　下跌行情中的量平价平

无论在上涨行情还是下跌行情，又或是行情或阶段的高位或低位，量平价平形态都有可能出现。它是市场多空双方力量暂时达到平衡，进入整理阶段的标志，后市的发展方向需要靠股价的突破方向来判断。

一般来说，在上涨和震荡过程中形成量平价平，都意味着股价的暂时整理，后市还是会朝着既有方向运行。但当其出现在行情或阶段的高位或低位时，就有可能代表着反转的到来。

如果投资者难以准确判断股价后市走向，建议等到股价完成方向性的选择后，再决定执行何种策略。

下面来看一个具体的案例。

实例分析

海天味业（603288）量平价平的形态

图 6-15 为海天味业 2020 年 5 月到 7 月的 K 线图。

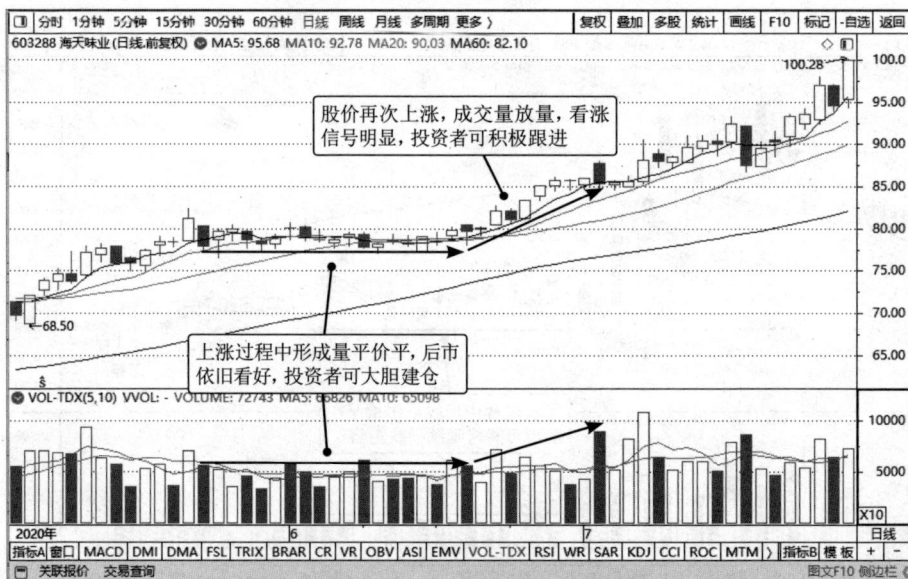

图6-15　海天味业 2020 年 5 月到 7 月的 K 线图

从图6-15中可以看出，海天味业正处于上涨行情之中。在5月下旬之前，股价还在均线的支撑下积极上涨，进入5月下旬后，股价在80.00元价位线附近受到压制，进入了横盘阶段。股价横盘后，成交量出现了小幅回落，随后便维持在一定高度。

在 5 月下旬到 6 月中旬这段时间内，股价几乎都被限制在 77.50 元到 80.00 元内窄幅震荡，呈走平状态。与此同时，成交量也随之出现了向下的小幅波动，但高点几乎都维持在同一水平，二者同步形成了量平价平的走势。

在上涨行情中出现的量平价平形态，很有可能是一种中继形态，后市依旧是积极看涨的。

因此，激进的投资者就可以大胆在股价横盘的过程中建仓买进。谨慎的投资者如果认为这样太冒险，就可以继续等待一段时间，待到股价再次呈现出上涨迹象，成交量也配合放量时，就可以放心买入了。

6.3.2　量价背离产生的影响

量价背离涉及的情况比较多，从量能变化的方向来进行划分，可大致分为三大类，即量能增长时的背离、量能缩减时的背离及量能走平时的背离。

（1）量能增长时的背离

当成交量量能增长时，股价可能会出现下跌及走平两种背离情况，简单来说就是量增价跌和量增价平。

这两种背离形态在行情的各个位置都有可能出现，但当其在特定的位置形成时，才有比较高的参考价值。图 6-16 为量增价跌出现在不同位置时代表的含义。

下跌行情初期的量增价跌	上涨行情初期的量增价跌
此时股价已经处于高位，成交量的放大代表主力及大量获利盘在抛盘兑利，随着抛压的不断上升，股价也随之呈现下跌走势，是一个卖出信号	此时股价已经来到低位，是主力为了吸货降低成本的方式。但后续随着买盘的逐渐增多，成交量将与股价变为同步上扬，是底部的买入信号

图 6-16　量增价跌出现在不同位置时代表的含义

图 6-17 为量增价平出现在不同位置时代表的含义。

上涨途中的量增价平 ▶ 当量增价平出现在上涨途中时，说明短期获利盘出货兑利的现象占据主流，股价涨势减缓，进入调整状态。结束一段时间的盘整或回调后，行情依旧向上攀升，此为中继形态

股价高位的量增价平 ▶ 当量增价平出现在股价高位时，说明多方不再占据完全的优势，空方开始发力，骤增的抛压造成股价滞涨，不断放大的成交量也印证了此时的状态。当股价滞涨结束后，行情可能会进入下跌，此为转折形态

下跌途中的量增价平 ▶ 当量增价平出现在卜跌途中时，说明可能是主力之间在对倒筹码，也可能是散户突然开始集中买卖，后市的行情向上或向下都有可能。此时就需要投资者密切关注后面的量价形态，根据出现的信号来判断并指导买卖操作

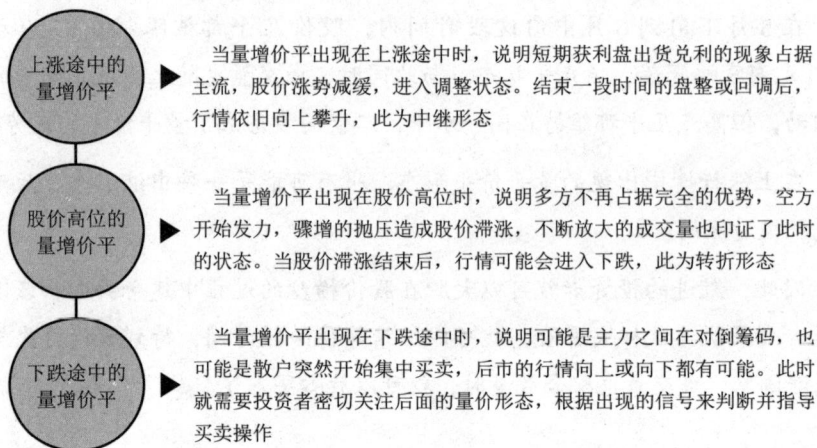

图6-17 量增价平出现在不同位置时代表的含义

下面就选取量增价跌的背离形态，通过一个案例来分析其操作方法。

实例分析

杭叉集团（603298）量增价跌的形态

图6-18为杭叉集团2021年2月到6月的K线图。

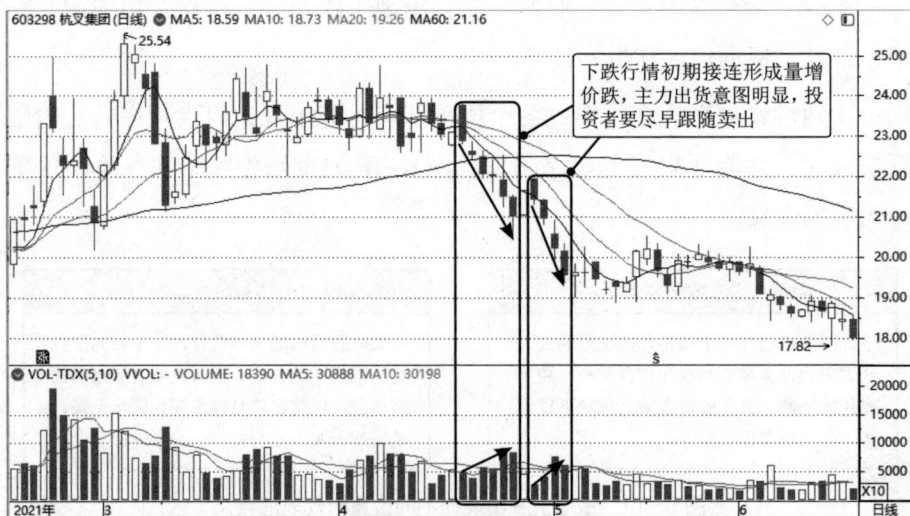

图中标注：下跌行情初期接连形成量增价跌，主力出货意图明显，投资者要尽早跟随卖出

图6-18 杭叉集团2021年2月到6月的K线图

从图 6-18 中可以看出，杭叉集团正处于下跌行情的初期。在 3 月初时，股价就在震荡上涨中创出了 25.54 元的新高，随后拐头下跌，在 60 日均线上受到支撑后回升，进入了高位横盘之中。

4 月下旬，股价再次加速收阴下跌，直接跌破了盘整区间下边线及 60 日均线。与此同时，成交量也出现了明显放量，与股价构成了量增价跌的背离形态。后续股价在 21.00 元价位线附近受到支撑，小幅反弹后再次下跌，成交量又一次形成了放量走势，量增价跌再次出现。

在股价见顶下跌后的位置接连形成量增价跌，意味着主力可能正在大批量出货，后市看跌的信号非常强烈，此时还未离场的投资者需要尽早卖出。

（2）量能缩减时的背离

量能缩减时的背离也涉及两种情况：一种是量减价涨，另一种是量减价平。它们分别出现在不同位置时会发出不同的信号，具体见表 6-1。

表 6-1　量减价涨与量减价平的不同含义

行情位置	量减价涨	量减价平
上升过程中	当量减价涨出现在上升过程中，说明股价经过大幅上涨来到了相对高位，但上涨动能不足，股价可能会进入回调	当量减价平出现在上升过程中，表明大多投资者正保持观望，追涨的意愿已经降低，未来行情将有可能进入回调整理
行情高位	当量减价涨出现在股价高位时，则说明多方力量衰竭，上涨动力不足，是后市可能发生反转的信号	当量减价平出现在行情高位时，股价上涨的波幅较大，将进入滞涨走势，表明买盘资金枯竭，无力再支撑上涨
下跌行情中	当量减价涨出现在下跌行情中时，说明这种形态的上涨并不持久，也没有支撑，可视为下跌途中的反弹，后市仍将看跌	当量减价平出现在下跌行情中，表示抛压已经减缓，行情有可能出现反弹，但是反弹的幅度不会太大

下面就选取量减价涨的背离形态，通过一个案例来分析其操作方法。

实例分析

天通股份（600330）量减价涨的形态

图 6-19 为天通股份 2021 年 7 月到 11 月的 K 线图。

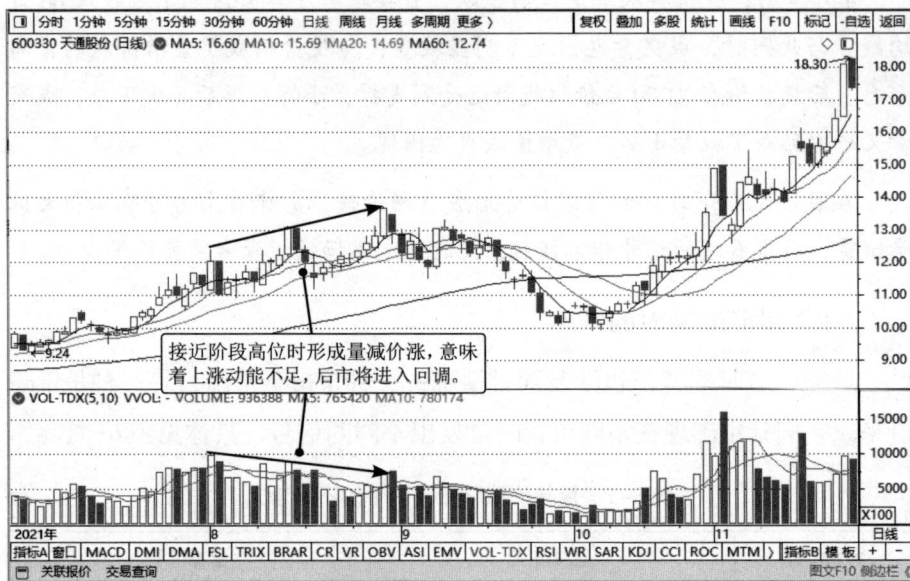

图 6-19　天通股份 2021 年 7 月到 11 月的 K 线图

从图 6-19 中可以看出，天通股份正处于上涨行情之中。7 月到 8 月，股价始终在均线的支撑下维持着稳定的上涨。

不过观察其下方的成交量可以发现，在 7 月，成交量还整体呈现放大走势。但从 8 月初开始，量能就出现了回缩，与不断上涨的股价形成了量减价涨的背离。

这意味着有许多投资者已经在前期的上涨中将手中的筹码抛出，后续成交量的下降说明场内推动力不足，上涨难以持续，随时可能阶段见顶进入下跌。应当引起投资者警惕，在合适的位置卖出。

从后续的走势也可以看到，在 8 月底时，股价上涨接近 14.00 元价位线，随后便拐头出现下跌。与此同时，成交量的量能缩减更为快速，意味着股价即将进入回调，此时还未离场的投资者要抓紧时间了。

（3）量能走平时的背离

量能走平时的背离主要包括量平价涨和量平价跌两种情况，各自的含义见表 6-2。

表 6-2　量平价涨和量平价跌的不同含义

行情位置	量平价涨	量平价跌
上升过程中	当量平价涨出现在上升过程中，说明场内看多意愿十分集中，无须太大的量能便能带动股价上涨。但如果后续未能出现放量拉升，那么这一段上涨将不会持续太长时间	当量平价跌出现在上升过程中，如果没有成交量巨量出现导致股价急速下跌，说明此时正处于上升途中的回调阶段，并且回调幅度不会太大，还有再度上涨的机会
行情高位	当量平价涨出现在行情高位，与量缩价涨的含义类似，都是股价上涨乏力，行情转折即将到来的预兆，只是量平价涨的信号强度不如量缩价涨强	当量平价跌出现在行情高位，代表此时股价已经开始下跌，但抛压不大，多空双方的力量差距并不悬殊，这一段的下跌幅度有限，同时也意味着下跌趋势在短期内将不容易有所改变
下跌行情中	当量平价涨出现在下跌行情中时，代表股价正在进行一波反弹，但在没有成交量支撑的情况下，反弹将不会持续太久	当量平价跌出现在下跌行情中，代表抛压已经缩小，空方力量减弱，股价将有机会出现反弹，但是在没有出现攻击信号以前，下跌趋势将不容易发生改变

下面就选取量平价跌的背离形态，通过一个案例来分析其操作方法和投资者应采用的策略。

实例分析

华夏幸福（600340）量平价跌的形态

图 6-20 为华夏幸福 2020 年 9 月到 12 月的 K 线图。

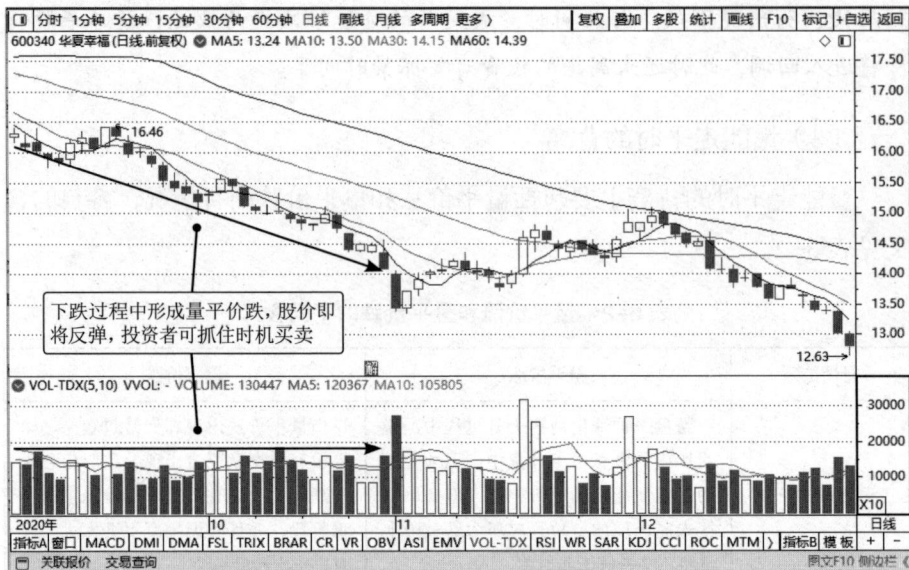

图 6-20　华夏幸福 2020 年 9 月到 12 月的 K 线图

从图 6-20 中可以看出，华夏幸福正处于下跌行情之中。9 月到 10 月，股价始终维持着下跌，但观察下方的成交量可以发现，在这两个月，成交量虽然跟随股价产生了小幅波动，但其高点基本上都维持在同一水平线上，整体呈现出走平的状态，与股价形成了量平价跌的背离走势。

在下跌行情中形成这样的走势，意味着空方力量开始减弱，后续可能会出现一波反弹。但成交量如果没有形成放量支撑的话，那么股价下跌的走势依然很难改变。

从后续的走势可以看到，10 月底到 11 月初，成交量突然放量，导致股价加速下跌。但股价在 13.50 元价位线附近得到支撑后就开始缓慢上涨，随后成交量波段式放大，为股价提供了一定的支撑力，反弹即将到来，投资者可适当建仓买进。

但由于其未能形成集中放量，股价在反弹到 60 日均线附近时就受到了压制，再次拐头下跌。这意味着股价回到了下跌轨道之中，投资者应卖出。

第7章

均线是提高成功率的利器

　　均线也被称为移动平均线，是K线图中极其关键的技术指标之一。均线具有多样化的功能，既能研判行情趋势的变化，又能在合适的位置向投资者传递买卖信号，是投资者提高股票投资成功率的利器。

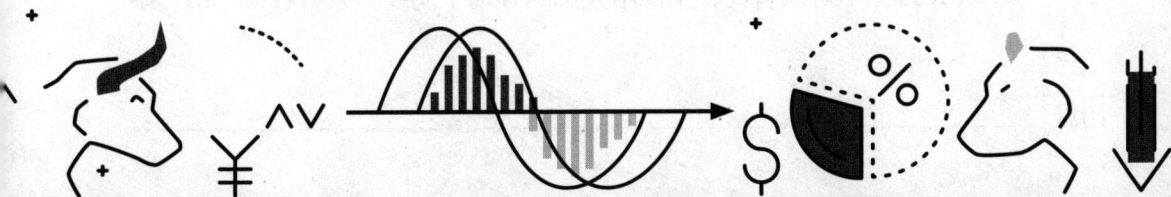

7.1 均线是研判行情的关键指标之一

作为 K 线图中默认的主图指标，均线在技术分析中占据了重要地位，研究人员更是根据移动平均线的概念，设计出了一系列均线型指标，由此可见均线具有多么大的优势。

因此，投资者在学习技术分析时，就需要对均线进行深入了解，丰富自己的理论知识，以便更好地应用到实战中去。

7.1.1 什么是移动平均线

均线全称移动平均线，有时也被称为 MA 指标，是以每日收盘价作为计算依据，以不同时间长度作为计算周期所得出的没有偏向性的平均曲线，如图 7-1 所示。

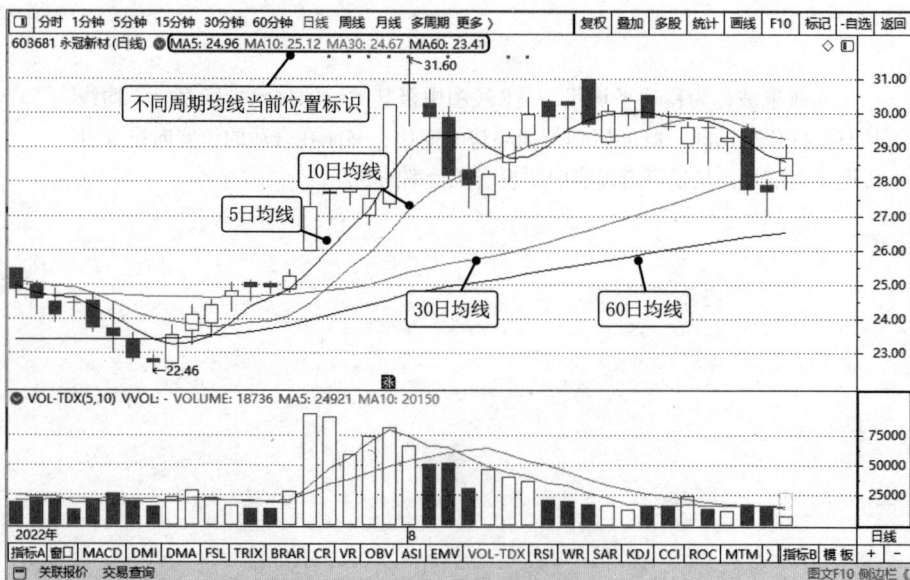

图 7-1 K 线图中的移动平均线

从 K 线图中可以看到，主图中叠加的移动平均线一共有四条，每一条的走势和波动幅度都有所不同，这是为什么呢？答案很简单，是因此时间周期不同。

要知道，移动平均线的计算是有时间基期的。比如 5 日均线以最近五个交易日的收盘价为依据计算，每一个交易日的变动都会对其产生较大影响。因此，这条均线的波动幅度就会比较大，与股价也更贴合。

而 60 日均线则是以最近 60 个交易日的收盘价为依据计算得出的，那么单单一个交易日的价格变化，很难对这条均线产生较大影响。因此，这条均线的波动幅度会相对较小，并且常常远离股价。

相信投资者也能从这一特性中发现一个关键信息，那就是时间周期越长的均线，灵敏度越低，滞后性也越强，往往股价已经上涨或下跌一段距离了，长周期均线才开始转向。

这样看来，似乎长周期均线不具有什么参考价值。但恰恰相反，投资者在实战操作时，最需要关注的重点之一，就是长周期均线的变动情况。

这就涉及均线的一些特殊功能，下面就来看移动平均线的功能介绍及应用。

7.1.2　移动平均线具有哪些功能

在了解均线的功能之前，先来熟悉均线具有怎样的特性，具体内容见表 7-1。

表 7-1　均线的特性及其含义

均线特点	含　　义
追踪趋势	均线跟随 K 线运动，因此其指标可以对股价运行起到趋势跟踪的作用。当股价的波动暂时脱离原来的运行趋势时，只要其均线系统没有出现相应的变化，短时间内就不会产生较大转折
稳定性	均线是股价平均波动幅度的反映，对股价波动起到了平滑的作用。在一段大趋势中，短期均线的波动可能会被操纵，但中长期均线不会有大的改变，均线正是反映了这种趋势的稳定性

续上表

均线特点	含　义
滞后性	均线反映了股价的趋势，具有平滑性和稳定性，所以其相对股价稍有滞后。在股价原有趋势发生反转时，移动平均线的行动往往显得迟缓，掉头速度落后，这一点中长期均线表现得尤其明显
助涨和助跌性	当股价突破均线时，无论是向上突破还是向下突破，股价有向突破方向继续运行的意愿，这就是均线的助涨和助跌性
支撑和压制性	由于均线的上述几个特性，使得它在股价走势中起支撑和压制的作用。股价对均线的突破，实际上是对支撑线和压力线的突破。均线所选用的周期越长，对股价的支撑和压力作用就越大

均线的特殊功能就是从这些特性演化而来的，主要包括体现市场平均成本功能、助涨和助跌功能及反映市场趋势功能。

◆ 体现市场平均成本功能

在理解均线对市场平均成本的反映之前，投资者需要先了解"移动平均"的概念。首先，均线的计算公式不会改变，但随着交易日的推移，每一日的均线数值会受到新生数据的影响，进而在移动中形成新的平均值，这就是移动平均。

基于这一概念，均线对于市场平均成本的反映就很好理解了，具体如图 7-2 所示。

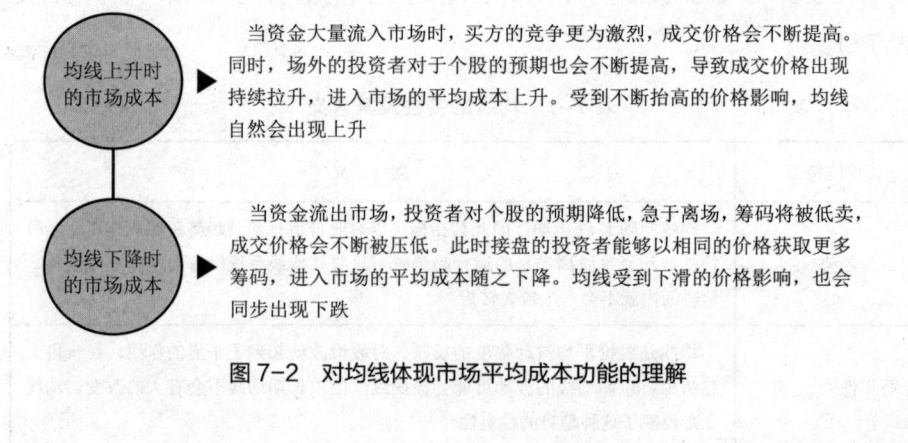

均线上升时的市场成本　▶　当资金大量流入市场时，买方的竞争更为激烈，成交价格会不断提高。同时，场外的投资者对于个股的预期也会不断提高，导致成交价格出现持续拉升，进入市场的平均成本上升。受到不断抬高的价格影响，均线自然会出现上升

均线下降时的市场成本　▶　当资金流出市场，投资者对个股的预期降低，急于离场，筹码将被低卖，成交价格会不断被压低。此时接盘的投资者能够以相同的价格获取更多筹码，进入市场的平均成本随之下降。均线受到下滑的价格影响，也会同步出现下跌

图 7-2　对均线体现市场平均成本功能的理解

在明白均线的运行原理后，投资者只要换个角度思考并分析均线之间的关系，就能有不一样的收获和体会。

举个例子，图 7-3 为融捷股份（002192）上涨过程中的一段走势，下面从市场平均成本的角度，对短周期均线与中长期均线的位置关系进行分析。

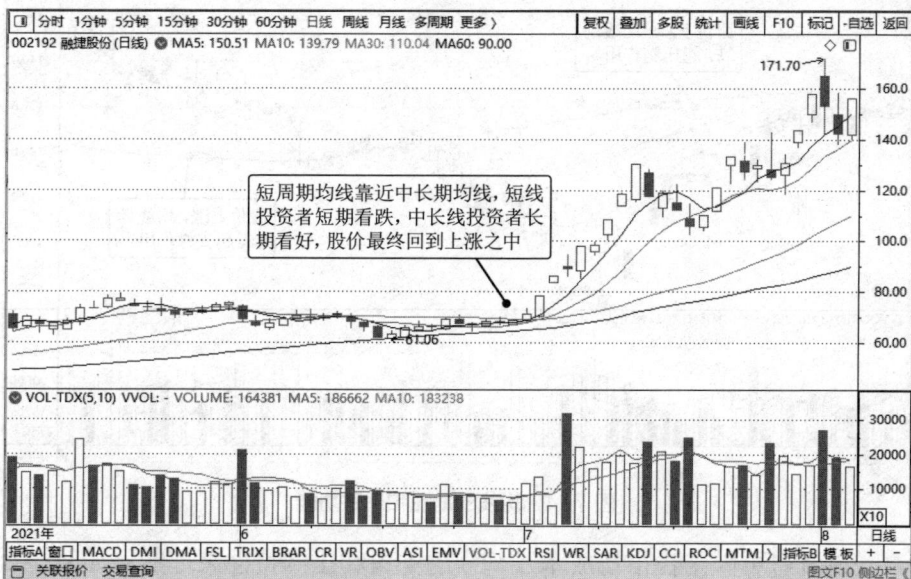

图 7-3 对短周期均线与中长期均线的分析

从图 7-3 中可以看到，在上涨行情中，短周期均线随着股价的回落而下跌至中长期均线附近，但很快得到了支撑。这意味着短期投资者与中长期投资者的成本在靠近，并且由于股价短时间内的下滑走势，短期投资者对股价的预期在下降。

不过，此时市场中的中长期投资者依旧看好后市走向，在这一股坚定看多力量的带动下，股价最终没有跌破中长期均线的支撑，反而开始回升。在这样的情况下，短线投资者预期上涨，纷纷买进入场，短周期成本上升，短周期均线还是会拐头回到上涨之中。基于这样的分析，投资者就可以积极跟进。

◆ 助涨和助跌功能

均线的助涨和助跌功能主要源于其助涨助跌和支撑压制的特性。当股价朝某一方向变动时，均线总会有帮助其延续当前走势的意愿，在 K 线图中的具体表现如图 7-4 所示。

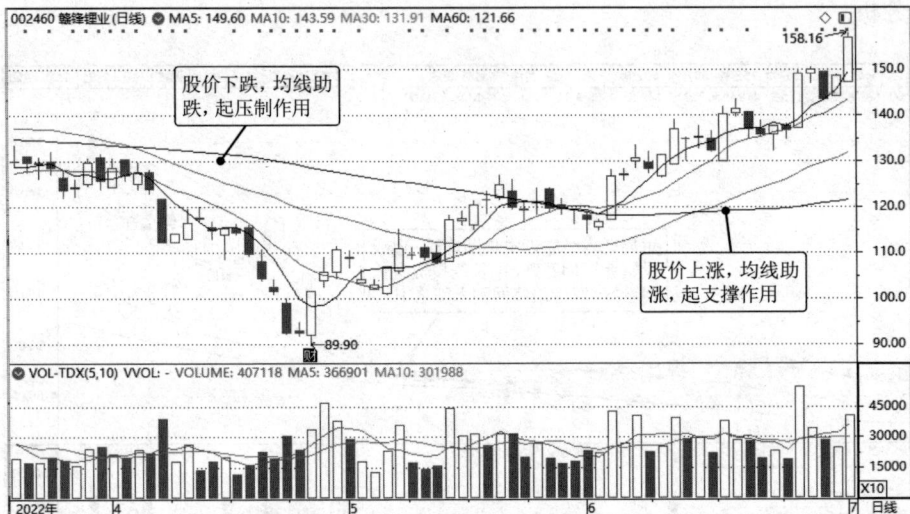

图 7-4　均线的助涨和助跌功能

投资者可以结合市场成本及均线的支撑和压制特性来理解，如图 7-5所示。

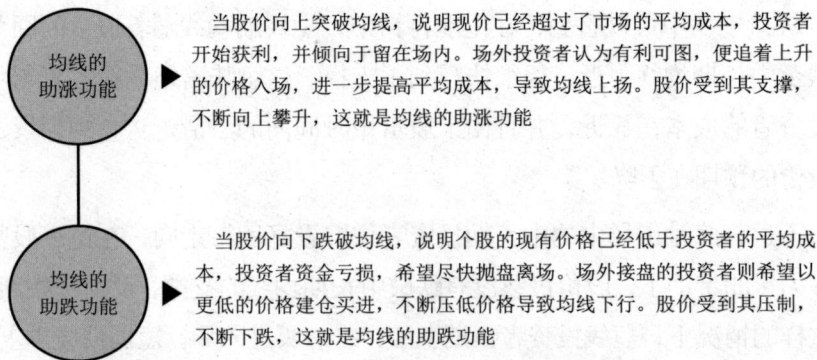

当股价向上突破均线，说明现价已经超过了市场的平均成本，投资者开始获利，并倾向于留在场内。场外投资者认为有利可图，便追着上升的价格入场，进一步提高平均成本，导致均线上扬。股价受到其支撑，不断向上攀升，这就是均线的助涨功能

均线的助涨功能

当股价向下跌破均线，说明个股的现有价格已经低于投资者的平均成本，投资者资金亏损，希望尽快抛盘离场。场外接盘的投资者则希望以更低的价格建仓买进，不断压低价格导致均线下行。股价受到其压制，不断下跌，这就是均线的助跌功能

均线的助跌功能

图 7-5　对均线助涨和助跌功能的理解

◆ 反映市场趋势功能

在熟悉了均线的两个特性后，相信投资者能够比较轻松地理解其反映市场趋势的功能了。

均线相较于股价来说具有稳定性，并且时间周期越长的均线，稳定性越强。也就是说，均线相当于抹去了小幅震荡的股价走势，近似替代了股价的变动。

因此，均线的变化更加能够帮助投资者清晰地观察到当前市场的走向，以及判断转折点的到来，具体方法如下。

◆ 当均线保持向上，股价受到支撑，证明行情处于上涨中。

◆ 当均线向下，股价受到压制，证明行情处于下跌中。

◆ 当均线自上而下转向，证明股价可能在阶段高位或是行情高位见顶，后市即将下跌。

◆ 当均线自下而上转向，证明股价可能在阶段低位或是行情低位见底，后市即将上涨。

均线反映市场趋势的功能在 K 线图中的具体表现如图 7-6 所示。

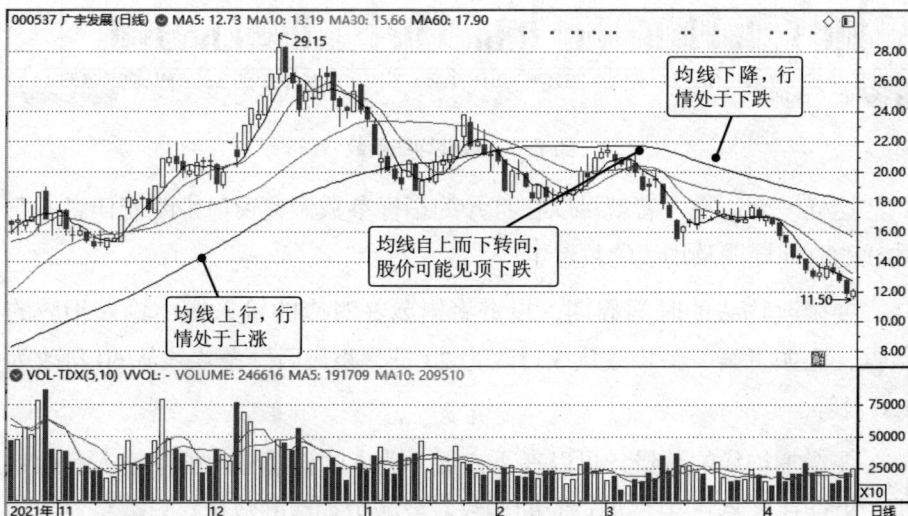

图 7-6 均线反映市场趋势的功能

7.1.3 在炒股软件中怎么设置均线参数

从前面的内容中投资者能够发现，K 线图中一般默认显示的有四条均线，但这并不是不能改变的。在 K 线图中，投资者可以设置均线显示的数量，以及每条均线的时间周期，以便在不同的场景中灵活应用。

首先，投资者在 K 线图中右击任意一条均线，弹出快捷菜单，选择其中的"调整指标参数"选项，就可以打开均线参数调整窗口，如图 7-7 所示。

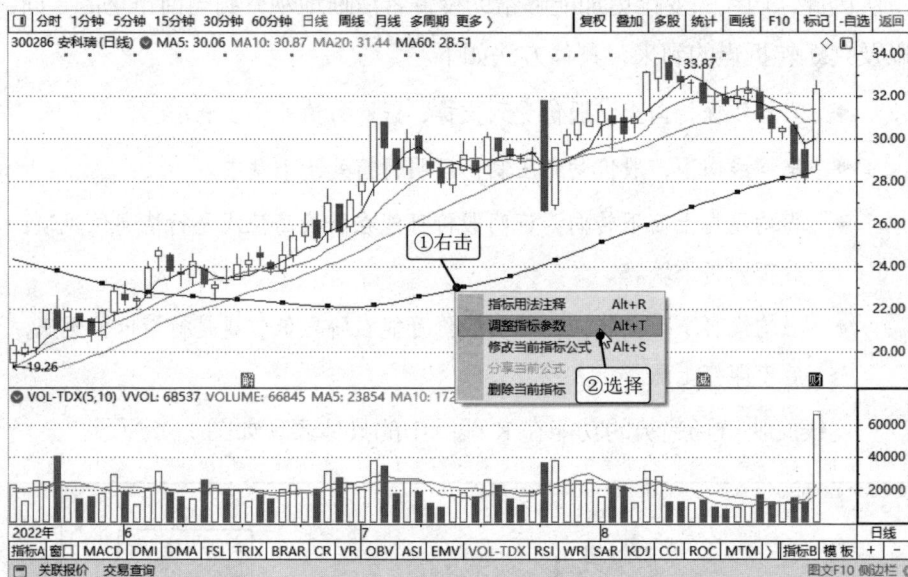

图 7-7 调整均线参数

这样一来，投资者就可以在打开的指标参数调整窗口中改变任意一条均线的时间周期及均线的数量了。

要修改均线的时间周期，投资者需要在对应的输入框中输入相应的数据，比如将第一条均线从 5 日改为 20 日，将最后一条均线从 60 日改为 120 日等。

要增加均线的数量，可以在下方显示为 0 的任意输入框中输入有效数据，就能在 K 线图中添加对应的均线。要减少均线的数量，只需将对应输入框中的数据改为 0 即可。

在数据输入的同时，K 线图中的均线就会产生相应的改变，无须投资者再操作，修改完成后，单击右下方的"关闭"按钮，退出即可。图 7-8 为均线指标参数调整窗口。

通过这样的方式只能调整均线的时间周期和数量，虽然很简单，但对于大部分投资者来说也够用了。不过，在有些特殊情况下投资者还需要进行其他数据的修改，比如均线的周期上限，或是默认显示的均线周期等，这就需要用到公式管理器了。

在 K 线图中按【Ctrl+F】组合键就可以直接打开公式管理器，如图 7-9 所示。

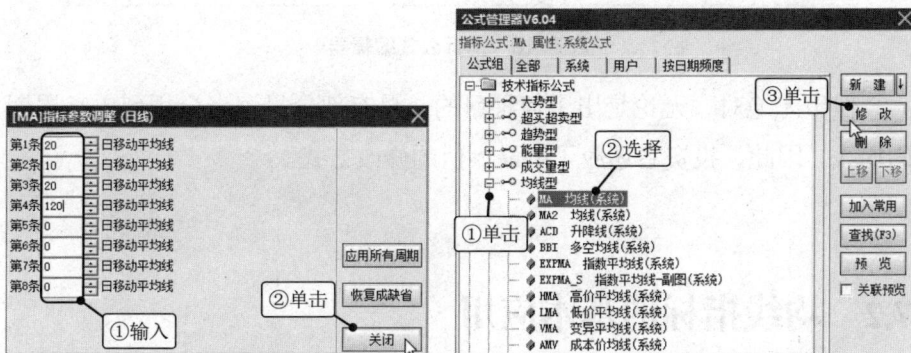

图 7-8　均线指标参数调整窗口　　　　图 7-9　公式管理器

投资者在其中找到均线型指标，点开其左侧的"+"按钮，选择"MA均线（系统）"选项，再单击界面右上方的"修改"按钮，进入均线的指标公式编辑界面，如图 7-9 所示。

均线属于系统指标，其公式代码是不允许修改的，但投资者能够修改均线的最大值和缺省值（即默认值），只需在对应的输入框中输入数据，单击右上方的"确定"按钮即可，如图 7-10 所示。

对于一般投资者来说，对最大值的修改并无必要，因为其默认最大值是 1 000，也就是说，投资者最多能够设置 1 000 日均线，几乎相当于四年均线。如此长周期的均线，能够满足大部分投资者的需求。

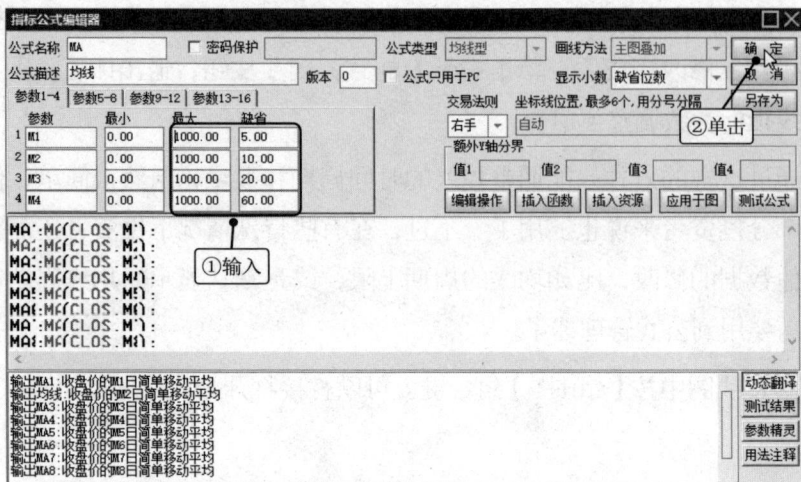

图 7-10　指标公式编辑器

但事无绝对，无论是出于何种目的，总有部分投资者会用到更长周期的均线，因此，投资者还应了解最大值的修改方式。

7.2　均线指标的基本应用

在大致了解均线后，投资者就需要进一步对均线的应用及各种特殊形态进行学习了。如何将均线的特性与功能运用到实战中，如何将均线的研判作用发挥到极致，是投资者接下来需要研究的课题。

7.2.1　均线的金叉与死叉应用

均线的金叉与死叉严格来说应该称为黄金交叉和死亡交叉，两种交叉形态分别是股价看涨和看跌的信号载体。

其中，黄金交叉指的是股价从底部回升后，带动均线组合中的短期均线拐头向上突破中长期均线，形成的一个方向向上的交叉形态，如图 7-11 所示。

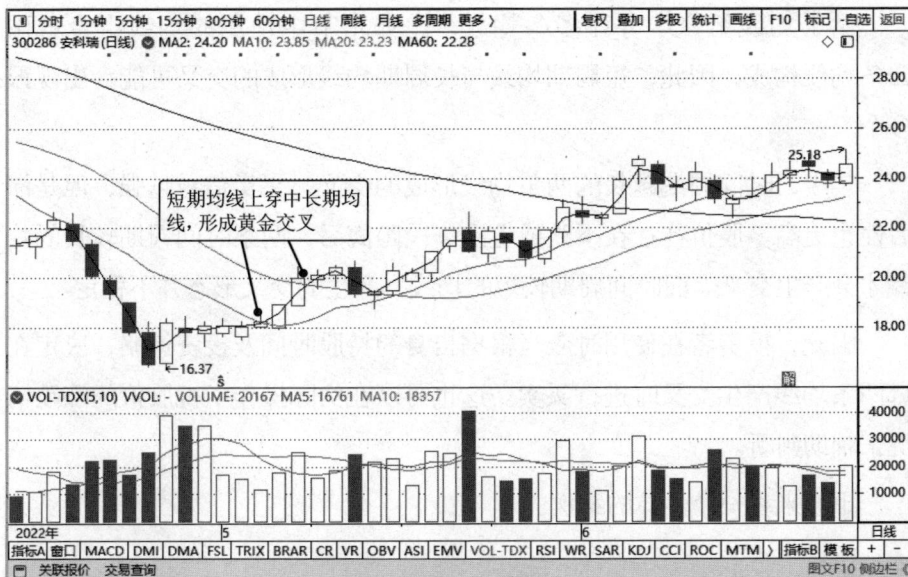

图 7-11　均线的黄金交叉

而死亡交叉指的是股价从高处跌落后，带动均线组合中的短周期均线拐头向下跌破中长期均线，形成的一个方向向下的交叉形态，如图 7-12 所示。

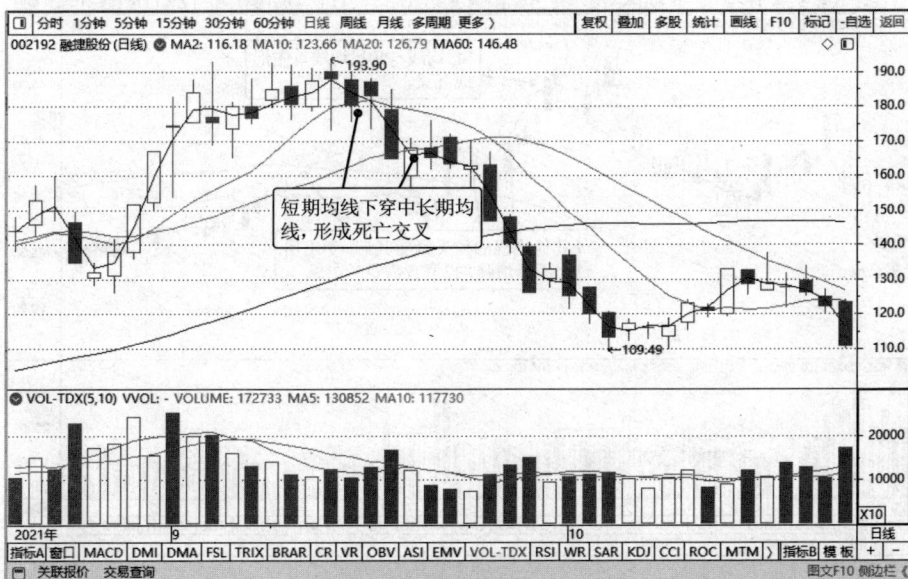

图 7-12　均线的死亡交叉

由于均线组合中存在多条均线，比如本节中使用的均线组合就由四条均线构成，因此，短周期均线与长周期均线形成的交叉可能会出现很多个。

其中，时间周期越长的两条均线形成的交叉，买卖信号越强，但是滞后性也更高。股价往往在下跌或上涨一段距离后，两条时间周期较长的均线才会产生交叉。而时间周期较短的均线，产生的交叉形态并不稳定。

因此，投资者在使用时应当根据自身的持股时间及投资策略，决定在哪两条均线产生交叉时进行买卖。这也可以在实际操作中视股价的涨跌情况来辅助判断。

下面来看一个具体的案例。

实例分析
运达股份（300772）分析金叉与死叉的买卖时机

图 7-13 为运达股份 2021 年 9 月到 2022 年 1 月的 K 线图。

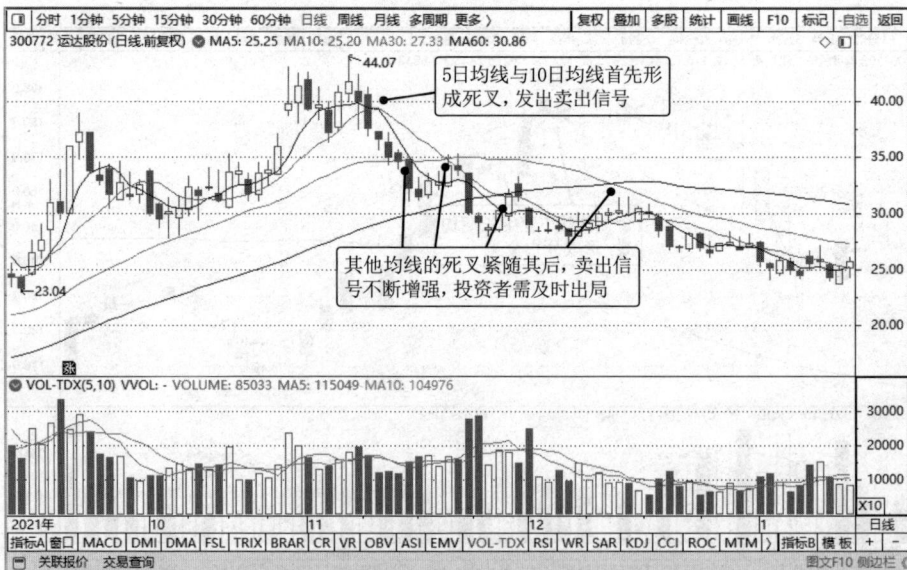

图 7-13　运达股份 2021 年 9 月到 2022 年 1 月的 K 线图

从图 7-13 中可以看出，运达股份正处于上涨行情的顶部。2021 年 9 月到 10 月，股价都在均线组合的支撑下稳步上涨。尽管期间有所震荡，但股价低点在不断上移，呈现积极的上扬走势。

10 月底，股价越过 40.00 元的价位线，在高处横盘震荡一段时间后，于 11 月初创出 44.07 元的新高，随后便出现了快速地收阴下跌。

就在股价见顶下跌的数日后，5 日均线和 10 日均线迅速出现交叉向下的走势，形成了第一个死亡交叉，发出了初步的卖出信号，短线投资者可在此积极出局。

11 月中旬，伴随着股价的下跌，5 日均线首先下穿 30 日均线，形成了第二个死亡交叉。随后数日，10 日均线也跟随下跌，击穿了 30 日均线，又形成了一个死亡交叉。

此时，5 日均线和 10 日均线都已经跌破了 30 日均线，导致 30 日均线走平，并有向下拐头的迹象。股价也已经下跌到了 30.00 元价位线附近，相较于顶部的 44.07 元，跌幅已经超过 30%。此时还未离场的短线投资者要立即出局，而谨慎的中长线投资者此时也应该收到警告，提前卖出了。

从后续的走势可以看到，11 月底，60 日均线也被 5 日均线和 10 日均线跌破。12 月中旬时，60 日均线被 30 日均线跌破，至此，60 日均线彻底被三条均线完全跌破，并完成了向下的转向，确定了下跌行情的出现。此时，股价还在 30.00 元价位线附近进行横盘震荡，为还未离场的投资者留下了宝贵的卖出机会。

图 7-14 为运达股份 2022 年 3 月到 7 月的 K 线图。

从图 7-14 中可以看出，2022 年 3 月到 4 月，运达股份的股价还在进行着下跌走势。4 月底，股价跌破了 14.00 元的价位线，并创出 13.31 元的阶段新低，随后在 14.00 元价位线附近横盘了数日，最终于 5 月初开始了大幅的收阳上涨。

在股价上涨的同时，5 日均线和 10 日均线立刻跟随上行，形成了一个向上的黄金交叉。这个黄金交叉的出现，意味着股价可能即将进入一段反弹，短线投资者可在此积极买进。

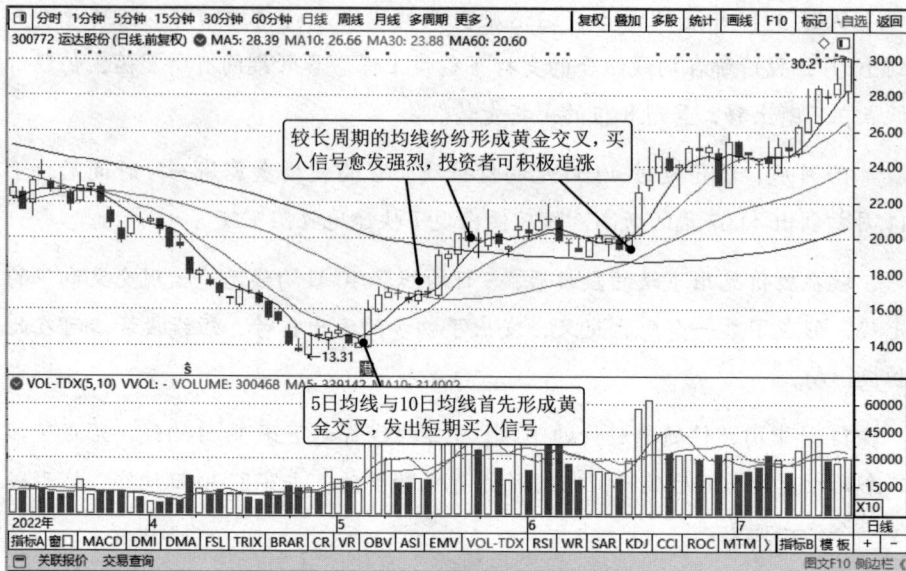

图7-14　运达股份2022年3月到7月的K线图

5月中旬，5日均线首先上穿30日均线，紧随而来的便是10日均线上穿30日均线，连续形成了两个黄金交叉。在此之后，股价依旧在不断上涨，意味着此次反弹的高度可能比较高，有意愿抓住这段反弹的投资者，此时也要积极跟进，或是适当加仓。

从后续的走势可以看到，进入5月下旬后，5日均线和10日均线持续上扬，很快便上穿了60日均线，再次形成了两个黄金交叉。此时，股价已经来到了20.00元价位线附近，并形成了一段时间的横盘震荡。

6月中旬，股价带动30日均线成功上穿60日均线，又一次形成了一个可靠度非常高的黄金交叉，随后快速收阳上涨。这说明后市的上涨空间可能比较大，还未入场的投资者可以积极追涨，然后在合适的时机卖出，就能在短时间内获得不错的收益。

7.2.2　均线黏合和发散特性的市场意义

均线的黏合与发散属于均线指标特有的特性之一，这两种特性只能在均线组合中才能进行观察和使用，具有非常强的市场意义。只要投资者能够合理利用这两项特性，就能有效提高自己的成功率。首先介绍黏合和发散特性各自的含义。

均线的黏合指的是当股价走平，或者在一个较为狭窄的价格区间内横盘震荡时，短周期均线和中长周期均线会跟随股价震荡而聚合到一起，形成纠缠和重叠状态。

均线发散则是指股价在盘整结束后，均线由聚拢转为分离，并呈同步向某一方向辐射开，彼此距离拉大的现象。

一般来说，均线的黏合与发散是先后出现的。比如，在上涨行情中，当股价从快速的上涨进入横向的盘整，均线就会由发散转为黏合状态；同样的，当股价从盘整状态再次向上突破并上涨时，均线的黏合状态又会转为发散。

图 7-15 为均线组合在上涨行情中的黏合与发散。

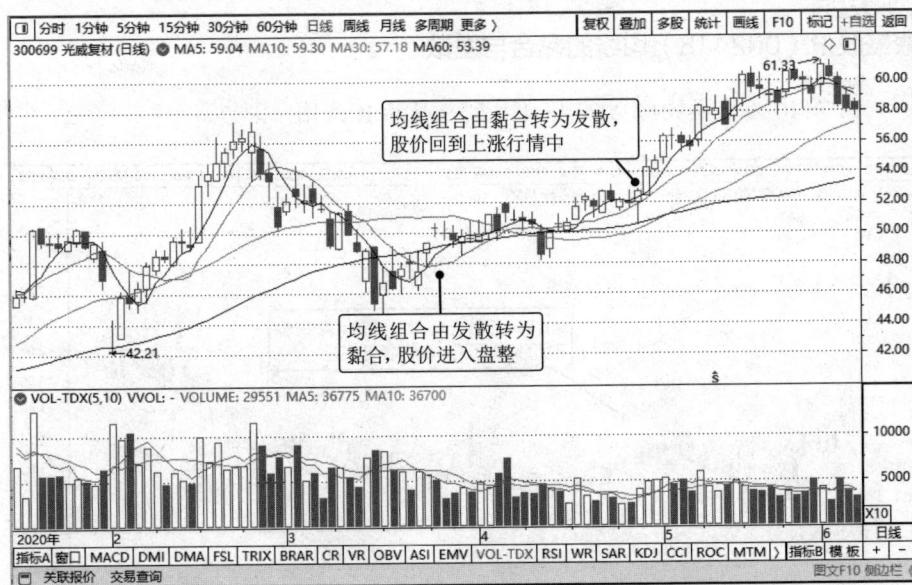

图 7-15　均线组合在上涨行情中的黏合与发散

均线向上黏合后向上发散，常出现在上涨行情中，意味着股价暂时整理，后市继续上扬。均线向上黏合后向下发散，常出现在上涨行情的顶部或是阶段顶部，意味着股价滞涨，后市下跌。

当然，均线组合在下跌行情中也会出现黏合与发散。由于黏合与发散的方向性不同，均线的状态也会呈现出以下两种，每一种状态代表的含义也有所不同。

- **均线向下黏合后向上发散**：常出现在下跌行情的底部或是阶段底部，意味着股价止跌回升，后市即将上涨。
- **均线向下黏合后向下发散**：常出现在下跌行情之中，意味着股价暂时整理，后市依旧下跌。

每一种黏合与发散的状态，其操作策略都会稍显不同，投资者可根据实际情况与自身策略来决定何时买卖。

下面来看一个具体的案例。

实例分析

康盛股份（002418）均线的黏合与发散

图 7-16 为康盛股份 2020 年 4 月到 9 月的 K 线图。

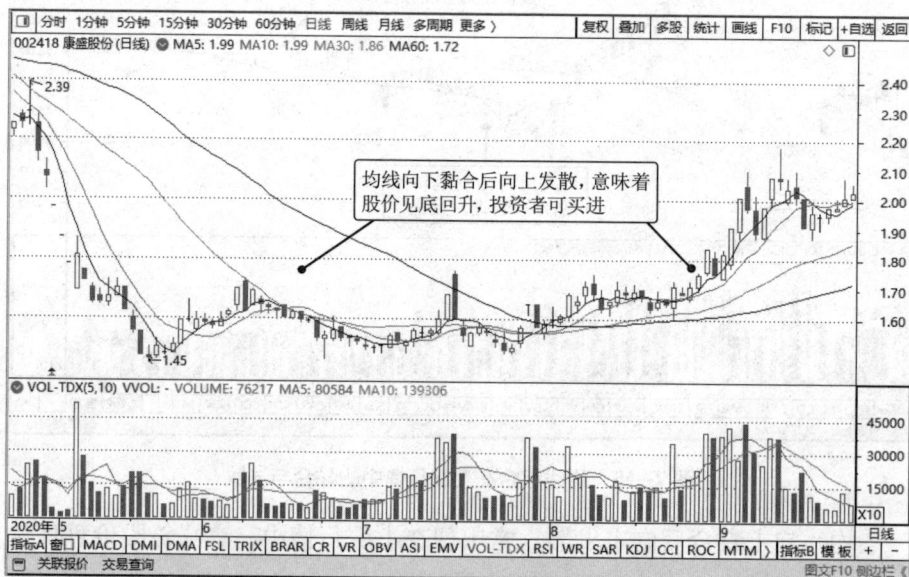

图 7-16　康盛股份 2020 年 4 月到 9 月的 K 线图

从图 7-16 中可以看出，康盛股份正处于下跌走势向上转向的过程中。2020 年 4 月，股价还在不断下跌，并且在 4 月底到 5 月初，出现了连续的一字跌停，导致股价下跌速度愈发加快，均线组合形成向下的发散状态。

5 月下旬，股价创出 1.45 元的新低，随后见底回升，开始围绕 1.60 元价位线不断横盘波动。比较敏感的 5 日均线和 10 日均线首先聚合到一起，紧随其后的便是 30 日均线。7 月底，60 日均线加入进来，与其他三条均线一起形成了黏合走势。

8 月初，股价开始震荡上涨，带动均线组合开始向上。8 月底，股价涨势突然加快，均线组合彻底向上发散开来。

从整体走势来看，均线组合形成了向下黏合后向上发散的走势，这意味着股价可能到达了阶段或行情的底部，即将开始新一波的上涨走势，投资者可以在适当的位置入场。

图 7-17 为康盛股份 2020 年 9 月到 2021 年 2 月的 K 线图。

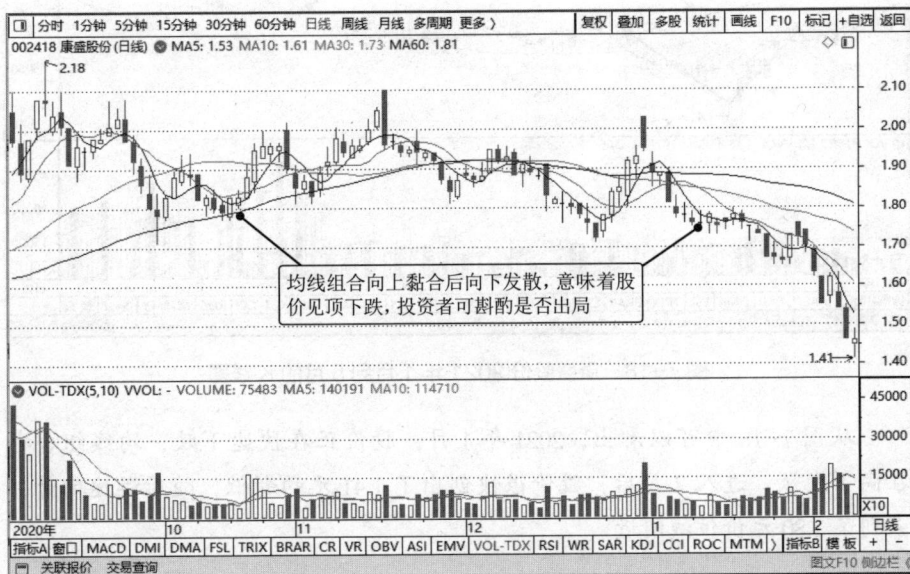

图 7-17 康盛股份 2020 年 9 月到 2021 年 2 月的 K 线图

从后续的走势可以看到，股价接连上涨并带动均线组合向上发散后，很快便于 9 月初接近了 2.20 元价位线。在创出阶段新高后，股价很快回落，随即便在 1.80 元到 2.10 元内横盘震荡，导致均线组合再次黏合在一起。

2021 年 1 月初，股价结束了一次上冲后，开始拐头向下运行。此次下跌直接跌穿了 1.80 元价位线，股价的跌速也比较快，带动均线组合向下发散开来。

从整体走势来看，均线在这一段时间内形成了向上黏合后向下发散的走势，这意味着股价可能到达了阶段的顶部，开始进行回调。尽管股价回调深度不明，但短时间内一定会出现一波下跌，短线投资者可积极出局，中长线投资者则可以保持观望。

图 7-18 为康盛股份 2021 年 1 月到 5 月的 K 线图。

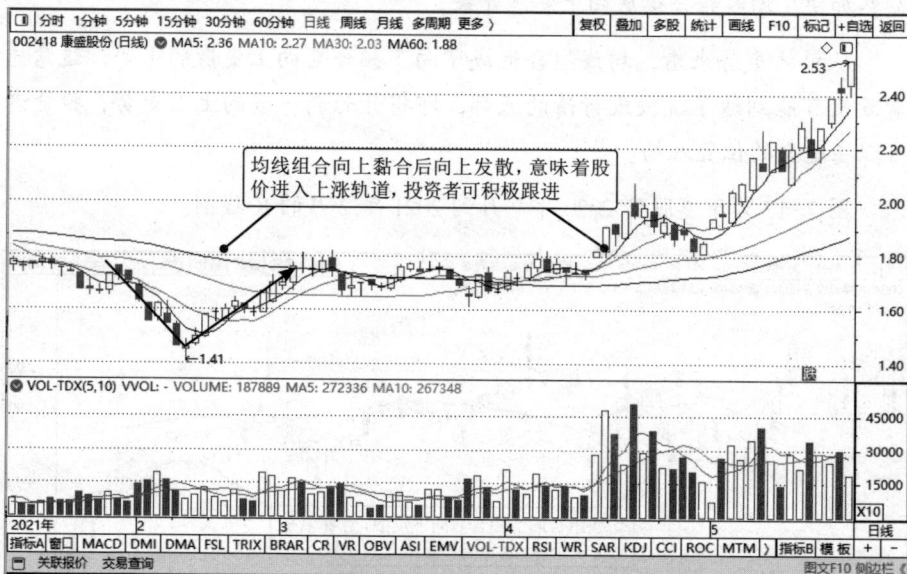

图 7-18　康盛股份 2021 年 1 月到 5 月的 K 线图

从图 7-18 中可以看出，2021 年 1 月，股价正在快速下跌，均线组合也在向下发散。进入 2 月后，股价很快创出了 1.41 元的新低，随后迅速回升，来到了 1.80 元价位线附近。

在此期间，股价并未在底部停留，反而在快速下跌后再快速上涨，形成了一个 V 形底。因此，均线组合也并未向下形成黏合，而是跟随上涨的股价拐头向上。

进入 3 月后，股价便在 1.80 元价位线下方形成了横向震荡走势，均线组合向上形成了黏合。这样的走势一直持续到 4 月中旬，随后成交量开始大幅放量，带动股价迅速上涨，并且在回踩后确认了下方支撑力，后续的涨速愈发加快，均线组合彻底向上发散开来。

从整体走势来看，均线组合形成了向上黏合后向上发散的走势。这意味着股价正处于上涨行情之中，股价在进行整理后回到了上涨轨道，后续空间巨大，投资者可以在均线完成向上发散后积极跟进。

7.2.3　均线的多头排列与空头排列

均线的多头排列与空头排列同样是该指标的特色，它们与均线的黏合与发散比较类似，但多头排列与空头排列对均线组合中每条均线的排列方式要求更严格。

多头排列指的是当股价呈上升趋势时，自上而下依次排列短周期均线、中等周期均线和长周期均线，三者与股价一样，都保持着上扬状态，如图 7-19 所示。

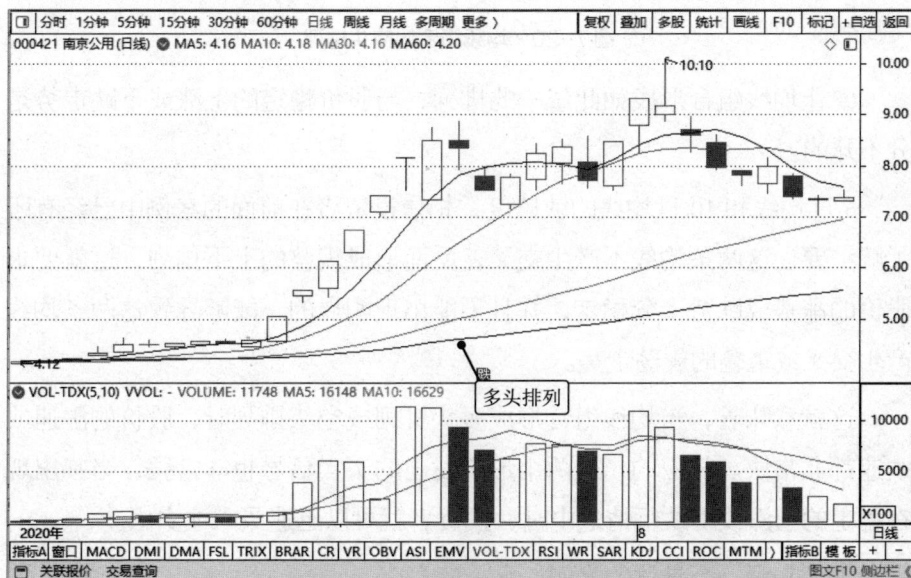

图 7-19　均线组合的多头排列

而空头排列则指当股价呈下降趋势时，自上而下依次排列长周期均线、中等周期均线和短周期均线，三者与股价一样，都保持着下跌状态，如图 7-20 所示。

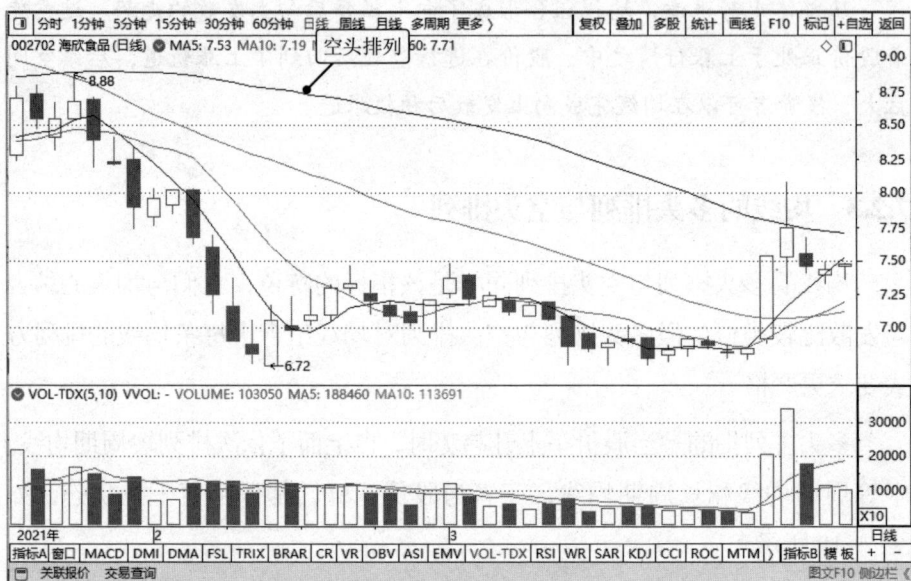

图 7-20　均线组合的空头排列

要让均线组合形成如此统一的排列，与股价稳定的上涨或下跌走势是分不开的。

5 日均线和 10 日均线的敏感度，相信投资者在前面的案例中已经有所了解。要让这两条均线不产生交叉，反而形成规整的上下排列，这就要求股价的涨势或跌势十分稳定，并且不能出现明显的、能够导致这两条均线产生交叉或重叠的震荡走势。

这就意味着，当均线组合形成多头排列或空头排列时，股价的涨速或跌速都非常快。相应的，这两个形态发出的买卖信号也非常强，当其出现在稳定的上涨或下跌行情之中时，投资者就可以迅速买入或卖出。

下面来看一个具体的案例。

实例分析

安道麦A（000553）均线的多头排列与空头排列

图 7-21 为安道麦 A 在 2021 年 7 月到 12 月的 K 线图。

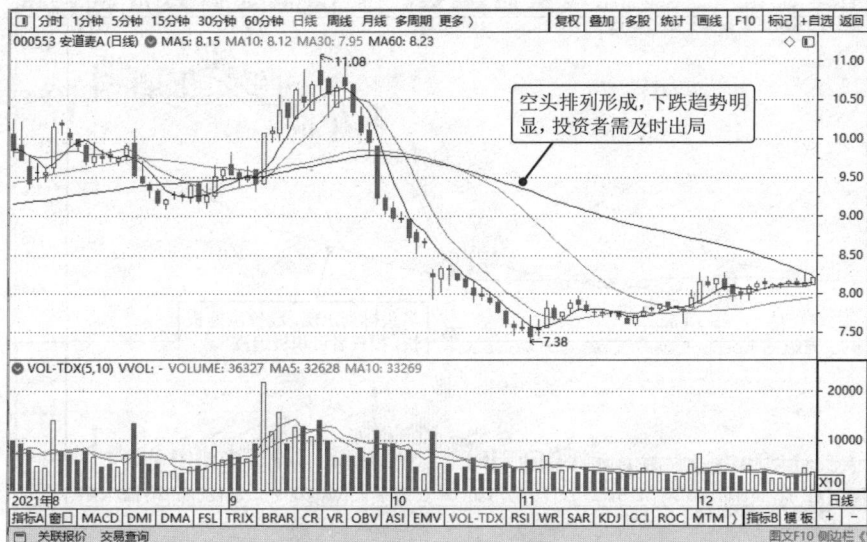

图 7-21　安道麦 A 在 2021 年 7 月到 12 月的 K 线图

从图 7-21 中可以看出，安道麦 A 正处于上涨走势向下转向的过程中。2021 年 7 月到 9 月中旬，股价还在缓慢地震荡上涨。

9 月中旬，股价小幅越过 11.00 元价位线并创出 11.08 元的新高后，在相对高位横盘了一段时间，随后拐头迅速进入下跌走势中。

9 月底到 10 月下旬，5 日均线和 10 日均线快速下行，跌穿了 30 日均线和 60 日均线，并带动这两条均线迅速向下转向，四条均线最终形成了长周期均线在上、短周期均线在下的空头排列。

在空头排列形成过程中，5 日均线与 10 日均线的距离维持得比较远，这意味着股价的跌势会持续，短时间内会有一波大幅度的下探，投资者应当及时卖出。

从后续的走势可以看到，进入 11 月后，股价于 11 月 2 日创出 7.38 元的阶段新低，随后进入了缓慢的回升。5 日均线和 10 日均线向上形成交叉，破坏了空头排列的走势，并且在后续跟随股价不断震荡上扬。这意味着股价即将进入一波反弹或是上涨，投资者可暂时进行观望。

图 7-22 为安道麦 A 在 2022 年 2 月到 7 月的 K 线图。

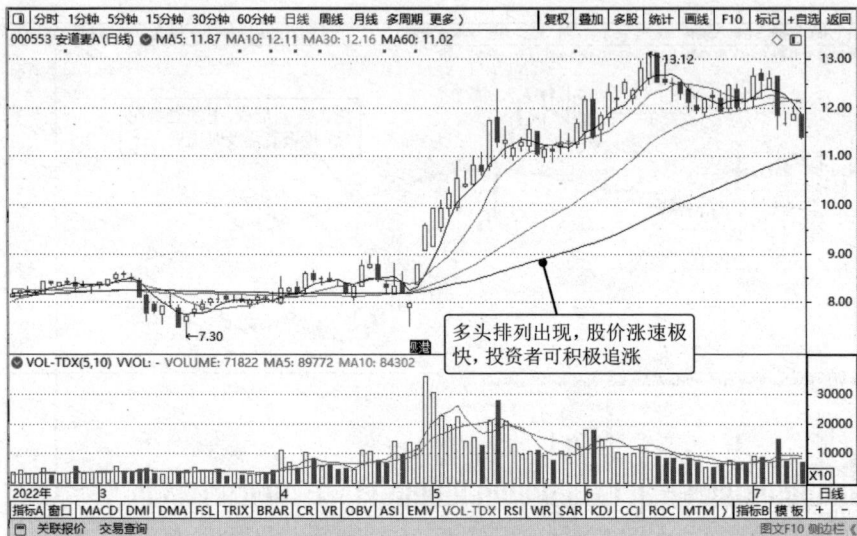

图 7-22　安道麦 A 在 2022 年 2 月到 7 月的 K 线图

从图 7-22 中可以看出，进入 2022 年后，股价始终在 8.00 元价位线附近进行着横盘震荡，这样的走势一直持续到 4 月。在此期间，均线组合始终保持着黏合状态。

4 月初，成交量开始大幅放量，推动股价不断上扬。4 月底时，量能再次出现了升高，股价连续收阳迅速上冲，涨速飞快，带动均线组合向上发散开来，并直接形成了多头排列的形态。这意味着股价进入了快速的拉升中，投资者可积极追涨买进，以抓住后续涨幅。

从接下来的走势可以看到，在 5 月中旬，股价在小幅越过 12.00 元价位线后，拐头出现下跌，但在 11.00 元价位线附近得到支撑，进行横向盘整，股价涨速减缓。这也导致 5 日均线和 10 日均线形成了交叉，破坏了多头排列的形态。

5 月底时，股价再次上扬，5 日均线又一次回到了 10 日均线上方，多头排列形态依旧持续。这意味着股价在后续还有一波上涨，投资者可在此处适当加仓，待到多头排列下探被彻底破坏，投资者再卖出，就能获得不错的收益。

7.3　均线进阶应用找买卖点

在学习了均线的基本特性和一些基础用法后，投资者就可以进入进阶应用的学习中了。在均线的进阶应用中，主要涉及的就是葛兰威尔买卖法则，以及一些特殊形态的买卖方法，本节就将对这两大方面进行详细解析。

7.3.1　葛兰威尔买卖法则的应用

葛兰威尔买卖法则全称为葛兰威尔均线八大买卖法则，是均线的发明者葛兰威尔提出的。法则主要以一条均线和股价之间的位置关系为参考依据，预测股价未来的走势，作为买卖的参考。

葛兰威尔买卖法则主要包括四个买点和四个卖点，分别分布在涨跌周期的不同波段中。

其中，上涨行情中存在三个买点和一个卖点，下跌行情中存在三个卖点和一个买点。这八个买卖点都是依据股价和一条均线之间的位置及交叉关系来判定的。

图 7-23 为葛兰威尔法则买卖点示意图。

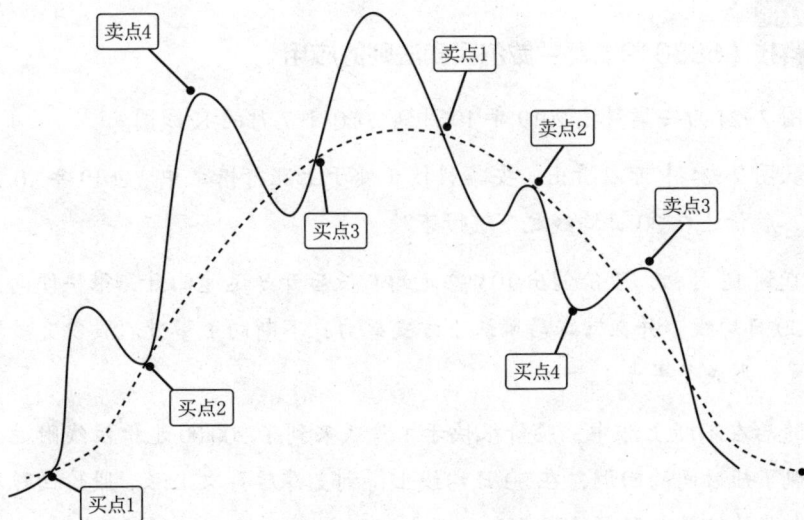

图 7-23　葛兰威尔法则买卖点示意图

从图 7-3 中可以看到，实线代表股价，虚线代表均线，八个买卖点在一个涨跌周期中的分布非常清晰明了。投资者完全可以在实际操作中将股价走势与图形进行对比，以确定买卖点的位置。

拓展贴士 *葛兰威尔买卖法则的判断仅需一条均线*

在葛兰威尔买卖法则概念的解释和图形中，相信投资者可以发现，在法则中用于判断买卖点的均线只有一条。可能有些投资者会产生疑惑，仅仅使用一条均线，信号的可靠度有保障吗？为什么不能使用均线组合来进行判断呢？

这就涉及了不同时间周期均线之间的滞后性，由于滞后性的不同，每一条均线产生转折或变动的时间都会有所不同。这就导致投资者在使用葛兰威尔买卖法则时，法则与均线组合分别形成的信号可能会产生冲突，反而会导致投资者无所适从，不知从何下手。因此，只使用一条均线来判断是最好的选择。

如果不知道选择什么时间周期的均线，投资者可以根据自己的操盘时间来决定。比如短线投资者可以使用 10 日均线，中长线投资者就可以使用 60 日均线等，没有统一的规定，投资者可根据自身需求来选择即可。

下面来看一个具体的案例。

实例分析

安集科技（688019）葛兰威尔买卖法则的应用

图 7-24 为安集科技 2019 年 10 月到 2020 年 7 月的 K 线图。

从图 7-24 中可以看出，安集科技正处于上涨行情之中。2019 年 10 月到 11 月，股价还在 30 日均线之下缓慢下跌。

直到 12 月初，股价创出 103.82 元的新低后开始迅速回升，很快便向上突破了 30 日均线，并在回踩后确认下方支撑力，不断向上攀升。股价突破均线的位置，形成了买点 1。

随后在不断上涨中，股价很快于 1 月底来到了 200.00 元价位线附近，随后出现了短时间的回调，在 30 日均线上得到支撑后再次上涨。股价回踩均线再次上涨的位置，形成了买点 2。

图 7-24　安集科技 2019 年 10 月到 2020 年 7 月的 K 线图

　　2020 年 2 月中旬，股价再次来到了 200.00 元价位线附近，在该价位线附近受到压制后横盘了一段时间，最终拐头下跌，进入了回调之中。

　　股价的此次回调跌幅比较深，很快便向下跌破了 30 日均线，并在回抽后确认了上方的压制力，继续向下滑落。3 月底到 4 月，股价见底回升，并在 4 月中旬成功上穿均线，回到了上涨轨道之中，股价冲破均线的位置形成了买点 3。

　　继续来看后续的走势，5 月中旬，股价在不断上涨中来到了 350.00 元价位线附近，但很快便在该价位线处受到压制，形成了一段震荡走势，最终于 6 月初开始下跌。由于此段上涨幅度较大，股价的阶段顶部形成了卖点 4。

　　很快，股价跌破了 30 日均线的支撑，在其下方运行了数日后再次回升，向上冲破了 30 均线，又形成了一个买点 3。在后续的走势中，股价涨速越发加快，在不到半个月的时间内就冲到了 500.00 元价位线附近，创出了 500.85 元的新高。

　　图 7-25 为安集科技 2020 年 7 月到 2021 年 3 月的 K 线图。

图 7-25 安集科技 2020 年 7 月到 2021 年 3 月的 K 线图

从图 7-25 中可以看出，安集科技已经转向了下跌行情。在 2020 年 7 月之前，股价还在快速上涨，到 7 月初时创出 500.85 元的新高，随后回落到 340.00 元价位线附近，受到支撑再次上扬。

但此次上涨的高度没有超过前一个高点，而是在 475.00 元价位线附近就受压下跌，迅速跌穿了 30 日均线，并在后续运行到其下方。这样的走势意味着股价可能进入了下跌行情，那么 8 月中旬股价跌穿 30 日均线的位置就形成了卖点 1。

9 月初，股价一路跌至 250.00 元价位线上方，因其跌速较快，股价与 30 日均线之间产生了较大的偏离。由于均线与价格之间存在相互牵引的力，股价随时会产生反弹，因此，该位置是短线投资者的买入时机，也是存在于下跌行情中的买点 4。

9 月下旬，股价反弹至 30 日均线附近后就受到压制不再上涨，而是沿着均线运行方向进行盘整，直至再次下跌。股价靠近却未能突破 30 日均线的位置，就形成了卖点 2。

在后续的走势中，股价反复形成反弹走势，最终于 11 月初成功突破均线，反弹到其上方。但在小幅越过 350.00 元价位线后，股价还是朝着下方滑落，那么其阶段高点就是卖点 3 的位置。

在安集科技这一段完整的涨跌周期中，投资者可以清晰地看到葛兰威尔买卖法则的应用及其出现的位置和判断方式。只要在合适的位置果断进行买卖操作，相信投资者能够有不错的收益。

7.3.2　均线组合加速上涨形态应用

均线的加速上涨形态指的是股价在上涨过程中，某一时刻突然大幅拉涨，加快了上涨速度，导致原本就在上涨的均线组合加大了上扬角度，并向上方更广地发散开来，如图 7-26 所示。

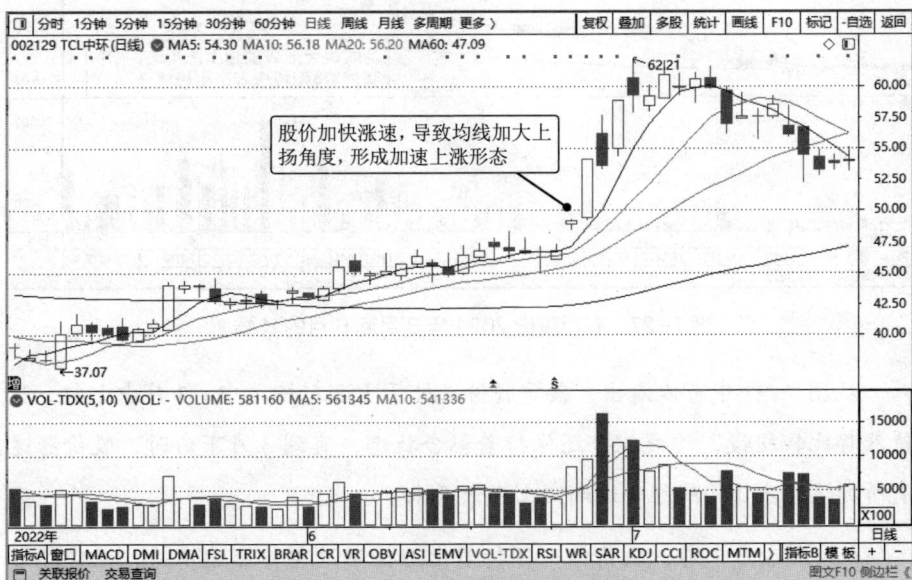

图 7-26　均线组合的加速上涨形态

均线组合加速上涨形态不同于单纯的均线黏合后发散，均线组合在出现加速上涨之前，可能已经在向上发散了，只是发散角度和扩散幅度不如加速后的大。因此，均线组合加速上涨形态属于更进一步的看多形态，发出的信号强化了之前的信号，投资者可根据该形态积极建仓。

下面来看一个具体的案例。

实例分析

鞍重股份（002667）均线的加速上涨形态

图 7-27 为鞍重股份 2021 年 3 月到 6 月的 K 线图。

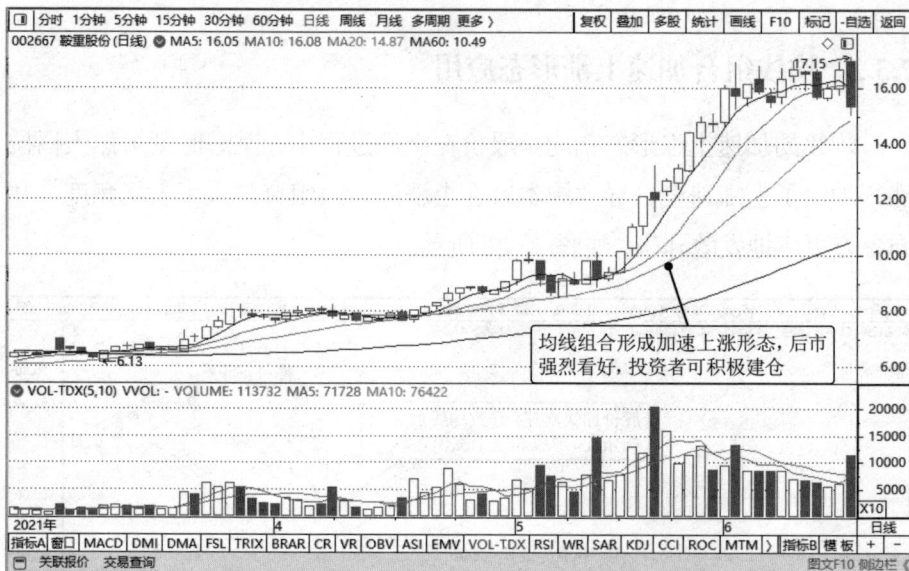

图 7-27　鞍重股份 2021 年 3 月到 6 月的 K 线图

从图 7-27 中可以看出，鞍重股份正处于上涨行情之中。3 月中上旬，股价涨势比较缓慢，均线组合还保持着黏合状态，直到 3 月下旬时，股价涨速有所加快，才让均线组合逐渐向上发散开来。

4 月到 5 月中旬，股价依旧保持着上涨，不过整体涨速不快，还伴随着小幅度的震荡，但均线组合是始终上扬的。

5 月中旬开始，成交量量能开始逐步放大，带动股价连续收阳上涨，大大加快了上涨速度，直接导致均线组合加大上扬角度，并明显向上发散，形成了加速上涨的走势。

在上涨行情中形成加速上涨形态，意味着场内推动力极为充沛，就算不能维持长久的上冲，短时间内股价也将迎来大幅的上涨，投资者可以在加速上涨形态出现后积极跟进。

7.3.3 蛟龙出海孕育强势拉升

蛟龙出海形态指的是股价原本处于整理状态，均线组合黏合或交叉在一起，某一时刻 K 线突然收出一根大阳线，向上突破了整个均线组合，并在后续持续上涨，运行到均线组合上方，如同一条从海中腾飞而出的蛟龙，如图 7-28 所示。

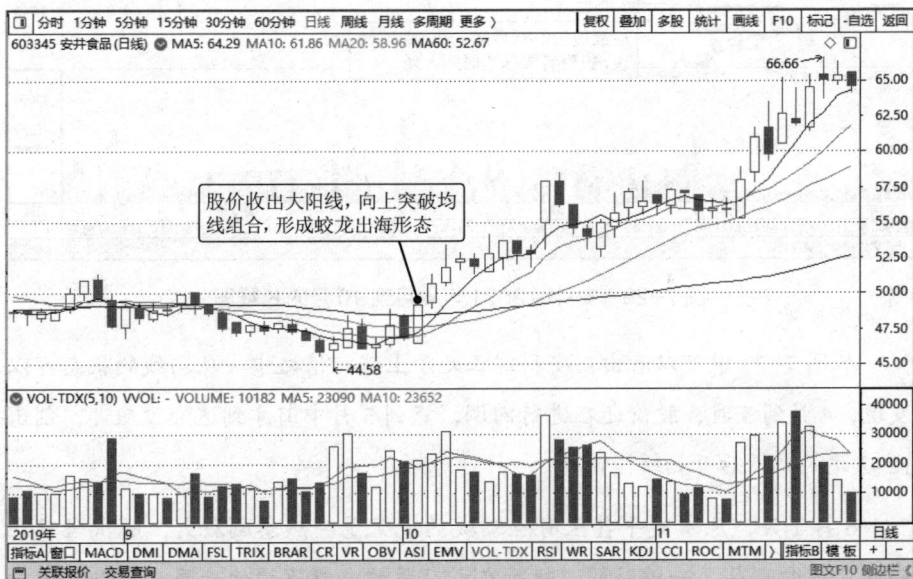

图 7-28 均线组合的蛟龙出海形态

蛟龙出海形态意味着股价从盘整状态中脱离了出来，开始了新一轮的拉升。形成蛟龙出海形态的大阳线实体越大，影线越短，那么形态的可靠度和信号强度就越高，投资者应尽快跟进。

下面来看一个具体的案例。

安科瑞（300286）均线的蛟龙出海形态

图 7-29 为安科瑞 2021 年 4 月到 10 月的 K 线图。

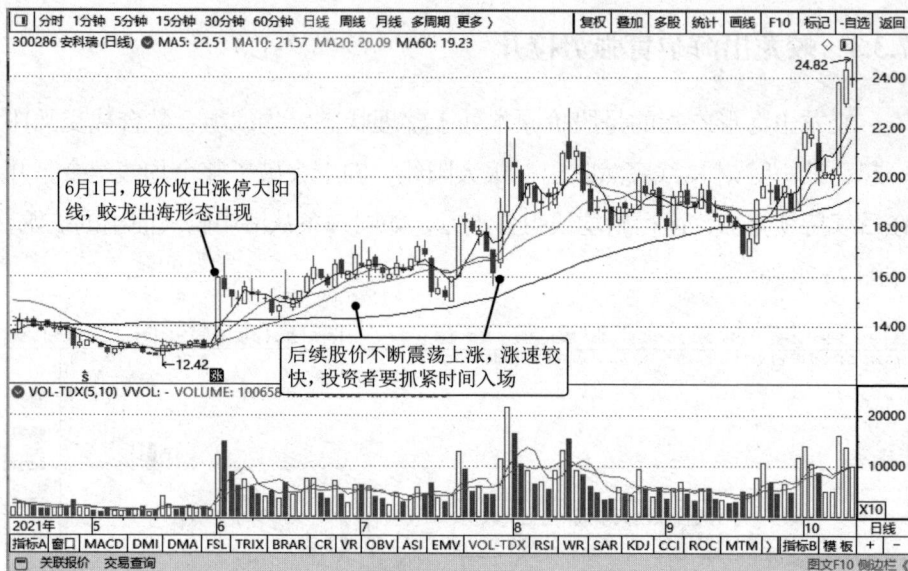

图 7-29　安科瑞 2021 年 4 月到 10 月的 K 线图

从图 7-29 中可以看出，安科瑞正处于上涨行情之中。从均线的状态可以发现，4 月到 5 月，股价还在进行回调，直到 5 月中旬才到达阶段底部，创出 12.42 元的新低后开始缓慢回升。

6 月 1 日，原本走平甚至有点缩减的成交量突然急剧放大，股价当日在高开后横向震荡了一段时间，随后在成交量的支撑下快速走高，一路在均价线的支撑下直奔涨停，最终以 20.02% 的涨幅收出一根光头大阳线。

凭借这一根光头大阳线，股价直接向上穿过了整个均线组合，并在后续的回踩中确认了下方的支撑力。这意味着股价即将展开一波拉升，涨停的大阳线说明后市上涨空间巨大，投资者要抓紧时间建仓。

7.3.4 均线组合加速下跌形态应用

加速下跌形态与加速上涨形态对应，指的是股价在下跌过程中，某一时刻突然大幅下滑，加快了下跌速度，导致原本就在下行的均线组合加大了下行角度，并向下方更广地发散开来，如图7-30所示。

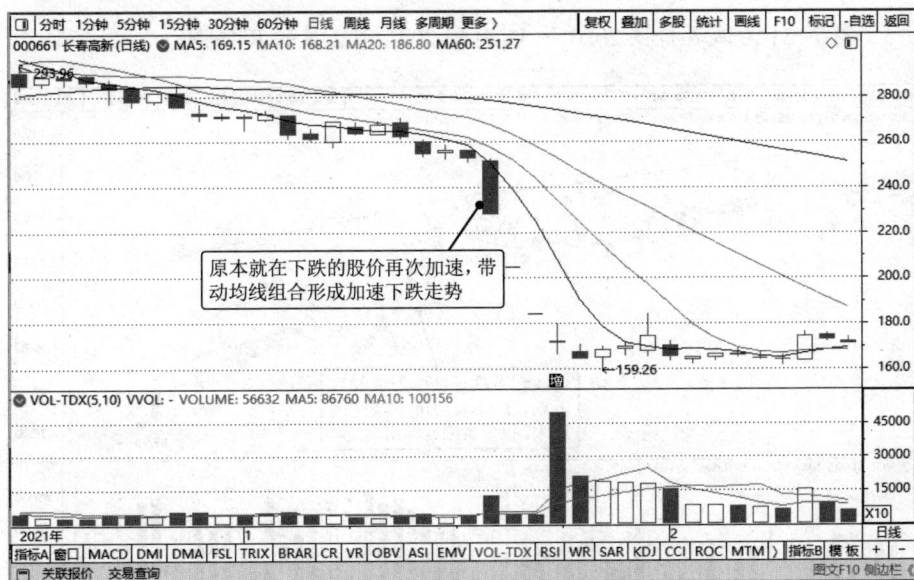

图 7-30 均线组合的加速下跌形态

均线组合加速下跌形态在下跌行情中是很常见的，它意味着股价下跌空间极大，并且短时间内跌幅也会相应扩大。场内投资者最好不要再停留，场外投资者也不可参与。

不过，当均线组合加速下跌形态出现在下跌末期时，其产生的信号将会截然不同。在下跌末期，市场情绪已经变得低迷，交投冷淡，除非出现重大事件，否则市场几乎不会突然产生集中的抛售，因此，在此处形成的均线组合加速下跌很有可能是主力的行为，其目的在于拉低股价，降低建仓成本，以准备新行情的拉升。

那么后市的发展趋势也就显而易见了，当主力完成吸筹后，就会将股价重新抬升，带领市场进入新的行情之中。投资者此时就可以保持观望，待到股价开始上涨，就迅速跟进建仓。

下面来看一个具体的案例。

实例分析

诚迈科技（300598）均线的加速下跌形态

图7-31为诚迈科技2020年11月到2021年2月的K线图。

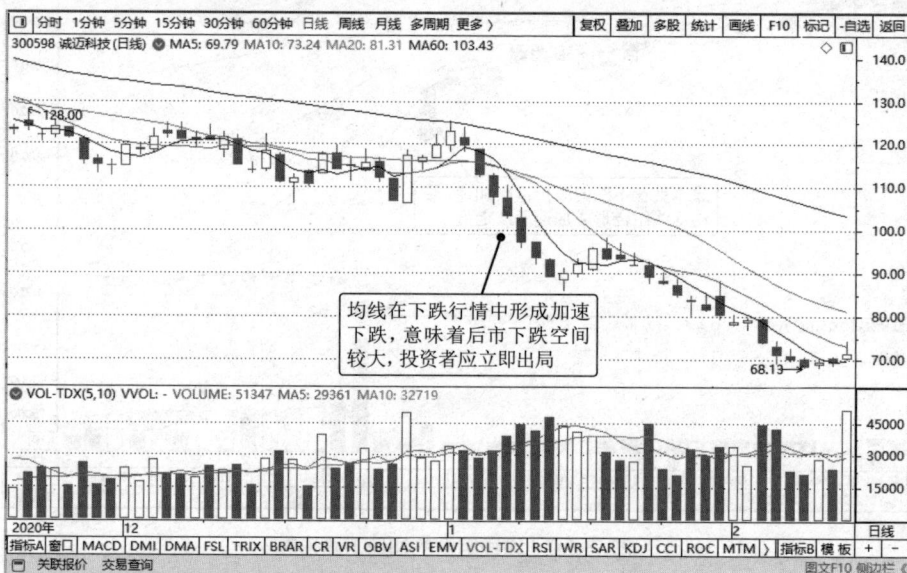

图7-31　诚迈科技2020年11月到2021年2月的K线图

从图7-31中可以看出，诚迈科技正处于下跌行情之中。2020年11月到12月，股价始终处于下跌状态，尽管有时会形成小幅反弹，但整体走势是向下的，这一点从60日均线的走势就可以看出。

2021年1月初，股价在结束了一次反弹后再次下跌。此次下跌速度极快，股价接连收阴下滑，导致原本就在向下运行的20日均线和60日均线加大了下行角度，整个均线组合更快地向下发散开来，形成了加速下跌走势。

在下跌行情中形成均线组合加速下跌形态，意味着空方压制力进一步增强，股价即将进入快速下跌状态，投资者此时应立即出局，降低损失。

7.3.5　断头铡刀预示大跌

断头铡刀形态指的是股价来到了高位进行横盘，均线组合黏合或交叉在一起，某一时刻 K 线突然收出一根大阴线，向下跌破了整个均线组合，并在后续持续下滑，运行到均线组合下方，如同一把将均线斩断的铡刀，如图 7-32 所示。

断头铡刀形态的出现，往往是股价脱离盘整，选择向下运行的预警。形成断头铡刀的阴线实体越长，影线越短，那么断头铡刀形态的警示意味就更浓，短时间内市场将迎来一波下跌。

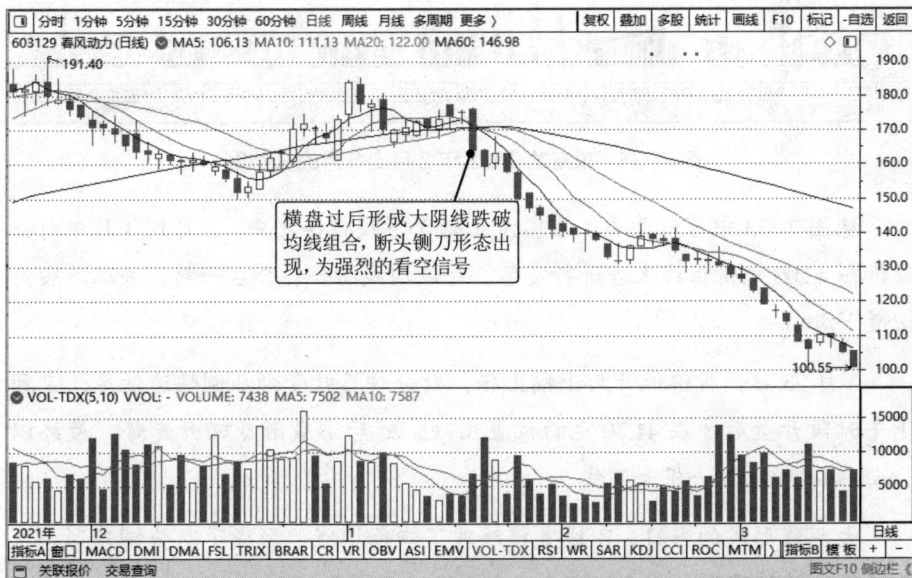

图 7-32　均线组合的断头铡刀形态

下面来看一个具体的案例。

实例分析

东富龙（300171）均线的断头铡刀形态

图 7-33 为东富龙 2022 年 2 月到 5 月的 K 线图。

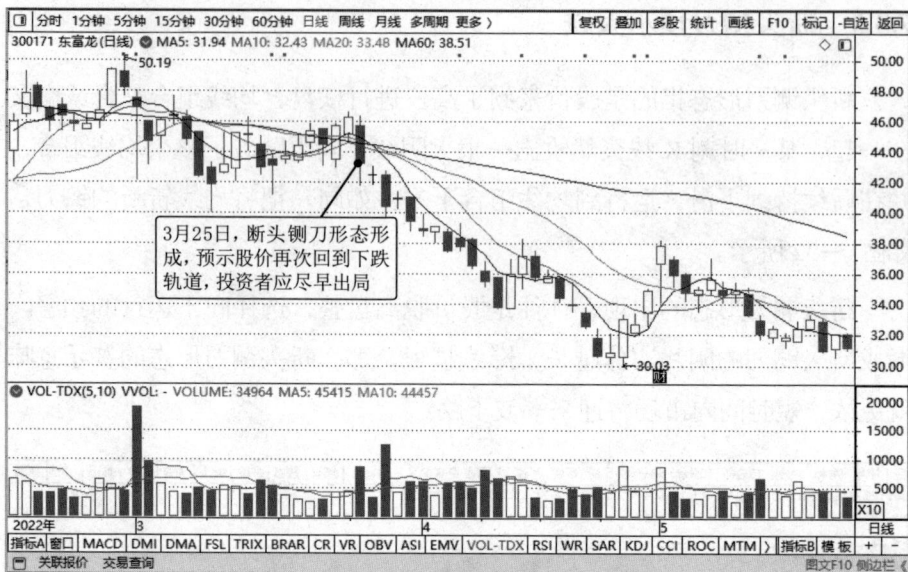

图7-33 东富龙2022年2月到5月的K线图

从图7-33中可以看出，东富龙正处于下跌行情之中。2月到3月中旬，股价在42.00元价位线上方进行震荡，导致均线组合黏合在一起，并跟随股价缓慢下滑。

3月25日，股价低开后小幅上扬，数分钟后就受到压制快速低走，直到下午时段开盘后才在41.70元的位置止跌，随后形成触底回升走势，最终以6.66%的跌幅收出一根大阴线。

大阴线形成的当日，K线直接跌破了四条均线，形成了断头铡刀形态。后续股价持续下滑，彻底运行到了均线组合下方，意味着市场再次回到了下跌行情，结合断头铡刀的出现，投资者应迅速出局。